中國學術思想 研究輯刊

三十編

林慶彰 主編

第 6 冊

教化即爲政：
《論語》「子奚不爲政」章發微

鄭濟洲 著

花木蘭文化事業有限公司

國家圖書館出版品預行編目資料

教化即為政：《論語》「子奚不為政」章發微／鄭濟洲 著 ——
初版 —— 新北市：花木蘭文化事業有限公司，2019〔民 108〕
目 2+248 面；19×26 公分
（中國學術思想研究輯刊 三十編：第 6 冊）
ISBN 978-986-485-861-3（精裝）
1. 論語 2. 研究考訂
030.8　　　　　　　　　　　　　　　　　　108011710

ISBN-978-986-485-861-3

9 789864 858613

中國學術思想研究輯刊
三十編　第 六 冊　　　　　ISBN：978-986-485-861-3

教化即爲政：《論語》「子奚不爲政」章發微

作　　者　鄭濟洲
主　　編　林慶彰
總 編 輯　杜潔祥
副總編輯　楊嘉樂
編　　輯　許郁翎、王筑、張雅淋　美術編輯　陳逸婷
出　　版　花木蘭文化事業有限公司
發 行 人　高小娟
聯絡地址　235 新北市中和區中安街七二號十三樓
　　　　　電話：02-2923-1455／傳眞：02-2923-1452
網　　址　http://www.huamulan.tw 信箱 hml810518@gmail.com
印　　刷　普羅文化出版廣告事業
封面設計　劉開工作室
初　　版　2019 年 9 月
全書字數　223863 字
定　　價　三十編 18 冊（精裝）新台幣 39,000 元　　版權所有·請勿翻印

教化即爲政：
《論語》「子奚不爲政」章發微

鄭濟洲　著

作者簡介

鄭濟洲，男，中共福建省委黨校黨的建設教研部講師，中山大學哲學系博士，英國牛津大學訪問學者，中華孔子學會儒商傳播委員會副秘書長。研究方向爲：哲學與政治文化，出版學術專著《以道導政：儒家制衡君權思想史概述》。

提　要

《論語》「子奚不爲政」章的正確斷句是──或謂孔子曰：「子奚不爲政？」子曰：「《書》云：『孝乎惟孝，友於兄弟。』施於有政，是亦爲政，奚其爲爲政？」此章對話的背景是魯哀公十一年之後，此時孔子周遊列國返魯，完全投身於教化實踐之中。「或人」「子奚不爲政」的提問是對早年積極入仕的孔子此時不從事政治的困惑。「或人」所理解的「爲政」，是傳統意義上的執政者的政治實踐，而孔子對「爲政」的闡釋是將其教化實踐定性爲一種政治實踐。在孔子看來，將孝悌教化給執政者，是他政治實踐的另一方式。

以「子奚不爲政」章爲依據，孔子「教化即爲政」思想的成立具有兩個條件。第一，從教化內容來看，孔子在「子奚不爲政」章中強調孝悌之教，孝悌是宗法制度的內核，也是執政者德性的根本。第二，從教化對象來看，孔子晚年既爲在位者之師，又爲取位者之師，他的教化主要是針對執政者的教化。受西周王官「師氏」和「保氏」的影響，孔子將自己的教化視作一種引導執政者的教化，他認爲儒師應當以自己掌握的「道統」引導政治。

君臣觀念一直是中國古代社會的核心倫理觀念之一。它在先秦時期經歷了一定的形成和發展過程。在商代以前，由於沒有形成君、臣的概念，社會上沒有出現君臣觀念。在商代的甲骨文中，君、臣二字已經出現，然而它們之間沒有形成上下級的關係，所以沒有出現君臣觀念。但是這個時期已經有了王道觀念和臣道觀念。到了周代，君臣觀念正式出現，孔子的君臣觀正是在這一時代背景中逐漸形成。孔子所追求的理想政治模式是「君臣共治」。然而在現實政治中，孔子的政治理想每每遭遇挫折。孔子周遊列國，尋找任賢之主而不得，甚至想接受公山弗擾和佛肸的召用，出仕爲官。在理想與現實的糾纏中，身處「無道」之邦的孔子最終選擇用教化的方式來引導執政者，試圖通過自己的努力重建現實政治的道德秩序。

孔子在「子奚不爲政」章中反覆強調，他的教化實踐是一種政治實踐，這體現了他退而不隱的入世思想，在這種現實選擇背後是他踐行的「君臣共治」的政治理想。孔子的「君臣共治」理想與儒家的「內聖外王」思想緊密相關。孔子並沒有因世道的衰敗而改變自己的政治理想，其「內聖外王」的志向始終構成他政治思想的主線和政治實踐的思路。正是因爲孔子在「立德」、「立功」、「立言」三個層面的努力，他在生前已然實現「不朽」，而在死後在漢代制度化儒家建構的進程中成爲了「素王」。

在孔子的政治世界中，主宰天下的不僅僅是王，亦有具備君子人格的士大夫，「君臣共治」是他理想的政治格局。孔子認爲，天下是天下人之天下，非君主一人之天下，而在「天下人」之中接受過教化的君子是最有資格與君主「共治」天下的。因此，孔子在「子奚不爲政」章中所強調的「施於有政」並不只是在位之君主，亦有在野之君子。在野之君子通過教化必將成爲從政者，與君主分享治權，共治天下。從政權的視域看，天下是君主的，從治權視域看，天下是君子的。孔子認爲，天下可以無君主，因爲政權只係君主，它具有脆弱性，其解體具有極大的可能性。但是，天下不能沒有君子，君子之眾遠超君主，正因爲君子的存在，使得政權能有源源不斷的「救命稻草」，也是治權得以穩定，反哺於政權的安定。因此，在孔子「天下」思想中，它的「主體」導向是「君子」。

孔子的教化內容以「仁學」爲核心。孔子的「仁學」兼具「立己」和「愛人」兩個面向，二者同等重要，相即不離。「仁學」具有兩個重要屬性，即「內發性」和「推擴性」，兩個屬性輔證了「仁學」是德與行的合一。通過「政 身衝突中的『顏回不仕』」所體現的明哲保身和「國、家衝突中的『帝舜竊父』」所體現的親親相隱，可以明確立己之學是孔子仁學的重要起點。君子理想是孔門的共有理想，君子的君子之道可以用「內聖外王」來涵括，孔子仁學的立人之學即表現在君子政治實踐的爲民情懷。

　　通過《論語》「子奚不爲政」章，我們可以重新認識以孔子爲代表的先秦儒家，《論語》「女爲君子儒」章可以與「子奚不爲政」章互相佐證。在「女爲君子儒」章中，「君子儒」的詞性搭配並非是「君子」活用做形容詞修飾「儒」，而是「君子」與「儒」間省略了「之」字。「君子儒」指以王官之學教化君子的「師儒」，「小人儒」指小民的「師儒」。孔子教誨子夏要成爲君子的老師，而不要成爲小民的老師。從學生來源看，孔子有教無類，其教育對象無「君子」和「小民」之分；但是，從培養目標來看，拜師孔子的弟子，從入學伊始，皆是修德以取位的「君子」而非「小民」。孔子晚年專致教化，用「道統」引導「政統」，親身踐行著「君子儒」的角色。在孔子與孔門後學的努力下，先秦儒家的一大特點就是以「道統」引導「政統」，先秦儒家的教化事業並不游離於政治領域之外。

　　孔子「教化即爲政」的思想內含著「道統」與「政統」的衝突即是政治哲學所謂的哲學與政治的衝突。在思想史上，哲學家所追求的至善的理想國，與統治者操作的現實國家，構成了一對永恆的矛盾。在這一矛盾背後，是知識分子在學術與政治上所遭遇的困境。孔子之所以強調對執政者的德性教化，是因爲他知道只有教化執政者，才可能實現政治理想。爲了實現理想，孔子必須要教化執政者，同樣爲了理想，孔子又要面對現實政治的折磨。孔子不因「道統」與「政統」的衝突而放棄對執政者的教化，而是用篤定的意志來踐行著自己對政治的責任，這正體現出孔子教化哲學的可貴。

目

次

導　論

一、選題緣由

　　近代以來，學界對孔子教化實踐與政治實踐的研究，大致採取分離式的研究方式。究其原因，主要有二，其一是近代「反傳統」的思潮將孔子的教化實踐與政治實踐相割裂；其二是近代學術形成的過程中，將孔子定位爲「先師」，使大多數學者忽視了孔子的教化實踐具有政治實踐的內涵。以下分而述之：

　　　　在近代中國「反傳統」的思潮下，學者們反覆思考一個問題，即「儒家哲學會不會繼續存在於中國？或者說，儒家思想和新儒家思想會不會永遠從中國連根拔去」〔註1〕。在這種學術背景下，學界對於儒家的定性出現了兩種轉向，第一是從內聖與外王互通的要義轉向了高揚儒家的心性之學，第二是從儒家爲學與導政相關的特點轉向了尤重儒學的教學思想。1958年元旦，牟宗三、徐復觀、張君勱、唐君毅四人聯合發表了《爲中國文化敬告世界人士宣言——我們對中國學術研究及中國文化與世界文化前途之共同認識》〔註2〕，文中高揚儒家心性之學的價值，由此奠定了現代學術以「心性儒學」爲主軸研究儒家的學術範式。

〔註1〕　黃克劍、吳小龍編：《當代新儒家把大家集・張君勱集》，北京：群言出版社，1993年版，第393頁。

〔註2〕　牟宗三、徐復觀、張君勱、唐君毅著：《爲中國文化敬告世界人士宣言——我們對中國學術研究及中國文化與世界文化前途之共同認識》，收入張君勱著：《新儒家思想史》，北京：中國人民大學出版社，2006年版。

　　而近代學術的形成過程，則將孔子「打造」成了一個「先師」。在傳統學術中，孔子不僅僅是一個歷史人物，而且是中華文明的代表，對孔子的不同評價，直接決定了對經學、儒學的不同看法。大體而言，兩漢今文經學認爲孔子作六經，立一王大法，所以孔子是立法的「素王」；漢唐之間古文經學抬高周公的地位，認爲孔子「述而不作」、「從周」，是聖王時代文獻的整理者，是「聖人」；宋明理學則認爲孔子是「道統」中的承前啓後者，傳六經以教人，因此，孔子是最後的「聖人」和「先師」。而在現代學術轉型中，對孔子的評價關鍵在於將孔子與《六經》分離，夷經爲史，夷孔子於諸子，孔子成爲「思想家」、「教育家」，成爲諸子中儒家的代表。於是，孔子走下「聖壇」，成爲《論語》中那個有教無類的老師。〔註3〕在近代「以西釋中」的哲學研究範式下，孔子只有成爲像蘇格拉底那樣的「老師」〔註4〕，哲學這門學科才能被開啓。

　　這種研究背景，促成學人對孔子形象認知就是一個教師。馮友蘭在《中國哲學史》中指出：「孔子是中國第一個使學術民眾化的，以教育爲職業的，『教授老儒』；他開戰國講學游說之風；他創立，至少亦發揚光大，中國之非農非工非商非官僚之士之階級。」〔註5〕蔣伯潛則將孔子從政治領域抽離出來，對他的教育思想大加褒揚：「孔子與聞魯政，爲時至暫，周遊列國，不得志於諸侯，卒歸魯以布衣終老，故在當時政治上之關係甚小。但開私人講學，私家著述之風，而諸子承之，故其及於後世教育學術之影響則甚大也。」〔註6〕這種共同的認識在闡發孔子的教育事業時，將孔子的教化實踐與政治實踐漸漸絕緣。

　　孔子的教化實踐既然與政治實踐毫無關係，那麼二者的聯繫只能存在於思想之上。在孔子的政治思想中詮釋教化的意義，是近代學人的主流思路。梁啓超在《中國政治思想史》中將儒家（孔子）的政治思想歸納爲：「社會由人類同情心所結合，而同情心以各人本身最近之環圈爲出發點，順等差以漸

〔註3〕　陳壁生：《「孔子」形象的現代轉折——章太炎的孔子觀》，載《中國人民大學學報》，2015年第3期，第148頁。

〔註4〕　馮友蘭說：「孔子的行爲及其在中國歷史上的影響，與蘇格拉底的行爲及其在西洋歷史上的影響相彷彿。」見馮友蘭著：《三松堂全集》第11冊，鄭州：河南人民出版社，2001年版，第143頁。

〔註5〕　馮友蘭著：《中國哲學史》上冊，上海：華東師範大學出版社，2000年版，第45頁。

〔註6〕　蔣伯潛著：《諸子通考》，杭州：浙江古籍出版社，1985年版，第37頁。

推及遠。故欲建設倫理的政治，以各人份內的互讓及協作，使同情心於可能的範圍內儘量發展，求相對的自由與相對的平等之實現及調和。又以爲良好的政治，須建設於良好的民眾基礎之上，而民眾之本質，要從物質精神兩方面不斷的保育，方能向上。故結果殆將政治與教育同視，而於經濟上之分配亦甚注意。吾名之曰：『人治主義』或『德治主義』或『禮治主義』。」〔註7〕蕭公權亦說：「近代論政治之功用者不外治人與治事之二端，孔子則持『政者正也』之主張，認定政治之主要工作乃在化人。非以治人，更非治事。故政治與教育同功，君長與師傅同職。國家雖另有庠、序、學、校之教育機關，而政治社會之本身實不異一培養人格之偉大組織。」〔註8〕上述學者，均將孔子的教化實踐認定爲一種倫理教化，而與政治實踐絕緣。

　　但是，將孔子的教化實踐與政治實踐相分離只是學界的主流意見，仍然有一些學人注意到了孔子教化實踐對政治的作用。錢穆於《政學私言》中有言：

　　　　中國傳統政制，一面雖注重政學之密切相融洽，而另一面則尤注重於政學之各盡厥職。所謂「作之君，作之師」，君主政，師主教。孔子以前其道統於君，所謂「王官學」；孔子以下，其道統於下，所謂「百家言」。孔子爲其轉折之樞紐。孔子賢於堯、舜，此則師統尊於王統。〔註9〕

　　錢穆所論述的「師統尊於王統」，是將孔子的教化實踐放置於現實政治之上。錢穆的學生余英時繼承了老師的觀點，他在《道統與政統之間——中國知識分子的原始形態》一文中就十分強調「道統」對「政統」的引導作用，他說：「政統與道統顯然成爲兩個相涉而分立的系統。以政統言，王侯是主體；以道統言，則師儒是主體。」〔註10〕作者在書中提出：「從知識分子一方面說，道統與政統已分，而他們正是道的承擔著，因此握有比政治領袖更高的權威——道的權威。」〔註11〕余英時強調的「道統」高於「政統」，意味著掌握「道

〔註7〕　梁啓超著：《先秦政治思想史》，北京：東方出版社，1996年版，第77頁。

〔註8〕　蕭公權著：《中國政治思想史》第1冊，瀋陽：遼寧教育出版社，1998年版，第62頁。

〔註9〕　錢穆著：《政學私言》，收入錢賓四先生全集編輯委員會編：《錢賓四先生全集》第40冊，臺北：聯經出版事業股份有限公司，1998年版，第88頁。

〔註10〕　（美）余英時著：《道統與政統之間——中國知識分子的原始形態》，收入氏著：《士與中國文化》，上海：上海人民出版社，2003年版，第92頁。

〔註11〕　（美）余英時著：《道統與政統之間——中國知識分子的原始形態》，收入氏

統」的儒家教師對政治具有引導作用。

現代新儒家代表人物杜維明也有與余英時相似的觀點：「儒家學者在公眾形象和自我定位上兼具教士功能和哲學家作用，迫使我們認爲他們不僅是文人，而且還是知識分子。儒家知識分子是行動主義者，講求實效的考慮使其正視現實政治（realpolitik）的世界，並且從內部著手改變它。他相信，通過自我努力人性可得以完善，固有的美德存在於人類社會之中，天人有可能合一，使他能夠對握有權力、擁有影響的人保持批評態度。」〔註 12〕從某種意義來說，儒家知識分子對政治的批判使他們的教化實踐並不與政治實踐絕緣。

閻步克在論述孔子乃至儒家的「師道」時，其觀點較杜維明更進一步，即認爲孔子乃至儒家對「師道」的踐行實際上就是一種政治實踐。他在《儒‧師‧教——中國早期知識分子與「政統」「道統」關係的來源》一文中指出：「戰國秦漢間的百家之中，儒家尤爲『師道』之發揚光大者，他們申說和維護了士人參政治國的權利和責任，並以其教育活動淵源不斷地充實著士人隊伍，因而最集中地代表了那個以『學以居位』爲特徵的士階層的政治理想和社會利益。」〔註 13〕在分析「治與教」時，作者指出：「春秋戰國時期的社會變動，使得『師道』脫離於政統而自立於民間了。『師者，所以傳道、授業、解惑者也』，這個定義顯示了知識文化角色的專門性功能。但是學士所自任的還不僅是授業之師，他們還要做『帝王之師』。韓愈《原道》述『道統』，謂周公、孔、孟間有一變遷：『由周公而上，上而爲君，故其事行；由周公而下，下而爲臣，故其說長。』《古文觀止》編注者謂『事行，謂得位以行道；說長，謂立言以明道也』，『不居其位，不謀其政』，『師道』脫離官司後，『立言明道』固然已與居位治事分而爲二，但是歷史早期『君』與『師』、『治』與『教』融合爲一的深厚傳統，卻依然深刻地影響了其分立之後的面貌和特徵。」〔註 14〕閻步克的論述揭示了春秋戰國時期「治」與「教」的融合，在他看來，孔子的教化實踐並不游離於政治之外，孔子的教化實踐是以「道統」

著：《士與中國文化》，上海：上海人民出版社，2003 年版，第 89 頁。

〔註 12〕 （美）杜維明著，錢文忠、盛勤譯：《道、學、政：論儒家知識分子》，上海：上海人民出版社，2000 年版，第 11 頁。

〔註 13〕 閻步克：《儒‧師‧教——中國早期知識分子與「政統」「道統」關係的來源》，載《戰略與管理》，1994 年第 2 期，第 114 頁。

〔註 14〕 閻步克：《儒‧師‧教——中國早期知識分子與「政統」「道統」關係的來源》，載《戰略與管理》，1994 年第 2 期，第 114 頁。

引導「政統」的政治實踐。

二、文獻綜述

（一）「教化與為政」視域下的孔子研究

「教化與爲政」視域下的孔子研究，致力於闡發孔子的教育思想。關於孔子教化思想的研究，一直是教育學界研究的重點。作爲「萬聖師表」的孔子，在教育學者的筆下發光發熱。同時，隨著中國哲學學科話語體系的建立，孔子的教化哲學也逐漸成爲學界研究孔子哲學的重點之一。而在歷史學界，他們對於孔子教化思想的研究，更注重其歷史的演變過程。歷史學界透過中國歷史上的教化案例與書院文化，凸顯孔子教化思想的重要性。茲分爲「教育——教育學」、「哲學——觀念史」和「歷史——思想史」三個緯度來概述孔子教化思想的研究現狀。

從教育——教育學的角度來看，教育學界比較重視對孔子的道德教育和教育理念的研究。關於這方面的研究不勝枚舉，前者有劉和忠的《孔子道德教育思想研究》〔註15〕，他在此書中談到道德教育的目標側重在個體人格塑造和民族道德品格發展兩個方面。後者如黃明喜在《中國傳統教育思想史論》〔註16〕中將孔子的教育理念定性爲「學而優則仕」。隨著當代中國教育的發展，教育學界對孔子教化思想的研究與現實的聯繫越發地緊密，越來越多的論著開始探討孔子的教化思想與思想政治教育、學校教育、生命教育等等類別的相關性。

從哲學——觀念史的角度來看，李景林的《教化的哲學——儒學思想的另一種新詮釋》〔註17〕是這一方向的代表作。李景林從教化的角度，對作爲哲學的儒學思想做出整體性詮釋，這一整體性詮釋對分析先秦儒家教化的哲學具有很好的借鑒作用。而李紀祥在《「人倫」與「教化」——儒學中的「師道」及其普世義》中指出：「儒家教化的主要內容是基於血緣性的『生生之道』，師者即是能『明道』而掌教化的人，而從官學師到民間師的轉變，可謂『文化體』對『血緣體』的藉詞仿義。」〔註18〕筆者以爲，將孔子的哲學定性爲

〔註15〕劉和忠著：《孔子道德教育思想研究》，北京：高等教育出版社，2003年版。
〔註16〕黃明喜著：《中國傳統教育思想史論》，北京：高等教育出版社，2012年版。
〔註17〕李景林著：《教化的哲學——儒學思想的另一種新詮釋》，哈爾濱：黑龍江人民出版社，2006年版。
〔註18〕李紀祥：《「人倫」與「教化」——儒學中的「師道」及其普世義》，收入《第

教化的哲學是可以的，但教化的哲學因教化對象的不同，就具有了不同層次的內涵。沿著「孔子的教化哲學是什麼」的問題出發，還有許多值得研究的地方。

從歷史——思想史的角度來看，歷史學界對於孔子教化思想也有諸多解釋，錢穆先生的《中國學術通義》〔註 19〕中有《泛論學術與師道》一文，錢先生從道、術的關係來看先秦、漢唐、宋明清乃至近代的「師道」。劉蔚華和趙宗正在其主編的《中國儒家學術思想史》〔註 20〕中梳理了先秦時期、漢唐時期和宋明元清時期的「師道」思想。

近代以來，學界對孔子教化與爲政的研究，大體採取分離式的研究方式。究其原因，大體有二，其一是近代「反傳統」的思潮將孔子的教化實踐與政治實踐相割裂；其二是近代學術形成過程中，對孔子「先師」的定位，使大多數學者忽視了作爲政治實踐的孔子教化。而當我們將孔子的教化理解爲一種政治實踐時，才能勾勒出孔子乃至儒家「道統」對「政統」的引導

（二）「哲學與政治」視域下的孔子研究

「哲學與政治」視域下的孔子研究，是將孔子哲學定性爲一種政治哲學。自先秦以來，孔子的政治思想就爲學人所重視。先秦時期，百家爭鳴，孔子的政治思想不僅在儒家內部出現了不同的繼承，亦受到了各家各派的吸收與批判。到了漢代，司馬談在《論六家要旨》中曾說：「夫陰陽、儒、墨、名、法、道德，此務爲治者也」〔註 21〕，由此揭示了儒家以及先秦各家中所內涵的政治哲學問題。清皮錫瑞在《經學歷史》〔註 22〕中稱漢代是經學興盛的時代，經學爲經世致用之學，這一時期學人對儒家政治哲學的闡發蔚爲大觀。漢唐以降，隨著宋代「四書學」的發展，以及佛老思想的影響，儒家政治哲學從重於現實政治的建構轉向了內在心性的修養。時至清末，隨著西學的輸入，其迥異的問題意識對儒家政治思想形成了前所未有的挑戰，自此以後，

一屆世界儒學大會學術論文集》，北京：文化藝術出版社，2008 年版，第 225頁。

〔註 19〕 錢穆著：《中國學術通義》，北京：九州出版社，2012 年版。

〔註 20〕 劉蔚華、趙宗正主編：《中國儒家學術思想史》，濟南：山東教育出版社，1996 年版。

〔註 21〕 〔漢〕司馬遷撰，〔南宋〕裴駰集解，〔唐〕司馬貞索引，〔唐〕張守節正義：《史記》第 10 冊，北京：中華書局，1959 年版，第 3288～3289 頁。

〔註 22〕 〔清〕皮錫瑞著，周予同注：《經學歷史》，北京：中華書局，2011 年版。

對孔子政治思想的討論一直是中國近代發展過程中的熱點問題。

　　近代以來，對孔子政治思想的研究，既散見於中國通史，例如，錢穆的《國史大綱》〔註 23〕；學術史，例如，錢穆的《國學概論》〔註 24〕；思想史，例如，侯外廬的《中國思想通史》〔註 25〕；以及哲學史，例如，馮友蘭的《中國哲學史》〔註 26〕。也見於政治思想史的專題研究中，例如，蕭公權的《中國政治思想史》〔註 27〕和陶希聖的《中國政治思想史》〔註 28〕等等。專題性的研究論文更是不可勝記。這些研究均是在中西比較的認知框架下展開的，而中國現代學術在處理中西問題時，對傳統的態度又涉及到古今之辨的問題。

　　面對傳統，不同的近代學者會有不同的價值立場，不同的學術態度又導致了不同的研究成果。如果以價值立場是否明確爲標準來對現代的研究成果進行分類，無外乎得出有明確價值立場的研究和「價值中立」研究。毫無疑問，後者是吾輩後學應當積極效法的方法。然而受限於特定的時代背景，前者又是大部分學者的共有價值立場。用激進主義和保守主義來爲近代學者的學術立場進行劃分是學界既有的範式。在激進主義類型中，嚴復的《論世變之亟》〔註 29〕、吳虞的《儒家主張階級制度之害》〔註 30〕和陳獨秀的《憲法與孔教》〔註 31〕等研究開了此派先河。在民族性的生存比較中，他們質疑，以致否定作爲傳統意識形態的儒學的正當性，而以來自西方的憲政民主爲中國的現代開闢道路。

　　保守主義類型應激進主義的刺激而起，在「保種、保教、保國」的現代性生存主題中，他們尤爲關注「保教」問題。保守主義的發展有前後兩期，前期是應「新文化運動」刺激而起的新儒家，後期是伴隨著上世紀八十年代的思想解放運動而起的在大陸新保守主義。新儒家自熊十力起即關注「外王」

〔註 23〕錢穆著：《國史大綱》（修訂本），北京：商務印書館，1996 年版。

〔註 24〕錢穆著：《國學概論》，北京：商務印書館，1997 年版。

〔註 25〕侯外廬著：《中國思想通史》，北京：人民出版社，1956 年版。

〔註 26〕馮友蘭著：《中國哲學史》，上海：華東師範大學出版社，2000 年版。

〔註 27〕蕭公權著：《中國政治思想史》，瀋陽：遼寧教育出版社，1998 年版。

〔註 28〕陶希聖著：《中國政治思想史》，北京：中國大百科出版社，2011 年版。

〔註 29〕王栻編：《嚴復集》，北京：中華書局，1986 年版。

〔註 30〕工曰美主編：《儒家政治思想研究》，北京：中華書局，1986 年版。

〔註 31〕陳獨秀著：《憲法與孔教》，收入《新青年》第 2 卷第 3 號，上海：上海亞東圖書館求益書社印行，1916 年發行。

問題，在《原外王》〔註32〕一文中，熊十力欲從《大易》、《春秋》、《禮運》、
《周官》諸經抉擇孔子的外王學。在其《周官》研究中，熊十力認爲《周官》
的政治主張是取消王權、實行民主政治，其社會理想則一方面本諸《大易》
格物之精神，期於發掘工業。另一方面欲逐漸消滅私有制，使一切事業歸於
國營。熊十力這種致力於儒家政治思想之現代轉化的學術抱負，爲新儒家的
第二代學人所繼承。第二代新儒家在熊十力的理論基礎上，進一步思考儒學
的現代調適問題，思考如何從「內聖」開出新「外王」，即如何實現儒家道德
精神同科學和民主的現代銜接。他們的理論貢獻雖然有異，但是在繼承宋明
道學，闡釋「內聖外王」之旨是一致的。1958 年元旦，牟宗三、徐復觀、張
君勱、唐君毅四人聯合發表了《爲中國文化敬告世界人士宣言——我們對中
國學術研究及中國文化與世界文化前途之共同認識》〔註33〕，由此表明了第
二代新儒家對由心性之學開外王之學的自信。

　　新儒家第三代的重要代表杜維明，在其前輩的基礎上，致力於儒學同國
際哲學的對話以及儒學對於解決現代性問題的意義，他在政治哲學上承認自
由主義秩序的不可逾越性。在哈佛燕京學社和三聯書店主編的《儒家與自由
主義》〔註34〕中收入了《儒家與自由主義——和杜維明教授的對話》一文，
杜維明強調儒家需接納自由、民主、人權等基本理念。三代新儒家致力於儒
家政治思想同現代民主理念的疏通工作，他們雖應五四反傳統的激進主義而
起，實並不簡單排斥五四，他們也承認民主與科學的價值，其間區別在於，
新儒家不像激進派那樣強調儒學與西方現代民主之間非此即彼的對立，而是
強調二者之間的相容性。

　　大陸新保守主義的出現是隨著上世紀八十年代的思想解放運動而逐漸興
起的。這一類別由產生到現在，其學術觀點並非完全一致，根據陳明的劃分，
可分爲四派，即蔣慶的政治儒學〔註35〕、康曉光的策論儒學〔註36〕、盛洪的

〔註32〕 王曰美主編：《儒家政治思想研究》，北京：中華書局，1986 年版。

〔註33〕 牟宗三、徐復觀、張君勱、唐君毅著：《爲中國文化敬告世界人士宣言——我
　　　　 們對中國學術研究及中國文化與世界文化前途之共同認識》，收入張君勱著：
　　　　 《新儒家思想史》，北京：中國人民大學出版社，2006 年版。

〔註34〕 哈佛燕京學社、三聯書店主編：《儒家與自由主義》，北京：生活‧讀書‧新
　　　　 知三聯書店，2002 年版。

〔註35〕 蔣慶著：《政治儒學》，北京：生活‧讀書‧新知三聯書店，2003 年版。

〔註36〕 康曉光著：《仁政：中國政治發展的第三條路》，北京：世界科技出版社，2005
　　　　 年版。

經濟儒學〔註37〕和陳明的文化儒學〔註38〕。而在 21 世紀以來，隨著儒家經學研究的漸興，不少學者在經學研究的基礎上，借鑒西方哲學的問題意識，對中國傳統有諸多新的闡發。其代表有干春松的《制度儒學》〔註 39〕、唐文明的《與命與仁：原始儒家倫理精神與現代性問題》〔註 40〕、曾亦與郭曉東編著的《何謂普世？誰之價值？──當代儒家論普世價值》〔註 41〕和白彤東的《舊邦新命──古今中西參照下的古典儒家政治哲學》〔註 42〕等等。

　　隨著中國現代化的進程，儒家政治哲學成為了學界討論的重心，在古、今、中、西之辨的問題意識下，對於傳統儒家的政治哲學的繼承與發展一直是當代學人關切的問題。而上述任何一個研究儒家政治思想的方向都離不開對孔子政治思想的理解。可以說孔子的政治思想是一切後學研究儒家政治思想的起點。

　　從現有的研究孔子政治思想的成果來看，學人越來越重視教化與孔子的政治思想的聯繫。在上世紀，梁啓超在《中國政治思想史》將儒家（孔子）的政治思想歸納為，「社會由人類同情心所結合，而同情心以各人本身最近之環圈為出發點，順等差以漸推及遠。故欲建設倫理的政治，以各人份內的互讓及協作，使同情心於可能的範圍內儘量發展，求相對的自由與相對的平等之實現及調和。又以為良好的政治，須建設於良好的民眾基礎之上，而民眾之本質，要從物質精神兩方面不斷的保育，方能向上。故結果殆將政治與教育同視，而於經濟上之分配亦甚注意。吾名之曰：『人治主義』或『德治主義』或『禮治主義』。」〔註 43〕而蕭公權亦說：「近代論政治之功用者不不外治人與治事之二端，孔子則持『政者正也』之主張，認定政治之主要工作乃在化人。非以治人，更非治事。故政治與教育同功，君長與師傅同職。國家雖另有癢、序、學、校之教育機關，而政治社會之本身實不異一培養人格之偉大

〔註37〕盛洪著：《為萬世開太平──一個經濟學家對文明問題的思考》北京：北京大學出版社，1999 年版。

〔註38〕陳明著：《儒者之維》，北京：北京大學出版社，2004 年版。

〔註39〕干春松著：《制度儒學》，上海：上海人民出版社，2006 年版。

〔註40〕唐文明著：《與命與仁：原始儒家倫理精神與現代性問題》，石家莊：河北大學出版社，2002 年版。

〔註41〕曾亦、郭曉東編著：《何謂普世？誰之價值？──當代儒家論普世價值》（增補本），上海：華東師範大學出版社，2014 年版。

〔註42〕白彤東著：《舊邦新命──古今中西參照下的古典儒家政治哲學》，北京：北京大學出版社，2009 年版。

〔註43〕梁啓超著：《先秦政治思想史》，北京：東方出版社，1996 年版，第 77 頁。

組織。」〔註 44〕梁啓超和蕭公權將孔子的政治思想歸結於倫理教化，這一近代理論奠基對後世學人影響甚大。陳來在述及孔子的政治思想時，就從成德、成人的教化理念加以論述：「除了知識的傳授外，老師的教誨是指出道德的榜樣，並通過對人事的道德評價鼓勵和引導學生德性的進步；教育者的任務是告訴學習者什麼是偉大的精神，什麼是高尚的人格，引導學習者把自己培養成爲高尚的人。」〔註 45〕

　　筆者以爲，將孔子的政治思想與教化理念相聯繫是前人在研究孔子政治思想中的一個重要成果。但是這一成果只是在「思想義」上建立了政治與教化的關聯，而沒有在「實踐義」上構建孔子的爲政與教化的關聯。在現代學術中，從「實踐義」上闡發孔子的爲政與教化的聯繫，首推錢穆。《政學私言》中，錢穆說：

> 中國傳統政制，一面雖注重政學之密切相融洽，而另一面則尤注重於政學之各盡闕職。所謂「作之君，作之師」，君主政，師主教。孔子以前其道統於君，所謂「王官學」；孔子以下，其道統於下，所謂「百家言」。孔子爲其轉折之樞紐。孔子賢於堯、舜，此則師統尊於王統。〔註 46〕

　　錢穆所論述的「師統尊於王統」，是將孔子的教化實踐放置於政治現實之上。錢穆的學生余英時繼承了老師的觀點，他在《道統與政統之間——中國知識分子的原始形態》一文中就十分強調「道統」對「政統」的引導作用，他說：「政統與道統顯然成爲兩個相涉而分立的系統。以政統言，王侯是主體；以道統言，則師儒是主體。」〔註 47〕作者在書中提出：「從知識分子一方面說，道統與政統已分，而他們正是道的承擔著，因此握有比政治領袖更高的權威——道的權威。」〔註 48〕余英時強調的「道統」高於「政統」，意味著掌握「道

〔註 44〕蕭公權著：《中國政治思想史》第 1 冊，瀋陽：遼寧教育出版社，1998 年版，第 62 頁。

〔註 45〕陳來著：《論儒家教育思想的基本理念》，收入氏著：《從思想世界到歷史世界》，北京：北京大學出版社，2015 年版，第 16 頁。

〔註 46〕錢穆著：《政學私言》，收入錢賓四先生全集編輯委員會編：《錢賓四先生全集》第 40 冊，臺北：聯經出版事業股份有限公司，1998 年版，第 88 頁。

〔註 47〕（美）余英時著：《道統與政統之間——中國知識分子的原始形態》，收入氏著：《士與中國文化》，上海：上海人民出版社，2003 年版，第 92 頁。

〔註 48〕（美）余英時著：《道統與政統之間——中國知識分子的原始形態》，收入氏著：《士與中國文化》，上海：上海人民出版社，2003 年版，第 89 頁。

統」的儒家教師對政治具有引導作用。

現代新儒家學派代表人物杜維明也有與余英時相似的觀點：「儒家學者在公眾形象和自我定位上兼具教士功能和哲學家作用，迫使我們認為他們不僅是文人，而且還是知識分子。儒家知識分子是行動主義者，講求實效的考慮使其正視現實政治（realpolitik）的世界，並且從內部著手改變它。他相信，通過自我努力人性可得以完善，固有的美德存在於人類社會之中，天人有可能合一，使他能夠對握有權力、擁有影響的人保持批評態度。」〔註 49〕從某種意義來說，儒家知識分子對政治的批判使他們的教化實踐並不與政治實踐絕緣。

閻步克在論述孔子乃至儒家的「師道」時，其觀點較杜維明更進一步，即認為孔子乃至儒家對「師道」的踐行實際上就是一種政治實踐。他在《儒‧師‧教──中國早期知識分子與「政統」「道統」關係的來源》一文中，作者指出：「戰國秦漢間的百家之中，儒家尤為『師道』之發揚光大者，他們申說和維護了士人參政治國的權利和責任，並以其教育活動淵源不斷地充實著士人隊伍，因而最集中地代表了那個以『學以居位』為特徵的士階層的政治理想和社會利益。」〔註 50〕在分析「治與教」時，作者指出：「春秋戰國時期的社會變動，使得『師道』脫離於政統而自立於民間了。『師者，所以傳道、授業、解惑者也』，這個定義顯示了知識文化角色的專門性功能。但是學士所自任的還不僅是授業之師，他們還要做『帝王之師』。韓愈《原道》述『道統』，謂周公、孔、孟間有一變遷：『由周公而上，上而為君，故其事行；由周公而下，下而為臣，故其說長。』《古文觀止》編注者謂『事行，謂得位以行道；說長，謂立言以明道也』，『不居其位，不謀其政』，『師道』脫離官司後，『立言明道』固然已與居位治事分而為二，但是歷史早期『君』與『師』、『治』與『教』融合為一的澤厚傳統，卻依然深刻地影響了其分立之後的面貌和特徵。」〔註 51〕閻步克的論述揭示了春秋戰國時期「治」與「教」的融合，在他看來，孔子的教化實踐實際並不游離於政治之外。

〔註 49〕　（美）杜維明著，錢文忠、盛勤譯：《道、學、政：論儒家知識分子》，上海：上海人民出版社，2000 年版，第 11 頁。

〔註 50〕　閻步克：《儒‧師‧教──中國早期知識分子與「政統」「道統」關係的來源》，載《戰略與管理》，1994 年第 2 期，第 114 頁。

〔註 51〕　閻步克：《儒‧師‧教──中國早期知識分子與「政統」「道統」關係的來源》，載《戰略與管理》，1994 年第 2 期，第 114 頁。

在「實踐義」上構建孔子的教化與爲政的關係，所闡釋的實際上就是哲學與政治的關係問題。作爲人類生活的兩大場域，哲學與政治必然發生聯繫。哲學是政治的本質，哲學所追求的是終極的善，而政治是通往哲學中的善的唯一平臺。在這種觀點上，孔子以「道統」引導「政統」，其教化實踐內在於政治領域。

（三）「學術與政治」視域下的孔子研究

「學術與政治」視域下的孔子研究，關注的是孔子在學術與政治間的選擇。近代以來，反傳統的思潮使孔子在政治上「失勢」，學界更關注孔子在學術與教化上做了什麼，而對他的政治事業持否定態度。胡適在《中國哲學史大綱》中說：「孔子本是一個實行的政治家。他曾做過魯國的司空，又做過司寇。魯定公十年，孔子以司寇的資格，做定公的儐相，和齊侯會於夾谷，很替魯國爭得些面子。後來因爲他的政策不行，所以把官丟了，去周遊列國。他在外遊了 13 年，也不曾有行道的機會。到了 68 歲回到魯國，專做著述的事業。」〔註52〕蔣伯潛認爲：「孔子與聞魯政，爲時至暫，周遊列國，不得志於諸侯，卒歸魯以布衣終老，故在當時政治上之關係甚小。但開私人講學，私家著述之風，而諸子承之，故其及於後世教育學術之影響則甚大也。」〔註53〕

在上述學者看來，孔子在政治上是「失敗」的，而他晚年的教化是「成功」的。這種研究範式是將孔子的教化實踐與政治實踐相割裂。然而，如果我們考察《論語》「子奚不爲政」章，可以發現，孔子將自己教化實踐認定爲一種政治實踐。目前，學界研究《論語》「子奚不爲政」的論文只有兩篇。其一是韓高年的《〈論語・爲政〉「子奚不爲政」章疏證——兼談孔門孝道內涵的多重性及其演變》〔註54〕。文章從「子奚不爲政」章的疏證開始，將此章句讀確定爲：

> 或問孔子曰：子奚不爲政？子曰：「《書》云：『孝乎？惟孝友于兄弟，施於有政。』是亦爲政，奚其爲爲政」。

〔註52〕 胡適著，耿雲志等導讀：《中國哲學史大綱》，上海：上海古籍出版社，1997年版，第 50 頁。

〔註53〕 蔣伯潛著：《諸子通考》，杭州：浙江古籍出版社，1985 年版，第 37 頁。

〔註54〕 韓高年：《〈論語・爲政〉「子奚不爲政」章疏證——兼談孔門孝道內涵的多重性及其演變韓》，載《古籍研究》，2003 年第 2 期，第 109～112 頁。

在確定了句讀後，韓高年分「『孝』義發微」、「《論語》中『孝』的三重內涵」和「『孝』道的系統化」來分析孔子的「孝」思想及孔門孝道的演變。韓高年的文章是將「子奚不爲政」章的研究落實到「孝道」思想的研究，這種範式實際上並沒有把握此章的核心問題——「子奚不爲政」，而對於此章其他範疇和問題的懸置，更爲後人的解釋留下了許多空間。

另外一個以專題研究此章的作者是謝榮華，他在《「子奚不爲政？」——試論儒家的爲政方式》〔註55〕將「子奚不爲政」的句讀確定爲：

> 或謂孔子曰：「子奚不爲政？」子曰：「《書》云：『孝乎惟孝，友于兄弟，施於有政。』是亦爲政，奚其爲爲政？」

文章認爲透過《論語》中孔子對「子奚不爲政」問題的回答，可知儒家認爲爲政的方式有兩種：居位而爲政與非居位而爲政。這兩種爲政方式的區分，取決於儒者在政治與倫理秩序中所處之地位和所擔當的角色。對居位爲政與非居位爲政的不同爲政方式的區分，來源於儒家「思不出其位」的思想。在謝榮華看來，孔子的不居位爲政，實際上是投入到另一種社會角色（父或子）中，這種社會角色亦在政治與倫理秩序中，發揮著政治的功用。從政治與倫理秩序的緯度，結合儒家「思不出其位」的思想，可以化解「子奚不爲政」的問題。

筆者以爲謝榮華的研究抓住了「子奚不爲政」章的核心問題，但是，他通過置換概念的方式，並沒有很好地化解這一問題。首先，在孔子的時代，爲政就是執政者的政治行爲，將家庭中的倫理踐行與政治實踐等同，實際上是範疇錯置。其次，謝榮華非常強調孔子所承擔的父或子的角色在不居位爲政中所發揮的作用，這種範式實際上沒有把握到「或人」問話的背景。孔子早年積極出仕，周遊列國找尋出仕的機會，到了晚年卻專行教化、放棄出仕，因此，「或人」才有「子奚不爲政」的困惑。而孔子所謂的要將孝悌「施於有政」是將自己的教化實踐與政治實踐緊密結合，筆者以爲這種觀點才是化解此章的關鍵。

此外，比較韓高年和謝榮華的研究，可以發現二者在句讀上的理解判然有別。而且二者的對此章的記載與朱熹、劉寶楠和程樹德的文本也有不同，《論語集注》、《論語正義》和《論語集釋》對此章的記載是：

〔註55〕謝榮華：《「子奚不爲政？」——試論儒家的爲政方式》，載《孔子研究》，2005年第3期，第70頁。

或謂孔子曰：「子奚不爲政？」子曰：「《書》云：『孝乎惟孝，友于兄弟，施於有政。』是亦爲政，奚其爲爲政？」〔註56〕仔細觀察《論語集注》、《論語正義》和《論語集釋》對此章的記載，會發現「友于兄弟」的「于」和「施於有政」的「於」寫法不同。根據筆者的探賾，在《論語》中，使用「于」字的章句僅此一處。其實關於這一問題的分疏，清代學人宋翔鳳早有解釋，他在《四書釋地辯證》中提到：「『孝乎惟孝，友于兄弟，施於有政。』孔子所引《書》之辭。按：《論語》例作『於』字，引經乃作『于』，則可斷『孝乎惟孝友于兄弟』八字爲《書》辭，『施於有政』以下爲孔子語。以有『于』『於』字顯爲區別，閻氏極駁東晉古文《書》。此文乃爲《君陳》篇所誤，亦千慮之一失也。」〔註57〕在古代漢語中，「于」「於」二字作爲介詞可互相通用，然而我們發現在《論語》中凡是明確爲孔子語者，均用「於」而不用「于」。因此，我們應當認爲「孝乎惟孝，友于兄弟」是孔子引《書》的內容，而「施於有政」一句則是孔子本人的話。明確此章的句讀，我們可以知道，孔子在「子奚不爲政」章中強調要將孝悌教誨給執政者，這種教化活動就是一種政治實踐。《論語》「子奚不爲政」章所突顯的「學術與政治」的關係，並不是二者的分離，而是二者的合一。

三、論文意義

本文具有三個層次的意義。第一是「解釋」的意義。文章通過對《論語》「子奚不爲政」章的經典解釋，試圖化解學界在此章研究上存在的問題，繼承並開拓對《論語》此章解釋的研究。第二是理論的意義。文章以「子奚不爲政」章爲中心，致力探討的核心問題是孔子教化實踐與政治實踐的關係，揭示在孔子乃至儒家知識分子身上體現的「道統」與「政統」、哲學與政治、學術與政治的三組衝突。第三是現實的意義，孔子「教化即爲政」內涵著「學術與政治」的問題，孔子的「教化與爲政」思想可以對當代知識分子在「學

〔註56〕 程樹德撰，程俊英、蔣見元點校：《論語集釋》第 1 冊，北京：中華書局，1990年版，第 121 頁。

〔註57〕 〔清〕宋翔鳳：《四書釋地辯證》，收入《續修四庫全書》編委會編：《續修四庫全書》第 170 冊，上海：上海古籍出版社，1996～2003 年版，第 457 頁下欄。按，標點符號爲引者所加。

術與政治」的思考上提供一個參考。

四、研究方法

　　「經典解釋」是 21 世紀以來中國大陸學界廣泛關注和探討的研究中國哲學文獻的基本方法。在筆者看來，對於「經典」的解釋主要由四個層次構成。第一個層次是「句讀還原」，只有在正確的「句讀」下，才能真正開啓與經典的對話。第二個層次是「背景還原」。只有明確了經典的背景，經典才能真正的成爲一個「思想史事件」。第三個層次是「義理還原」，任何一部經典都經歷了漫長的思想史詮釋，對思想史詮釋的「詮釋」，是我們分辨經典「義理」的關鍵，因此，第三個層次亦可稱爲「解釋的解釋」。第四個層次是「問題解釋」，這一步驟包括對文章核心問題的解釋，以及對論文核心問題的深沉次思考與自我認知。拙著《教化即爲政：〈論語〉「子奚不爲政」章發微》即是依循著這四個解釋步驟。

五、論文思路

　　筆者的博士論文《教化即爲政：〈論語〉「子奚不爲政」章發微》，從「子奚不爲政」章的義理爲研究起點，探尋孔子乃至儒家所踐行的「教化即爲政」的思想。全書共分八章，集中討論孔子「教化」與「爲政」的關係問題。

　　第一章《經典解釋：「子奚不爲政」章探賾》，通過句讀還原，確證此章的正確斷句是：或謂孔子曰：「子奚不爲政？」子曰：「《書》云：『孝乎惟孝，友于兄弟。』施於有政，是亦爲政，奚其爲爲政？」此章對話的背景是魯哀公十一年之後，此時孔子周遊列國返魯，完全投身於教化實踐之中。本章的義理是，孔子認爲將孝悌「施於有政」的教化行爲是自己的另外一種政治實踐。在孔子那裡，「素位爲教」就是「素位爲政」。孔子既爲在位者之師，又爲取位者之師，親身踐行著君子之師的政治角色。

　　第二章《孝悌之道：德性政治的根基》，在「子奚不爲政」章中，孔子要將孝悌之道傳遞給執政者，究其原因，孝悌之道是中國古代德性政治的根基。在孔子的思想體系中，孝悌是總閥制度的內核，是禮樂文明的基礎，是孔子仁學的起點，是君主德性的根本。正因爲孝悌對於政治體具有根底的作用，孔子才會分外重視將「孝悌」傳遞給執政者。在孔子看來，正本才能清源，根底的穩固，才能實現執政者的「爲政以德」，促成政治體朝著「善」的方向發展。

第三章《退而不隱：孔子的政治理想與現實選擇》，在「子奚不爲政」章中，孔子認爲，自己不僅是一個以「道統」引導「政統」的儒師，他也是一個參與政治的政治實踐者。如果我們僅僅將視域停留在此章的文本之意，即孔子的教化是一種政治性的教化，難免有隔靴搔癢之感。要進一步理解這一章，就必須進入孔子的政治生活，理解構成他的政治理想與現實選擇，理解他所處的君臣格局和君臣關係。實際上，孔子在「子奚不爲政」章中的抒意，不僅是對「或人」此時的回答，也是孔子對之前政治實踐的反思與昇華。

第四章《內聖外王：孔子的「素王」之路》，孔子在「子奚不爲政」章中反覆強調，他的教化實踐是一種政治實踐，這體現了他退而不隱的入世思想，在這種現實選擇背後是他踐行的「君臣共治」的政治理想。孔子的「君臣共治」理想與儒家的「內聖外王」思想緊密相關。孔子並沒有因世道的衰敗而改變自己的政治理想，其「內聖外王」的志向始終構成他政治思想的主線和政治實踐的思路。正是因爲孔子在「立德」、「立功」、「立言」三個層面的努力，他在生前已然實現「不朽」，而在死後在漢代制度化儒家建構的進程中成爲了「素王」。

第五章《誰之天下：孔子「天下」思想的「主體」審思》，在孔子的政治世界中，主宰天下的不僅僅是王，亦有具備君子人格的士大夫，「君臣共治」是他理想的政治格局。孔子認爲，天下是天下人之天下，非君主一人之天下，而在「天下人」之中接受過教化的君子是最有資格與君主「共治」天下的。因此，孔子在「子奚不爲政」章中所強調的「施於有政」並不只是在位之君主，亦有在野之君子。在野之君子通過教化必將成爲從政者，與君主分享治權，共治天下。從政權的視域看，天下是君主的，從治權視域看，天下是君子的。孔子認爲，天下可以無君主，因爲政權只係君主，它具有脆弱性，其解體具有極大的可能性。但是，天下不能沒有君子，君子之眾遠超君主，正因爲君子的存在，使得政權能有源源不斷的「救命稻草」，也是治權得以穩定，反哺於政權的安定。因此，在孔子「天下」思想中，它的「主體」導向是「君子」。

第六章《君子之師：孔子的政治性教化實踐》。孔子的教化內容以「仁學」爲核心。孔子的「仁學」兼具「立己」和「愛人」兩個面向，二者同等重要，相即不離。「仁學」具有兩個重要屬性，即「內發性」和「推擴性」，兩個屬性輔證了「仁學」是德與行的合一。通過「政、身衝突中的『顏回不仕』」所

體現的明哲保身和「國、家衝突中的『帝舜竊父』」所體現的親親相隱，可以明確立己之學是孔子仁學的重要起點。君子理想是孔門的共有理想，君子的君子之道可以用「內聖外王」來涵括，孔子仁學的立人之學即表現在君子政治實踐的爲民情懷。

第七章《選賢與能：孔子政治哲學思想的旨歸》，以孔子爲代表的先秦儒家的教化實踐是一種政治性教化，其目的是培養君子，其隱蘊著先秦儒家政治哲學的旨歸——選賢與能。在「子奚不爲政」章中孔子在直接意義上將自己的政治性教化視作一種政治實踐，而其間接意義則將培養君子做爲其政治實踐的延續。在孔子的思想中蘊含著豐富的尚賢理念，其構成了先秦儒家乃至儒家思想史上「賢能政治」的思想雛形。「賢能政治」所蘊含的「民心與政治合法性」問題有別於西方政治哲學的元問題——民主與政治合法性，儒家「賢能政治」的政治哲學智慧對當今世界亦有重要意義。

第八章《夫子何爲：重新認識孔子爲代表的先秦儒家》，通過新詮《論語》「女爲君子儒」章，認爲此章「君子儒」的詞性搭配並非是「君子」活用做形容詞修飾「儒」，而是「君子」與「儒」間省略了「之」字。「君子儒」指以王官之學教化君子的「師儒」，「小人儒」指小民的「師儒」。孔子教誨子夏要成爲君子的老師，而不要成爲小民的老師。從學生來源看，孔子有教無類，其教育對象無「君子」和「小民」之分；但是，從培養目標來看，拜師孔子的弟子，從入學伊始，皆是修德以取位的「君子」而非「小民」。孔子晚年專致教化，用「道統」引導「政統」，親身踐行著「君子儒」的角色。在孔子與孔門後學的努力下，先秦儒家的一大特點就是以「道統」引導「政統」，先秦儒家的教化事業並不游離於政治領域之外。

孔子「教化即爲政」的思想內含著儒家「道統」與「政統」的衝突，這一衝突即是政治哲學所謂的哲學與政治的衝突。在思想史上，代表哲學的哲學家所追求的至善的理想國，與代表政治的統治者操作的現實國家，構成了一對永恆的矛盾。在這一矛盾背後，是知識分子在學術與政治上所遭遇的困境。孔子之所以強調對執政者的德性教化，是因爲他知道只有教化執政者，才可能實現政治理想。孔子不因教化與政治的衝突而放棄對執政者的教化，而是用篤定的意志來踐行著自己對政治的責任，這正體現出孔子教化哲學的可貴。

第一章　經典解釋：「子奚不爲政」章探賾

孔子在古代被尊奉爲「天縱之聖」、「天之木鐸」，是當時社會上的最博學者之一，被後世統治者尊爲孔聖人、至聖、至聖先師、大成至聖文宣王先師、萬世師表。拙著所討論的孔子「教化即爲政」的思想，正是從孔子「師」的身份出發的，但是，筆者所要揭示的孔子不是一個以求道覺民的教師，而是一個以「道統」引導「政統」的爲政之師。《論語・爲政》中有如下一章：

> 或謂孔子曰：「子奚不爲政？」子曰：「《書》云：『孝乎惟孝，友于兄弟，施於有政。』是亦爲政，奚其爲爲政？」〔註1〕

「子奚不爲政」章是《論語》中頗爲特殊的一章，「爲政」一詞在《論語》中共出現 6 次（不含《爲政》篇名），而在這一章之中就出現了 3 次，要理解孔子的「爲政」思想，此章是重中之重。「爲政」不僅是一個具有政治實踐意義的範疇，也是一個關涉政治哲學的範疇。我們對「子奚不爲政」章的探賾，不僅可以剖析孔子對政治哲學的理解，也可以分析他對自身政治實踐的定性。在分析上述兩點之前，我們必須先試圖釐清此章的句讀問題和對話所發生的背景，這是我們研究此章的基礎。

一、關於「孝乎惟孝友于兄弟」的斷句

關於「子奚不爲政」章的句讀問題，直到當代依然懸而未決。此章在句

〔註 1〕 程樹德撰，程俊英、蔣見元點校：《論語集釋》第 1 冊，北京：中華書局，1990 年版，第 121 頁。

讀上的歧義共有兩處，其一是關於「孝乎惟孝友于兄弟」的不同斷句，其二是關於「友於兄弟」的話語歸屬。前者的不同斷句是「孝乎，惟孝友于兄弟」和「孝乎惟孝，友于兄弟」，後者的話語歸屬決定著「友於兄弟」是《書》中所載還是孔子所言。

截止目前，學界共有兩篇文章討論「子奚不爲政」章，它們分別是韓高年的《〈論語・爲政〉「子奚不爲政」章疏證——兼談孔門孝道內涵的多重性及其演變》和謝榮華的《「子奚不爲政？」——試論儒家的爲政方式》。韓高年根據自己的疏證，將此章標點爲：

> 或問孔子曰：子奚不爲政？子曰：「《書》云：『孝乎？惟孝友于兄弟，施於有政。』是亦爲政，奚其爲爲政。」[註2]

而謝榮華依從楊伯峻的《論語譯注》，認定此章的句讀爲：

> 或謂孔子曰：「子奚不爲政？」子曰：「《書》云：『孝乎，惟孝，友于兄弟，施於有政。』是亦爲政，奚其爲爲政？」[註3]

韓高年和謝榮華對此章不同的斷句，反映了學界對「孝乎惟孝友于兄弟」句讀的混亂。實際上，這一「混亂」在論語解釋史上由來已久。

程頤在《論語解》中釋「《書》云孝乎！」曰：「《書》之言孝，則曰『惟孝友于兄弟，則能施於有政』」[註4]，通過程頤的解釋，我們可以明確他將此章斷作：「孝乎！惟孝友于兄弟。」朱熹承伊洛之淵源，在《論語集注》中亦以「孝乎」斷句[註5]。根據程樹德的論證，「是讀『孝乎』爲句始於伊川」[註6]。「孝乎！惟孝友于兄弟」式的斷句肇始於程頤，經過後儒的沿襲，成爲了「子奚不爲政」章解釋史上的一種意見。

「孝乎惟孝友于兄弟」的第二種句讀是「孝乎惟孝，友于兄弟」。清代樸

[註2] 韓高年：《〈論語・爲政〉「子奚不爲政」章疏證——兼談孔門孝道內涵的多重性及其演變韓》，載《古籍研究》，2003 年第 2 期，第 109～112 頁。

[註3] 謝榮華：《「子奚不爲政？」——試論儒家的爲政方式》，載《孔子研究》，2005 年第 3 期，第 70 頁。

[註4] 〔宋〕程顥、程頤著，王孝魚點校：《二程集》第 4 冊，北京：中華書局，1981 年版，第 1135 頁。

[註5] 今本《四書章句集注》中將「孝乎惟孝友于兄弟」斷作「孝乎惟孝、友于兄弟。」而據朱注：「《書》云：『孝乎』者，言《書》之言孝如此也」可證實朱子將此章斷作「孝乎，惟孝友于兄弟」。見〔宋〕朱熹撰：《四書章句集注》，北京：中華書局，1983 年版，第 59 頁。

[註6] 程樹德撰，程俊英、蔣見元點校：《論語集釋》第 1 冊，北京：中華書局，1990 年版，第 123 頁。

學的興盛是這種句讀產生的學術背景，惠棟在《九經古義》中指出：「『子曰書云孝乎惟孝友于兄弟』，《釋文》作『孝于』，云：『一本作「孝乎」。』《唐石經》同。案蔡邕《石經》亦作『于』，故包咸《注》云：『孝于惟孝，美大孝之辭。』後世儒者據晉世所出《君陳篇》改『孝于』爲『乎』，以『惟孝』屬下句以合考之，若非《漢石經》及包氏注，亦安從而是正耶？」〔註7〕在惠棟看來，「子奚不爲政」章的「孝乎惟孝」，原作「孝于惟孝」，將「于」改「乎」的根底原因是晉代僞《古文尚書》的出現，僞《古文尚書》的《君陳》篇有「惟孝，友于兄弟」〔註8〕一句，而此句上無「孝于」二字。隨著僞《古文尚書》在社會上的流行，後世儒者因襲成慣，爲了迎合成書「早於」《論語》的《古文尚書》的眞實性，承認「惟孝友于兄弟」的確實性，儒者們鑒於古代「于」、「乎」在某些情況下可以互換，便改易《論語》的「孝于」爲「孝乎」（「孝于」以「于」爲尾不能獨立成句）。因此，「孝乎，惟孝友于兄弟」的語式逐漸成爲「子奚不爲政」章的一種斷句。然而如果我們追根溯源，「孝乎惟孝」原作「孝于惟孝」〔註9〕，那麼「孝乎（于）惟孝友于兄弟」的斷句自然是「孝乎（于）惟孝，友于兄弟」。

　　比較上述兩種斷句，第二種斷句通過紮實的論證推翻了第一種斷句的可能性。程頤以來的儒者並不知道當時流行的《古文尚書》爲晉人僞作，更未對包咸《論語章句》和《漢石經》作進一步勘定。因此，他們對「子奚不爲政」章中「孝乎惟孝友于兄弟」一節做出了錯誤的句讀。而經過惠棟等人的考訂後，我們可以確定此節的正確句讀，亦可明晰「乎」原作「於」。實際上清儒對於「於」字改易的發掘，亦是我們確定「施於有政」話語歸屬的關鍵。

二、關於「施於有政」的話語歸屬

　　關於「施於有政」〔註10〕的話語歸屬問題，朱熹和劉寶楠皆將其歸爲《書》

〔註7〕 〔清〕惠棟著：《九經古義》，收入〔清〕乾隆敕輯：《景印文淵閣四庫全書》第 191 冊，臺北：臺灣商務印書館，1982～1986 年版，第 494 頁下欄。按，標點符號爲引者所加。

〔註8〕 〔漢〕孔安國傳，〔唐〕孔穎達正義，黃懷信整理：《尚書正義》，上海：上海古籍出版社，2007 年版，第 713 頁。

〔註9〕 筆者考察《漢石經》，其中有「子曰書云孝于惟孝友于兄」的記載，見馬衡：《漢石經集存》，上海：上海書店出版社，2014 年版，第 51 頁上欄。

〔註10〕 現存最早的《論語》版本《論語：定州漢墓竹簡》有「施於有正」的記載，

辭。在他們看來，「施於有政」源自《尙書‧君陳》篇。然而考《尙書‧君陳》篇，在「惟孝友于兄弟」後是「克施有政」〔註11〕，而非「施於有政」。實際上，「子奚不爲政」章與《尙書‧君陳》篇的文獻之異不止於此，上文已經指出《君陳》篇「惟孝，友于兄弟」之前無「孝乎（于）」二字。閻若璩已將《古文尙書》證僞，如果我們沒有證據推翻閻若璩的觀點，那麼《論語》與《尙書》的文獻之異只能說明《古文尙書》的作僞者是根據「子奚不爲政」章來創作《君陳》篇的，而其作僞痕跡極其明顯。基於這一判斷，我們無法確定「子奚不爲政」章中，孔子在回答「或人」時提到的「《書》」是否爲《尙書》，我們也無法確定孔子所謂的「施於有政」是否爲《書》辭。

對於「施於有政」的話語歸屬問題，宋翔鳳的見解可謂獨到，他在《四書釋地辯證》中提到：「『孝乎惟孝，友于兄弟，施於有政。』孔子所引《書》之辭。按：《論語》例作『於』字，引經乃作『于』，則可斷『孝乎惟孝友于兄弟』八字爲《書》辭，『施於有政』以下爲孔子語。以有『于』『於』字顯爲區別，閻氏極駁東晉古文《書》。此文乃爲《君陳》篇所誤，亦千慮之一失也。」〔註12〕在古代漢語中，「于」「於」二字作爲介詞可互相通用，然而我們發現在《論語》中凡是明確爲孔子語者，均用「於」而不用「于」。並且，我們發現「于」在《論語》繁體本中僅出現在「子奚不爲政」章中，而上文已經證明「孝乎惟孝」原作「孝於惟孝」，與「友于兄弟」形成互文。通過「孝乎（于）惟孝，友于兄弟」與「施於有政」在「于」字寫法上的迴異，我們足以證實宋翔鳳的論證是正確的。保守地說，在我們沒有找到孔子所引《書》之原本前，我們應當認爲「孝乎（于）惟孝，友于兄弟」是孔子引《書》的內容，而「施於有政」一句則是孔子本人的話。因此，本章的正確斷句爲：

> 或謂孔子曰：「子奚不爲政？」子曰：「《書》云：『孝乎（于）
> 惟孝，友于兄弟。』施於有政，是亦爲政，奚其爲爲政？」

見河北省文物研究所定州漢墓竹簡整理小組：《論語：定州漢墓竹簡》，北京：文物出版社，1997 年版，第 13 頁。

〔註11〕 〔漢〕孔安國傳，〔唐〕孔穎達正義，黃懷信整理：《尚書正義》，上海：上海古籍出版社，2007 年版，第 713 頁。

〔註12〕 〔清〕宋翔鳳著：《四書釋地辯證》，收入《續修四庫全書》編委會編：《續修四庫全書》第 170 冊，上海：上海古籍出版社，1996～2003 年版，第 457 頁下欄。按，標點符號爲引者所加。

我們可以將此章翻譯爲：

　　有人問孔子：「你爲什麼不（出來）參與政治呢？」孔子回答：
「《書經》說，『孝啊，只有孝敬父母，又能友愛兄弟。』把這一道
理傳遞給執政者，就是『參與政治』，怎樣才算『參與政治』呢？」

在明晰「子奚不爲政」章的句讀後，我們可以對其義理做一探析。然
而此章並沒有提供具體的對話語境，失去了語境的對話是很難給予確切的
詮釋的。因此，在詮釋此章義理之前，我們有必要試圖探查該章對話發生的
時間。

三、對話時間之辨

「子奚不爲政」章的句讀在《論語》解釋史上引起了不小的爭辯，然而
學者關於此章對話所發生的時間，亦是見仁見智。本章對話發生的時間之辨
著實讓後世的解釋者混淆其中，而這種混淆又給該章的義理詮釋帶來一定的
困難。關於「子奚不爲政」章發生的時間，先哲的想法大體可以分爲三類。
第一類是以朱熹爲代表的魯定公初年說，第二類是以王夫之爲代表的魯昭公
之世說，第三類是以劉寶楠爲代表的魯哀公十一年之後說。下面，筆者將做
具體的分析。

朱熹在《論語集注》中寫到：「定公初年，孔子不仕，故或人疑其不爲政
也。《書》，《周書・君陳篇》。《書》云：『孝乎』者，言《書》之言孝如此也。
善兄弟曰政乎。蓋孔子之不仕有難以語或人者，故託孝友以告知。要之至理，
亦不外是。」〔註 13〕在朱熹看來，魯定公初年，孔子不出仕爲官的原因很難
與「或人」說清，因此孔子引用《尚書・君陳》篇的孝友之道與政治的關係
來告知「或人」。雖然孔子有難言之隱，但是他所傳遞的道理正是政治的至理。
我們知道，魯定公初年，孔子的確有一段時間不曾出仕。魯定公之前，魯昭
公因爲與三桓的矛盾「奔於齊」〔註 14〕。孔子逢魯之亂，「適齊，爲高昭子家
臣，欲以通乎景公」〔註 15〕，並差點爲齊景公之大臣，然而後來在齊國大臣
的排擠下返回魯國。孔子回魯已是魯定公元年之後，此時的孔子雖然亦與魯

〔註 13〕　〔宋〕朱熹撰：《四書章句集注》，北京：中華書局，1983 年版，第 59 頁。
〔註 14〕　〔漢〕司馬遷撰，〔宋〕裴駰集解，〔唐〕司馬貞索引，〔唐〕張守節正義：《史
　　　　　記》第 4 冊，北京：中華書局，1959 年版，第 1910 頁。
〔註 15〕　〔漢〕司馬遷撰，〔宋〕裴駰集解，〔唐〕司馬貞索引，〔唐〕張守節正義：《史
　　　　　記》第 4 冊，北京：中華書局，1959 年版，第 1910 頁。

國大臣有交往，但並不選擇出仕爲官，而是專門從事教化工作，根據《史記‧孔子世家》記載：「孔子不仕，退而脩詩書禮樂，弟子彌眾，至自遠方，莫不受業焉。」〔註16〕因此，朱熹認爲此章發生在魯定公初年，滿足了「或人」發問的事實條件（孔子不仕）。

劉逢祿在《論語述何》中同意朱熹對「子奚不爲政」章的時間定位，他指出：「政者，正也。《春秋》定無正月者，昭非正終，定非正始也。夫子以昭公孫於齊之年適齊，以定之元年反魯不仕，故或人問之。引《書》『友于兄弟』爲孝者，繼體之君臣與子一例，定公，昭公之弟，不宜立者也。受國於季孫意隱如而不知討賊，則爲政之本失矣。」〔註17〕劉逢祿從春秋學的義理來分析孔子不仕的原因。他認爲魯昭公是被三桓驅逐出了衛國，這屬於臣下的不臣之舉。而作爲昭公之弟的魯定公被立爲魯國國君，竟然不爲兄長主持正義，這不符合政治道德中的「友于兄弟」。孔子引《尚書‧君陳》的內容告訴「或人」，正是在表明自己對魯國當前政治的態度，而其中正內蘊著他不仕的原因。劉逢祿的解釋似乎解答了朱熹所謂的孔子的難言之隱，他認爲孔子之所以不求仕，是因爲魯國當時統治者的不遵政治原則。

對以朱熹爲代表的認爲此章發生在定公初年的看法，王夫之不以爲然，他在《四書稗疏》中指出：

夫子言孝友必有所致其孝友者，則此言之發必於母兄尚在時矣。定公初年，孔子年四十有餘，而定公中，載孔子出仕以後周流列國，更未聞有宅憂之事。伯兄早卒，故嫁子而孔子爲之主，則母兄之喪皆當在昭公之末。孝友之言，亦豈不言及而心愴乎？〔註18〕

王夫之認爲孔子援引《尚書‧君陳》篇的孝友之道，以證明自己並非不從事政治，其中內蘊著此時孔子的「母兄尚在」。他認爲孔子與「或人」的答問發生在魯昭公末期，它有如下兩條根據。第一，根據《史記‧孔子世家》的記載，孔子在魯定公時期未有「宅憂之事」，孔子亦在魯定公十四年開始周

〔註16〕〔漢〕司馬遷撰，〔宋〕裴駰集解，〔唐〕司馬貞索引，〔唐〕張守節正義：《史記》第 4 冊，北京：中華書局，1959 年版，第 1914 頁。

〔註17〕〔清〕劉逢祿撰：《論語述何》，收入陳建華、曹淳亮主編：《廣州大典》第十五輯‧經部總類第 21 冊，廣州：廣州出版社，2008 年版，第 225 頁上欄。按，標點符號爲引者所加。

〔註18〕〔明〕王夫之撰：《四書稗疏》，收入《船山全書》編輯委員會編校：《船山全書》第 6 冊，長沙：嶽麓書社，2011 年版，第 26 頁。

遊列國。如果孔子的母親尙在，孔子不會選擇長時間的出遊。因此孔子的母、兄之喪在魯定公元年之前，並很可能在魯昭公末期。第二，《論語・公冶長》記載：「子謂公冶長：『可妻也。雖在縲絏之中，非其罪也。』以其子妻之。子謂南容：『邦有道不廢，邦無道免於刑戮。』以其兄之子妻之。」〔註19〕由此可見，孔子的伯兄早喪，是由孔子主持家族的婚禮。而根據孔鯉（孔子之子）的年紀推測，孔子主持婚禮的時間很可能在魯定公元年（孔子42歲）之後。據此反推，孔子的母、兄很可能存活於魯昭公之時。綜合以上兩條，孔子與「或人」的答問不會發生在定公之世，而應發生在昭公末期。王夫之預設在魯昭公末期，孔子的母、兄尙在，因此孔子援引《尙書・君陳》來回答「或人」「子奚不爲政」的問題就顯得合情合理。然而，如果這章的對話發生在定公之世，此時孔子的母、兄已卒，那麼孔子不會用申明孝悌的方式爲自己不從政的理由，因爲這種表述不合實情，且會讓他內心愴痛。

　　劉寶楠對於此章的時間定位既不同於朱熹，也不同於王夫之。劉寶楠引用包咸《論語章句》的說法，把這章的對話時間定位在魯哀公十一年之後。他指出：「夫子以司寇去魯，故反魯猶從大夫之後，且亦與聞國政，但不出仕居位而爲之，故或人有不爲政之問。弟子記此章，在哀公、季康子問孔子兩章之後，當亦以時相次。」〔註20〕根據《史記》的記載，魯哀公十一年，孔子結束周遊列國返回魯國，並在歸魯後與魯哀公和季康子有過關於政治層面的問答。《史記・孔子世家》是這麼記載的：「魯哀公問政，對曰：『政在選臣。』季康子問政，曰：『舉直錯諸枉，則枉者直。』康子患盜，孔子曰：『苟子之不欲，雖賞之不竊。』」但是，魯國執政者「終不能用孔子，孔子亦不求仕」〔註21〕。《史記・孔子世家》的記載與《論語・爲政》的章目排序和內容有相似之處。《論語・爲政》在「子奚不爲政」章之前同樣出現了魯哀公和季康子與孔子關於政治方面的問答，並且魯哀公所問也得到了孔子「舉直錯諸枉，則民服。舉枉錯諸直，則民不服」〔註22〕的回答。在《論語》記載季康子的

〔註19〕　程樹德撰，程俊英、蔣見元點校：《論語集釋》第1冊，北京：中華書局，1990
　　　　　年版，第285～287頁。
〔註20〕　〔清〕劉寶楠撰，高流水點校：《論語正義》上冊，北京：中華書局，1990
　　　　　年版，第67頁。
〔註21〕　〔漢〕司馬遷撰，〔宋〕裴駰集解，〔唐〕司馬貞索引，〔唐〕張守節正義：《史
　　　　　記》第6冊，北京：中華書局，1959年版，第1935頁。
〔註22〕　程樹德撰，程俊英、蔣見元點校：《論語集釋》第1冊，北京：中華書局，1990
　　　　　年版，第117頁。

問政後，「子奚不爲政」章的出現同樣透入出孔子不仕的狀態，這與《史記‧孔子世家》所載的孔子不求仕能形成一定的對應。劉寶楠根據兩個文本人物、對話內容和蘊藏孔子狀態的相互契合，認爲此章對話應當發生在魯哀公十一年之後。

　　上述三種觀點，朱熹和劉寶楠參考《史記‧孔子世家》，從「史」的角度挖掘出孔子兩段不仕的時期，力求符合「或人」「子奚不爲政」的問話語境。相對朱熹的解釋，劉寶楠解釋的特色在於發現了《論語》與《史記‧孔子世家》的相對互文之處。而王夫之則從「情」的角度，從孔子論及孝悌的心態出發，試圖闡釋孔子對「或人」的回答應當發生在母、兄尚在之時，即王夫之所推測的魯昭公末期。朱熹、王夫之和劉寶楠的解釋各具理，而要正確定位此章的時間需要結合孔子的生平，並且充分理解「或人」與孔子口中的「爲政」。對於「爲政」的解釋是化解此章時間之辨的關鍵。

四、「素位爲教」即「素位爲政」

　　「子奚不爲政」章是「或人」與孔子圍繞「爲政」所展開的對話，他們所談論的問題，不僅是關乎政治實踐，亦關涉到二人對政治的理解。毫無疑問，「爲政」是本章的核心範疇。在思想史上，解釋者們都非常注意對此章中「爲政」的解讀。何晏引東漢包咸之注曰：「孝乎惟孝，美大孝之辭。友于兄弟，善於兄弟也。施，行也。所行有政道，與爲政同。」〔註23〕在何晏看來，孔子在行爲上符合了政治道德，他就是在爲政。皇侃引用東晉范寧之言云：「夫所謂政者，以孝友爲政耳。行孝友則是爲政，復何者爲政乎？」〔註24〕皇侃認爲，孝友之道是政治的根本原則，孔子做到了孝友之道就是在爲政。而朱熹將「施於有政」理解爲「廣推此心以爲一家之政」〔註25〕，如此就把在朝爲政的問題替換成在家爲政的問題。王夫之將此章定位在魯昭公末年，認爲孔子行孝悌不出仕也是一種爲政，實際上也是在「家政」意義上理解爲政。筆者以爲何晏與皇侃所主張的日常行事符合政治道德就是在爲政，著實矮化了爲政的內涵；而朱熹和王夫之所闡述的爲一家之政就是爲政，又

〔註23〕　〔魏〕何晏注，〔宋〕邢昺疏，朱漢民整理，張豈之審定：《論語注疏》，北京：北京大學出版社，2000年版，第24頁。

〔註24〕　〔梁〕皇侃撰，高尚榘校點：《論語義疏》，北京：中華書局，2013年版，第40頁。

〔註25〕　〔宋〕朱熹撰：《四書章句集注》，北京：中華書局，1983年版，第138頁。

泛化了爲政的內涵。實際上，在孔子的時代爲政就是指有位的執政者的政治實踐。

　　孔子一生的事業無外兩種，一是居位爲政，一是素位爲教。「或人」「子奚不爲政」的問話表達了他對積極出仕的孔子晚年不居位爲政的困惑。在「或人」的思維中，爲政就是居位的官員的政治實踐。而孔子對於爲政的理解與「或人」迥異，他對爲政的回答是對自己另一種形式的政治實踐的正名。這一政治實踐的形式不是居位的官員，而是素位的教師。孔子認爲把孝悌傳遞給有政之人，是他爲政的又一種方式。「是亦爲政」表現了孔子對教化亦是爲政的肯定；「奚其爲爲政」又用反問的方式再一次確定了教化與爲政的切實聯繫。

　　縱觀孔子的教育生涯，其一生的教化對象主要是在野的取位者（弟子）和在位的執政者。在位的執政者是孔子「施於有政」的少數人，孔子面對他們的角色是在位者之師。在野之取位者是孔子「施於有政」的多數人，孔子面對他們的角色是取位者之師。二者共同構成了孔子君子之師的角色。蕭公權指出：「（君子）舊義傾向於就位以修德，孔子則側重修德以取位。」〔註26〕換言之，孔子賦予「君子」以新的內涵，君子不僅是有位者通過德性的修養成爲合格的執政者，更是無位者通過德性的修養成爲合格的執政者。在孔子那裡，修德是爲政的條件，爲政是修德的目的。因此，我們可以把孔子的弟子視爲準「有政」者。

　　基於上述判斷，孔子將孝悌「施於有政」，實際上是將自己的教化實踐視作一種政治實踐。在孔子那裡，「素位爲教」即「素位爲政」。在上文中我們呈現了此章對話所發生的時間之辨，其中王夫之主張的此章發生在魯昭公末期並不符合此章的內在理路，因爲當時孔子處於居位爲政的狀態。〔註27〕對比朱熹提出的定公初年說和劉寶楠提出的哀公十一年之後說，筆者更傾向於劉寶楠的判斷。因爲在定公初年孔子雖然也在從事教化，然而此時他對出仕

〔註26〕蕭公權著：《中國政治思想史》第 1 冊，瀋陽：遼寧教育出版社，1998 年版，第 66 頁。

〔註27〕根據《史記·孔子世家》的記載，孔子 17 歲（魯昭公九年）左右開始從政，爲「季氏史，料量平；嘗爲司職吏而畜蕃息」。在整個魯昭公時期，曾在魯南宮敬叔的推薦下，經魯昭公同意，「適周」學習；孔子 30 歲（魯昭公二十年），曾代表魯國接待「適魯」的齊景公與晏嬰來適魯。孔子 35 歲（魯昭公二十五年），「三家共攻昭公，昭公師敗，奔於齊」，孔子亦適齊，結束了人生第一段從政。

抱有極大的熱情，並在定公八年正式爲官。而哀公十一年之後，孔子周遊列國返魯，此時的孔子已經完全投身於教化實踐之中，「或人」在這一時段提出「子奚不爲政」的問題更加貼合孔子「不仕」的狀態。因此，此章的章旨是孔子認爲自己晚年在魯國的教化實踐實際上是他參與政治的又一種方式。我們不禁反思，爲什麼孔子的教化行爲也是一種政治實踐？這一問題是筆者在下一章致力化解的核心問題。

（一）在位者之師

孔子周遊列國返魯之後，曾與魯國的執政者魯哀公和季康子有過關於魯政的交流，但「魯終不能用孔子，孔子亦不求仕」。根據《左傳・哀公十二年》的記載，季孫欲以田賦，使冉有訪諸仲尼。仲尼曰：「丘不識也。」三發，卒曰：「子爲國老，待子而行，若之何子之不言也？」仲尼不對，而私於冉有曰：「君子之行也，度於禮，施取其厚，事舉其中，斂從其薄。如是則以丘亦足矣。若不度於禮，而貪冒無厭，則雖以田賦，將又不足。且子季孫若欲行而法，則周公之典在。若欲苟而行之，又何訪焉？」〔註28〕由此可見，晚年居魯的孔子，被魯國的執政者尊爲國老，魯國的執政者若有政事之疑，皆會來請教孔子。《禮記・曲禮》有言：「大夫七十而致事。若不得謝，則必賜之几杖，行役以婦人，適四方，乘安車。自稱曰『老夫』，於其國則稱名。越國而問焉，必告之以其制。」〔註29〕孔子曾爲魯國大夫，且時年七十，因此他爲國老符合禮制。國老的政治身份相當於政治顧問，而孔子以其學識之高、德望之厚，已儼然是執政者的老師。孔子「施於有政」的第一個內涵便是爲在位者之師。

《左傳・哀公十二年》記載了一則季康子向孔子請教蝗蟲災害的事：

> 冬十二月，「螽。」季孫問諸仲尼，仲尼曰：「丘聞之，火伏而後蟄者畢。今火猶西流，司曆過也。」〔註30〕

依據周代曆法，每年十二月，大火（星宿）在天空隱伏，而後天氣轉冷，昆蟲結束蟄伏，出來活動。因此，這一時期要保護農物，防止昆蟲對農物的

〔註28〕劉勳著：《春秋左傳精讀》第3冊，北京：新世界出版社，2014年版，第1841～1842頁。

〔註29〕〔漢〕鄭玄注，〔唐〕孔穎達疏，龔抗云整理，王文錦審定：《禮記正義》上冊，北京：北京大學出版社，1999年版，第20頁。

〔註30〕劉勳著：《春秋左傳精讀》第3冊，北京：新世界出版社，2014年版，第1847頁。

破壞。然而，魯國恰恰在這個時候遭遇了蝗蟲之害，農物遭到了嚴重破壞。孔子對於當時的時曆和天象（星宿仍然經過西方天空），指出當年爲潤年，而曆法官在確定月份時少算了一個月，因此，魯國是用錯誤的時曆指導農物的生產。在孔子的時代，農物生產是政教關係中尤爲重要的一個環節，每一個季節和月份都有著特定的政教內容以及與之相應的政教形式。社會生活通過君王依節令變化頒佈的與自然協調一致的政教法令而有序地進行。自然運行與政治生活同步，物質生產與文明教化相資。孔子對季康子關於冬蟲之災的教導，實際上是一種政治的宣喻。

身爲魯國國老的孔子，有解答執政者有關政治困惑的責任。而當孔子得知不義的政治事實時，他會主動地向魯國執政者諫言，踐行自己的「師道」之責。《論語‧憲問》記載了孔子請魯哀公討伐陳恒的對話：

> 陳成子弑簡公。孔子沐浴而朝，告於哀公曰：「陳恒弑其君，請討之。」公曰：「告夫三子！」孔子曰：「以吾從大夫之後，不敢不告也。君曰『告夫三子』者。」之三子告，不可。孔子曰：「以吾從大夫之後，不敢不告也。」〔註31〕

魯哀公十四年，齊國大夫陳恒弑殺齊簡公，孔子認爲這種以臣弑君的行徑是對政治秩序嚴重的破壞。孔子曾爲大夫，並時爲國老行教化於魯國，他認爲自己有責任請求魯君出兵征伐陳恒，行正義之戰。孔子十分明確自己爲「師」的責任，他始終關注著政治，並引導執政者推行正確的政治。孔子雖然專致教化，但他並沒有失去對政治的影響力，他以自己的政治智識踐行著「道統」對政治的引導。

（二）取位者之師

孔子通過教化在位者，力圖引導政治向良好的方向發展；他亦教化修德以取位者，培養更多「以道事君」的「大臣」〔註32〕。孔子教化弟子是他爲君子之師的突出表現，是其教化實踐的重心。《史記‧孔子世家》記載：「孔

〔註31〕 程樹德撰，程俊英、蔣見元點校：《論語集釋》第 3 冊，北京：中華書局，1990
　　　　 年版，第 999 頁。

〔註32〕 《論語‧先進》記載季子然問：「仲由、冉求可謂大臣與？」子曰：「吾以子
　　　　 爲異之問，曾由與求之問。所謂大臣：以道事君，不可則止。今由與求也，
　　　　 可謂具臣矣。」曰：「然則從之者與？」子曰：「弑父與君，亦不從也。」見
　　　　 程樹德撰，程俊英、蔣見元點校：《論語集釋》第 3 冊，北京：中華書局，1990
　　　　 年版，第 792 頁。

子以《詩》、《書》、禮、樂教，弟子蓋三千焉，身通六藝者七十有二人。」〔註33〕孔子晚年的專行教化，弟子彌衆，著實培養了一批在朝執政的官員。孔子對弟子的教化，使他們從修德以取位的君子，成爲了眞正的執政者。孔子在爲取位者之師的過程中，將自己對政治的理解傳授給弟子們。值得一提的是，孔子不僅在弟子爲政之前，教誨弟子從政；亦在弟子學成後，推薦弟子從政；並且在弟子爲政的過程中，引導著弟子的從政。以下分三部分具體論述。

第一，教誨弟子從政。

孔子在三十歲之後開設杏壇，培養弟子，他的志向是培養更多德才兼備的君子。從政是孔子教學的目的，而弟子中亦不乏弟子以「從政」爲問題向孔子請教，例如《論語‧堯曰》記載：

> 子張問於孔子曰：「何如斯可以從政矣？」子曰：「尊五美，屏四惡，斯可以從政矣。」子張曰：「何謂五美？」子曰：「君子惠而不費，勞而不怨，欲而不貪，泰而不驕，威而不猛。」子張曰：「何謂惠而不費？」子曰：「因民之所利而利之，斯不亦惠而不費乎？擇可勞而勞之，又誰怨？欲仁而得仁，又焉貪？君子無衆寡，無小大，無敢慢，斯不亦泰而不驕乎？君子正其衣冠，尊其瞻視，儼然人望而畏之，斯不亦威而不猛乎？」子張曰：「何謂四惡？」子曰：「不教而殺謂之虐。不戒視成謂之暴。慢令致期謂之賊。猶之與人也，出納之吝謂之有司。」〔註34〕

黎紅雷認爲此章應該與《論語‧陽貨》「子張問仁於孔子」章聯繫起來研究，將此章的「尊五美，屏四惡」的內容概括起來，就是「子張問仁於孔子」章中孔子提出的「恭、寬、信、敏、惠」〔註35〕。「惠而不費」對應著「五美」之「惠」，從政者爲民謀利，就能動員百姓共謀大業；從政者「勞而不怨」對應著「五美」之「敏」，從政者任勞任怨，就能帶動百姓努力工作；「欲而不貪，泰而不驕」對應著「五美」之「恭」，從政者正己正人，就能保持莊重而

〔註33〕　〔漢〕司馬遷撰，〔宋〕裴駰集解，〔唐〕司馬貞索引，〔唐〕張守節正義：《史記》第 6 冊，北京：中華書局，1959 年版，第 1937 頁。

〔註34〕　程樹德撰，程俊英、蔣見元點校：《論語集釋》第 4 冊，北京：中華書局，1990 年版，第 1370～1373 頁。

〔註35〕　程樹德撰，程俊英、蔣見元點校：《論語集釋》第 4 冊，北京：中華書局，1990 年版，第 1199 頁。

受百姓尊敬；「威而不猛」對應著「五美」之「寬」，從政者寬以待人，就能既有威嚴又具親和；「慢令致期謂之賊」對應著「五美」之「信」，從政者取信於民，就能獲得民眾的信任。孔子回答子張如何從政的教誨，是《論語》中展現的諸多回答中最全面也最具體的。在孔子看來，「『恭、寬、信、敏、惠』不僅是個人修養的『私德』，而且是治國理政的『公德』」〔註36〕。

因此，從政者個人的品德高低直接決定著民眾對從政者和政治體的認同度。從政者品格越高，就能獲得民眾的廣泛認同，社會的穩定性就越強；反之，民眾對從政者不認同，社會就可能出現危機。孔子將從政者的德性與民眾的認同度聯繫在一起，揭示著從政者的德性是社會穩定的先決條件。值得一提的是，孔子不僅用心地培養弟子成爲合格的從政者，亦盡力推薦弟子從政。

第二，推薦弟子從政。

孔子辦學的目的是培養治理國政的有位之君子，他開設的學堂可以說是一所「君子學校」。孔子早年的從政經歷，使他與眾多有政之人保持著密切的往來；他晚年回魯，專行教化，憑藉自己的名聲和學識，也獲得了魯國執政者的尊敬和關注。孔子在與魯國執政者交流的過程中，舉賢不避親，積極地推薦自己的弟子從政。弟子的從政，是孔子政治生命的延續，《論語·雍也》記載：

> 季康子問：「仲由可使從政也與？」子曰：「由也果，於從政乎何有？」曰：「賜也，可使從政也與？」曰：「賜也達，於從政乎何有？」曰：「求也，可使從政也與？」曰：「求也藝，於從政乎何有？」〔註37〕

通過季康子與孔子的問答，我們可以看出季康子十分留意孔門的優秀弟子，而孔子也毫不避諱地指明弟子的優點，並在話語間希望季康子能任用自己的弟子。在孔子的教化下，孔門優秀的弟子都懷有一技之長，孔子希望自己的弟子能夠出仕從政，以道事君，維護政治體的穩定，化解當時禮崩樂壞的危機。推薦弟子從政並不是孔子的義務，然而孔子欣然爲之，這不僅體現

〔註36〕黎紅雷：《「恭寬信敏惠」：儒家治國理政思想的現代啓示》，載《孔子研究》，2015年第3期，第18頁。

〔註37〕程樹德撰，程俊英、蔣見元點校：《論語集釋》第2冊，北京：中華書局，1990年版，第379～380頁。

出孔子對弟子的喜愛和殷切希望，也透露出孔子所開設的「君子學校」已經形成了一種較爲牢固的組織關係。在「君子學校」中，孔子與弟子的關係十分親密，老師推薦弟子從政漸漸成爲常例。基於這種密切的組織關係，在孔門弟子從政之後，向孔子彙報朝政成爲了一種心照不宣的事；孔子矯正弟子在從政過程中的偏頗，亦成爲合乎情理之事。

第三，引導弟子從政。

孔子對弟子的培養不僅在弟子從政之前，亦在弟子從政之後。孔子時刻關注著魯國政治的運行，對於魯政的失當，他認爲作爲臣下的弟子負有不可推卸的責任。而孔子在魯政失當之時，通過對弟子的教誨，發揮「師道」的作用，力圖矯正政治的偏頗，這在《論語·季氏》「季氏將伐顓臾」章中得到了體現：

> 季氏將伐顓臾。冉有、季路見於孔子曰：「季氏將有事於顓臾。」孔子曰：「求！無乃爾是過與？夫顓臾，昔者先王以爲東蒙主，且在邦域之中矣，是社稷之臣也。何以伐爲？」冉有曰：「夫子欲之，吾二臣者皆不欲也。」孔子曰：「求！周任有言曰：『陳力就列，不能者止。』危而不持，顛而不扶，則將焉用彼相矣？且爾言過矣。虎兕出於柙，龜玉毀於櫝中，是誰之過與？」冉有曰：「今夫顓臾，固而近於費。今不取，後世必爲子孫憂。」孔子曰：「求！君子疾夫舍曰欲之而必爲之辭。丘也聞有國有家者，不患寡而患不均，不患貧而患不安。蓋均無貧，和無寡，安無傾。夫如是，故遠人不服，則修文德以來之。既來之，則安之。今由與求也，相夫子，遠人不服而不能來也；邦分崩離析而不能守也。而謀動干戈於邦內。吾恐季孫之憂，不在顓臾，而在蕭牆之內也。」〔註38〕

孔子曾說：「天下有道，則禮樂征伐自天子出。」〔註39〕季康子爲魯國權臣掌一國征伐大權，是陪臣執國命的典型。在季康子將要征伐顓臾國之前，作爲季氏家臣的冉有和季路主動來向孔子告知這件事，而孔子則告訴他們不該征伐顓臾國的原因。冉有、季路限於季康子的專權，雖然認可孔子的想法，

〔註38〕 程樹德撰，程俊英、蔣見元點校：《論語集釋》第 4 冊，北京：中華書局，1990年版，第 1130～1139 頁。

〔註39〕 程樹德撰，程俊英、蔣見元點校：《論語集釋》第 4 冊，北京：中華書局，1990年版，第 1141 頁。

卻沒有辦法勸阻季康子。孔子之後的言論進一步闡明了自己不認同征伐顓臾國的理由，也將自己的爲臣理念教誨給冉有和季路。《論語・憲問》載子曰：「愛之，能勿勞乎？忠焉，能勿誨乎？」〔註40〕《白虎通・諫諍》有言：「臣所以有諫君之義何？盡忠納誠也。」〔註41〕對於臣下來說，聽事任命，人人都會，但是以道事君，犯言直諫卻很難。臣下對君主的諫言，是他對政治運行中可能存在問題的預判和矯正，是臣下對國君忠誠的表現。孔子用「誨」來指代「諫」，表明這二者間的內在聯繫，在他看來，臣下不應該因地位的差別而失語，而應該由於掌握了「道統」，而具備引導君主的資格。

孔子晚年在魯國專行教化，是魯國最有智識的人士，魯國的執政者在某些政事上產生疑惑，均會來請教孔子。而孔子的弟子在從政前受教於孔子，在從政後更是下意識地要與孔子交流並彙報政事。孔子在與弟子交流政事的過程中，積極地引導弟子的從政行爲。孔子對弟子的教化，實際上是自己政治活動的延伸。《論語・子路》中記載了一則冉子退朝與孔子的對話語錄，孔子問冉有：「何晏也？」冉有對曰：「有政。」子曰：「其事也。如有政，雖不吾以，吾其與聞之。」〔註42〕朱熹在《論語集注》指出：「冉有時爲季氏宰，朝季氏之私朝也。……是時季氏專魯，其於國政，蓋有不與同列議於公朝，而獨與家臣謀於私室者。故夫子爲不知者，而言此必季氏之家事耳；若是國政，我嘗爲大夫，雖不見用，猶當與聞；今既不聞，則是非國政也。」〔註43〕通過孔子將冉有所謂的「政」定性爲「事」，可見孔子對季氏專權的不滿，亦對弟子協助季氏專權感到遺憾。在孔子看來，弟子從政應首先考慮國家利益，而不應該是權臣的家事。孔子希望自的弟子能以道自任，引導政治朝好的方向發展。孔子通過對弟子的培養並推薦弟子從政，自然而然地在魯國形成了一個引導政治的智識團體，這一團體的力量對孔門的每一個弟子都具有道德的約束力。因此，孔子面對季康子的家財比周朝的公侯還要富，而冉求卻繼續爲他聚斂財富，他則憤怒地說：「非吾徒也。小子鳴鼓而攻之可也。」

〔註40〕程樹德撰，程俊英、蔣見元點校：《論語集釋》第3冊，北京：中華書局，1990年版，第958頁。

〔註41〕〔清〕陳立撰，吳則虞點校：《白虎通疏證》上冊，北京：中華書局，1994年版，第226頁。

〔註42〕程樹德撰，程俊英、蔣見元點校：《論語集釋》第3冊，北京：中華書局，1990年版，第913頁。

〔註43〕〔宋〕朱熹撰：《四書章句集注》，北京：中華書局，1983年版，第144～145頁。

〔註44〕在孔子看來，臣下在從政過程中應當保持必要的獨立性，他們對君主的不當決策應當敢於懷疑、勇於諫言，而不應依附於主政者。

綜上所述，《論語》「子奚不爲政」章的正確斷句是：或謂孔子曰：「子奚不爲政？」子曰：「《書》云：『孝乎惟孝，友于兄弟。』施於有政，是亦爲政，奚其爲爲政？」此章對話的背景是魯哀公十一年之後，此時孔子周遊列國返魯，完全投身於教化事業之中。「或人」「子奚不爲政」的提問是對早年積極入仕的孔子此時不爲政的困惑。「或人」所理解的「爲政」，是傳統意義上的執政者的政治實踐，而孔子對「爲政」的闡釋是將其教化事業定性爲一種政治實踐。在孔子看來，將「孝悌」教化給執政者，是他政治實踐的另一方式。

〔註44〕 程樹德撰，程俊英、蔣見元點校：《論語集釋》第3冊，北京：中華書局，1990年版，第774頁。

第二章　孝悌之道：德性政治的根基

在「子奚不爲政」章中，孔子要將孝悌之道傳遞給執政者，究其原因，孝悌之道是中國古代德性政治的根基。在孔子的思想體系中，孝悌是總閫制度的內核，是禮樂文明的基礎，是孔子仁學的起點，是君主德性的根本。正因爲孝悌對於政治體具有根底的作用，孔子才會分外重視將「孝悌」傳遞給執政者。在孔子看來，正本才能清源，根底的穩固，才能實現執政者的「爲政以德」，促成政治體朝著「善」的方向發展。

一、孝悌是宗法制度的內核

在商代卜辭中，「孝」字上面是「爻」下面是「子」，大意是男女交媾而生子。這大概是現存文字中最古老的一種「孝」觀念，表達的是子女對父母的反哺報恩之情。而「悌」這個字從心從弟，《王力古漢語字典》釋「悌」爲：「敬愛兄長。弟，娣，悌。弟是兄弟的弟，娣是女弟，悌是悌道，三字同源。」〔註1〕因此，在孔子的時代，「悌」指的是弟弟對兄長的尊敬。孝悌與中國古代的宗法制度直接相關。王國維在《殷周制度論》有一個經典的論斷：「尊尊、親親、賢賢，此三者治天下之通義也。周人以尊尊、親親二義，上治祖禰，下治子孫，旁治昆弟，而以賢賢之義治官。」〔註2〕西周的封建制度是以嫡庶爲中心的宗法制，周代的統治者放棄了殷代以前王位傳承的兄終弟及制，而創立了父死子繼的制度，後者凸顯出父子之間的「親親」之義，從此父子相

〔註1〕 王力主編：《王力古漢語字典》，北京：中華書局，2000年版，第314頁。
〔註2〕 王國維著，黃愛梅點校：《王國維手訂觀堂集林》，杭州：浙江教育出版社，2014年版，第257頁。

繼成爲政權傳承的既定範式。而宗法制所強調的「尊尊」之義，要求歷代天子皆由嫡長子繼位，此一嫡長子相承的長房，永遠爲大宗。嫡長子之外的別子則各立一房，亦以嫡長相承，自成大宗。宗法制的「親親」之義是「孝道」的體現，其「尊尊」之義則是「悌道」的彰顯。

許倬雲指出：「春秋時期的社會是『家族聯繫』（familial relationships）的結構，亦即一種建立於家族之上而不是建立於個體之上的結構。在這種社會裏，個體被固定於一個複雜的血緣結構之中。這種血緣結構爲所有的社會關係提供一種慣例化的模式。」〔註3〕春秋時期的統治者通常任命他的兄弟爲大臣，擔任重要的行政職務。《左傳・文公七年》載：「夏四月，宋成公卒。於是公子成爲右師，公孫友爲左師，樂豫爲司馬，鱗矔爲司徒，公子蕩爲司城，華御事爲司寇。昭公將去群公子，樂豫曰：『不可。公族，公室之枝葉也，若去之則本根無所庇蔭矣。葛藟猶能庇其本根，故君子以爲比，況國君乎？此諺所謂庇焉而縱尋斧焉者也。必不可，君其圖之。親之以德，皆股肱也，誰敢攜貳？若之何去之？』不聽。穆、襄之族率國人以攻公，殺公孫固、公孫鄭于公宮。六卿和公室，樂豫舍司馬以讓公子印，昭公即位而葬。」〔註4〕公子是諸侯之子，公孫是公子之子。從上述記載可以看出，宋成公去世，宋昭公即位後，維護宋國秩序的大臣中多數爲宗法制下的別子。宋昭公憚於公族勢力，欲除之而後快。樂豫雖申之以親德之重，然昭公不聽，最終後繼的宋穆公和宋襄公率國人攻打在位的宋昭公，宋國內亂，宋昭公「即位而葬」。由此可見，孝悌的制度化對於維護邦國穩定的重要性，這就是《詩・大雅・生民之什・板》中記載的：「大邦維屏，大宗維翰，懷德維寧，宗子維城。」〔註5〕對於孝悌在宗法制度中所發揮的內核作用，楊寬說：「在宗法制度支配下，宗子有保護和幫助宗族成員的責任，而宗族成員有支持和聽命於宗子的義務。大宗有維護小宗的責任，而小宗有支持和聽命於大宗的義務。」〔註6〕如果君主肆意破壞制度化的孝悌，他就在一定意義上破壞了宗法

〔註3〕 許倬雲著，鄒水傑譯：《中國古代社會史論》，桂林：廣西師範大學出版社，2006年版，第1～2頁。

〔註4〕 劉勳著：《春秋左傳精讀》第2冊，北京：新世界出版社，2014年版，第581～582頁。

〔註5〕 〔漢〕毛亨撰，〔漢〕鄭玄箋，〔唐〕孔穎達正義，龔抗云等整理，肖永明等審定：《毛詩正義》第3冊，北京：北京大學出版社，2000年版，第1151頁。

〔註6〕 楊寬著：《西周史》，上海：上海人民出版社，1999年版，第450頁。

制度。

在西周時期，以孝悌爲內核的宗法制度，不僅體現在邦國之內的大宗與小宗的關係，由於封建制度的推行，宗法制度亦呈現在異邦之間。根據《左傳·僖公二十四年》的記載：「昔周公弔二叔之不咸，故封建親戚以屏藩周」〔註7〕，「周之有懿德也，猶曰『莫如兄弟』，故封建之。其懷柔天下也，猶懼有外侮；捍禦侮者，莫如親親，故以屏周。」〔註8〕周公作爲封建制度的推行者，他依據孝悌之義對天子的親戚進行分封，通過人性最根本的道德情感——孝悌——促成西周政治秩序的穩定。在周公的封建設計下，邦國之間存在著親密的兄弟關係。孔子曾說：「魯衛之政，兄弟也。」〔註9〕《左傳·定公六年》載公叔文子曰：「大姒之子，唯周公、康叔爲相睦也。」〔註10〕周公和康叔同爲周文王之子，二人一個被分封到了魯國，一個被分封到了衛國，二人是兄弟，因此魯、衛之政亦爲兄弟之政。由此可以管窺孝悌的制度化亦在天下之中的諸侯國間產生德性的連接。惜乎東周之時，這種諸侯國間的血緣之親已淡而不密，取而代之的是諸侯間的利益博弈。根據《左傳·昭公七年》的記載，秋八月，衛襄公卒。晉大夫言於范獻子曰：「衛事晉爲睦，晉不禮焉，庇其賊人而取其地，故諸侯貳。《詩》曰：『鶺鴒在原，兄弟急難。』又曰：『死喪之威，兄弟孔懷。』兄弟之不睦，於是乎不弔，況遠人，誰敢歸之？今又不禮於衛之嗣，衛必叛我，是絕諸侯也。獻子以告韓宣子。宣子說，使獻子如衛弔，且反戚田。」〔註11〕晉國不以兄弟之禮對待衛國，包庇衛國的賊人、侵吞衛國的土地，依附於晉的諸侯國已生二心。臨衛國國君新喪，晉國竟然不打算派人去弔唁，幸好范獻子申之以孝悌讓韓宣子及時改正了錯誤。在春秋之世，像晉國無孝悌之心而行孝悌之禮的事比比皆是，它的惡性發展則是棄孝悌而行殺伐之戮。

〔註7〕 劉勳著：《春秋左傳精讀》第1冊，北京：新世界出版社，2014年版，第459頁。

〔註8〕 劉勳著：《春秋左傳精讀》第1冊，北京：新世界出版社，2014年版，第462頁。

〔註9〕 程樹德撰，程俊英、蔣見元點校：《論語集釋》第3冊，北京：中華書局，1990年版，第902頁。

〔註10〕 劉勳著：《春秋左傳精讀》第3冊，北京：新世界出版社，2014年版，第1703頁。

〔註11〕 劉勳著：《春秋左傳精讀》第3冊，北京：新世界出版社，2014年版，第1386頁。

王國維在《觀堂集林‧殷周制度論》中說：「自殷以前天子與諸侯君臣之分未定也……當商之末而周之文、武亦稱王，蓋諸侯之於天子，猶後世之諸侯於盟主，未有君臣之分也。周初亦然，於《牧誓》、《大誥》皆稱諸侯曰『友邦君』，是君臣之分未全定也。」〔註12〕查《尚書‧牧誓》，王曰：「嗟！我友邦冢君，御事：司徒、司馬、司空，亞旅、師氏，千夫長、百夫長，及庸，蜀、羌、髳、微、盧、彭、濮人。稱爾戈，比爾干，立爾矛，予其誓。」〔註13〕《尚書‧牧誓》記述了周武王起兵滅商，在牧野決戰前的誓辭，其內容是訓示從征將領和聯盟部落。從上述引文來看，周武王以「友」來稱呼從征將領和聯盟部落首領，一方面說明當時還未形成嚴格的君臣關係。另一方面說明當時邦國之內的執政者主要是君主的至親兄弟。在先秦時期，用「悌」來指代弟弟對兄長的尊敬，而用「友」來指代兄長對弟弟的愛護。《尚書‧康誥》載：「大不友于弟」〔註14〕，《墨子‧兼愛下》載：「爲人兄必友，爲人弟必悌」〔註15〕，《荀子‧君道》中記載了這樣一則對話：「請問爲人兄？曰：『慈愛而見友。』請問爲人弟？曰：『敬詘而不苟。』」〔註16〕因此，在社會等級較爲森嚴的先秦時期，國家的治理主要依靠君主和其兄弟的共同執政，君主能否踐行「悌」，是國家執政者間的關係是否和睦的重要條件。在《尚書‧大誥》中有：「肆予告我友邦君，越尹氏、庶士、御事，曰：予得吉卜，予惟以爾庶邦於伐殷逋播臣。爾庶邦君，越庶士、御事，罔不反曰：艱大，民不靜，亦惟在王宮、邦君室。越予小子考翼。不可徵，王害，不違卜？」〔註17〕《尚書‧大誥》中的「我友邦君」與《尚書‧牧誓》中的「我友邦冢君」意思相同，均體現著君主和部下間親密兄弟關係，這種關係促成了政治體的良性發展。

〔註12〕 王國維著，彭林整理：《觀堂集林》（外二種），石家莊：河北教育出版社，2001年版，第 238 頁。

〔註13〕 〔漢〕孔安國傳，〔唐〕孔穎達正義，黃懷信整理：《尚書正義》，上海：上海古籍出版社，2007 年版，第 420～422 頁。

〔註14〕 〔漢〕孔安國傳，〔唐〕孔穎達正義，黃懷信整理：《尚書正義》，上海：上海古籍出版社，2007 年版，第 541 頁。

〔註15〕 〔清〕孫詒讓撰，孫啓治點校：《墨子閒詁》上冊，北京：中華書局，2001年版，第 127 頁。

〔註16〕 〔清〕王先謙撰，沈嘯寰、王星賢點校：《荀子集解》上冊，北京：中華書局，1988 年版，第 232 頁。

〔註17〕 〔漢〕孔安國傳，〔唐〕孔穎達正義，黃懷信整理：《尚書正義》，上海：上海古籍出版社，2007 年版，第 510 頁。

　　東周以來，宗法制度的逐漸解體，正構成了孔子危機四伏的歷史世界，而孔子身居其世，目睹著禮樂崩壞的社會事實。在墮三都時，孟孫氏為了自己的利益，公然違抗「墮成」的決議，肆意破壞崇尚尊卑有序的禮制，無視以孝悌為德性根基的宗法制度。孔子生逢禮崩樂壞之世，他清楚地認識到禮崩樂壞的根源是人心的不古，是人心中最基本道德律的喪失。因此，在「子奚不為政」章中，孔子強調要將「孝悌」傳遞給執政者，孔子認為通過對執政者的孝悌之教，可以重塑執政者的道德良知，維護宗法制度的穩定。

二、孝悌是禮樂文明的基礎

　　西周的禮樂文明是在宗法制度的基礎上形成的，王國維在《殷周制度論》中指出：「『立子立嫡』之制，由是而生宗法及喪服之制，並由是而有封建子弟之制，君天子臣諸侯之制；二曰廟數之制；三曰同姓不婚之制。此數者，皆周之所以綱紀天下。其旨則在納上下於道德，而合天子、諸侯、卿、大夫、士、庶民以成一道德之團體。周公制作之本意實在於此。」〔註18〕這就是說，周禮的形成是以宗法制度為其基本的架構，「由是制度，乃生典禮，則經禮三百、曲禮三千是也。」〔註19〕

　　《說文解字》「示」部說「禮，履也，所以事神致福也；從示，從豊。」又「豊」部：「豊，行禮之器也；從豆，象形。」〔註20〕王國維《釋禮》一文討論殷墟卜辭「豊」字，以為此字上半之「🈂」「象二玉在器之形」，並指出，古者行禮以玉，故《說文》曰：「豊，行禮之器。」其說古矣。……實則「豊」從玨，在凵中。從豆乃會意字，而非象形字也。盛玉以奉神人之器謂之「🈂」、若豊，推之而奉神人之酒醴亦謂之醴，又推之而奉神人之事通謂之禮。〔註21〕由此可見，「禮」的本源意是祭祀天神，「禮」的最初形態是人們手執酒器向天神祈福。《禮記・祭統》說：「凡治人之道，莫急於禮；禮有五經，莫急於祭。」鄭玄為此作注到：「禮有五經，謂吉、凶、賓、軍、嘉也。莫重於祭，

〔註18〕王國維著，彭林整理：《觀堂集林》（外二種），石家莊：河北教育出版社，2001年版，第 232 頁。

〔註19〕王國維著，彭林整理：《觀堂集林》（外二種），石家莊：河北教育出版社，2001年版，第 241 頁。

〔註20〕〔漢〕許慎撰，〔清〕段玉裁注：《說文解字注》，上海：上海古籍出版社，1981年版，第 2 頁下欄。

〔註21〕王國維著，彭林整理：《觀堂集林》（外二種），石家莊：河北教育出版社，2001年版，第 143～144 頁。

以吉禮爲首也。」〔註22〕因此，在「禮」的種種儀式中，最重要的莫過於祭禮，我們甚至可以說，禮樂文化就是從祭祀文化發展而來的。而祭祀文化的內核就是孝道。

　　「孝」字在《論語》中共出現 19 次，分列 14 章中；《論語》中談到「親」但與「孝」密切相關的有 6 章〔註23〕；其中雖然沒有出現「孝」或「親」，但與「孝」有關的共有 5 章〔註24〕。在上述 25 章中，有 19 章出自孔子對弟子或他人關於「孝」的教誨。在《論語‧泰伯》中，子曰：「禹，吾無間然矣。菲飲食，而致孝乎鬼神；惡衣服，而致美乎黻冕；卑宮室，而盡力乎溝洫。禹，吾無間然矣。」〔註25〕此章提到的禹「致孝乎鬼神」有兩層內涵。其一，禹受舜之禪讓爲天下之主，他在國的層面爲天子，因此對於天地山川鬼神的祭祀，是其天子角色的應盡責任。其二，禹是鯀的兒子，他生來就有責任祭祀死去的父親。禹的兩種責任使其「孝」具有不同的內涵，然其共性是孩子對於祖宗的祭祀崇拜。

　　商代卜辭中，「孝」字上面是「爻」下面是「子」，大意是男女交媾而生

〔註22〕〔漢〕鄭玄注，〔唐〕孔穎達疏，龔抗云整理，王文錦審定：《禮記正義》第 3 冊，北京：北京大學出版社，2000 年版，第 1345 頁。

〔註23〕子夏曰：「賢賢易色，事父母能竭其力，事君能致其身，與朋友交言而有信。雖曰未學，吾必謂之學矣。」（《學而》）子曰：「事父母幾諫。見志不從，又敬不違，勞而不怨。」（《里仁》）子曰：「父母在，不遠遊。遊必有方。」（《里仁》）子曰：「父母之年，不可不知也。一則以喜，一則以懼。」（《里仁》）齊景公問政於孔子。孔子對曰：「君君，臣臣，父父，子子。」公曰：「善哉！信如君不君，臣不臣，父不父，子不子，雖有粟，吾得而食諸？」（《顏淵》）宰我問：「三年之喪，期已久矣。君子三年不爲禮，禮必壞；三年不爲樂，樂必崩。舊穀既沒，新穀既升，鑽燧改火，期可已矣。」子曰：「食夫稻，衣夫錦，於女安乎？」曰：「安。」「女安則爲之！夫君子之居喪，食旨不甘，聞樂不樂，居處不安，故不爲也。今女安，則爲之！」宰我出。子曰：「予之不仁也！子生三年，然後免於父母之懷。夫三年之喪，天下之通喪也。予也，有三年之愛於其父母乎？」（《陽貨》）

〔註24〕曾子曰：「慎終追遠，民德歸厚矣。」（《學而》）子曰：「非其鬼而祭之，諂也。見義不爲，無勇也。」（《爲政》）祭如在，祭神如神在。子曰：「吾不與祭，如不祭。」（《八佾》）曾子有疾，召門弟子曰：「啓予足！啓予手！詩云『戰戰兢兢，如臨深淵，如履薄冰。』而今而後，吾知免夫！小子！」（《泰伯》）葉公語孔子曰：「吾黨有直躬者，其父攘羊，而子證之。」孔子曰：「吾黨之直者異於是。父爲子隱，子爲父隱，直在其中矣。」（《子路》）

〔註25〕程樹德撰，程俊英、蔣見元點校：《論語集釋》第 2 冊，北京：中華書局，1990 年版，第 561 頁。

子。這大概是現存文字中最古老的一種「孝」觀念或含義，字義表達的是子女對具有生育之恩的父母的一種反哺報恩的意思。子女對父母的反哺報恩體現在父母有生之年的方方面面，亦體現在父母故去後的祭祀之上。在《論語・爲政》中，孔子提出了：「生，事之以禮；死，葬之以禮，祭之以禮。」〔註 26〕兒女對父母的盡孝不限於生前的合禮行爲，亦在死後的踐行祭祀。在一個家族漫長的繁衍歷史中，祭祀作爲禮樂文明的重要一環，維繫著這個家族的信仰與永恆的生命。在祭祀的過程中，中華文化的孝道得以延續，禮樂文明的根荄得以保持。《論語・學而》載曾子曰：「愼終追遠，民德歸厚矣。」〔註 27〕人民通過祭祀祖宗，能激發起內在於其良知良能的孝道本心，以致於培養和維持人民道德的醇厚。

　　孝道，是兒女對父母的愛，悌道是個體對兄長的敬。《論語・顏淵》載司馬牛憂曰：「人皆有兄弟，我獨亡。」子夏解憂曰：「商聞之矣：死生有命，富貴在天。君子敬而無失，與人恭而有禮。四海之內，皆兄弟也。君子何患乎無兄弟也？」〔註 28〕子夏的解憂針對司馬牛的無兄弟而發，中國古代社會是一個倫理推擴型社會，子夏用「四海之內，皆兄弟也」的論斷寬慰司馬牛的無兄之憂。子夏認爲，在他們所處的社會中，到處都存在著自己的兄弟，作爲一個生命個體對四海之內的兄弟恭敬有禮，自然會得到兄弟的關懷與幫助。在《論語》中並沒有過多的章節來討論「悌道」，然而「悌」在家族之內是兄弟間的恭敬之情，他在社會層面上即是朋友間的禮讓之義。

　　《孝經》說：「事親孝，故忠可移於君。事兄順，故悌可移於長。居家理，故治可移於官。」〔註 29〕中國古代社會最基本的倫際關係是君臣、父子、兄弟、夫婦、朋友，根據上述《孝經》的觀點，一個人在家中對父盡孝，他在朝中就會爲君盡忠；一個人在家中對兄長恭順，他在天下之內就會對朋友禮貌。五倫中的君臣關係和朋友關係實際上植根於父子關係和兄弟關係，由此可見孝悌之道是禮樂文明的內核。在中國古代社會，一個生命個體做到了孝

〔註 26〕程樹德撰，程俊英、蔣見元點校：《論語集釋》第 1 冊，北京：中華書局，1990年版，第 81 頁。

〔註 27〕程樹德撰，程俊英、蔣見元點校：《論語集釋》第 1 冊，北京：中華書局，1990年版，第 37 頁。

〔註 28〕程樹德撰，程俊英、蔣見元點校：《論語集釋》第 3 冊，北京：中華書局，1990年版，第 829～830 頁。

〔註 29〕汪受寬撰：《孝經譯注》，上海：上海古籍出版社，2004 年版，第 68 頁。

悌，他就踐行了禮樂制度的內在規範。正因爲如此，孔子極其重視將孝悌之道教誨給有政之人，因爲在位者對孝悌之道的踐行，能起到「風行草偃」的效果，達到整個社會至上而下維護禮樂文明的目的。

梁啓超在《中國政治思想史》中將儒家（孔子）的政治思想歸納爲：「社會由人類同情心所結合，而同情心以各人本身最近之環圈爲出發點，順等差以漸推及遠。故欲建設倫理的政治，以各人份內的互讓及協作，使同情心於可能的範圍內儘量發展，求相對的自由與相對的平等之實現及調和。又以爲良好的政治，須建設於良好的民眾基礎之上，而民眾之本質，要從物質精神兩方面不斷的保育，方能向上。故結果殆將政治與教育同視，而於經濟上之分配亦甚注意。吾名之曰：『人治主義』或『德治主義』或『禮治主義』。」〔註30〕蕭公權亦說：「近代論政治之功用者不外治人與治事之二端，孔子則持『政者正也』之主張，認定政治之主要工作乃在化人。非以治人，更非治事。故政治與教育同功，君長與師傅同職。國家雖另有癢、序、學、校之教育機關，而政治社會之本身實不異一培養人格之偉大組織。」〔註31〕

三、孝悌是孔子仁學的起點

孝與悌分別對應著宗法制度的「親親」和「尊尊」，與以「親親」和「尊尊」爲德性內核的宗法制的基礎相配套的，是周公所建立的禮樂文明。根據《禮記・大傳》的記載：「是故人道親親也。親親故尊祖，尊祖故敬宗，敬宗故收族，收族故宗廟嚴，宗廟嚴故重社稷，重社稷故愛百姓，愛百姓故刑罰中，刑罰中故庶民安，庶民安故財用足，財用足故百志成，百志成故禮俗刑，禮俗刑然後樂。」〔註32〕禮制秩序包括父子、兄弟、夫妻、朋友和君臣，在這五倫中父子和兄弟是僅有的兩對血緣關係，二者背後的孝道與悌道是構建整個禮樂文明的血緣基礎。從孔子強調孝悌的教化，可以看出他對禮樂文明的推崇。作爲一個偉大的思想家，孔子對禮樂文明的思考並沒有停留在外在制度的層面，而是轉入內在道德秩序的思考，從而創造性地提出了自己的「仁學」思想。孔子說：「人而不仁，如禮何？人而不仁，如樂何？」〔註33〕在孔

〔註30〕梁啓超著：《先秦政治思想史》，北京：東方出版社，1996年版，第77頁。

〔註31〕蕭公權著：《中國政治思想史》第1冊，瀋陽：遼寧教育出版社，1998年版，第62頁。

〔註32〕〔漢〕鄭玄注，〔唐〕孔穎達疏，龔抗云整理，王文錦審定：《禮記正義》第3冊，北京：北京大學出版社，2000年版，第1011頁。

〔註33〕程樹德撰，程俊英、蔣見元點校：《論語集釋》第1冊，北京：中華書局，1990

子看來，「仁」是禮的內核，是支撐禮樂文明的德性根基。徐復觀在《中國人性論史·先秦篇》中指出：「春秋時代統一的理念是禮；而且禮是出於義，與宗法無關；這一點孔子繼承了下來，所以說『義以爲質，禮以文之』（《衛靈公》）。但是，他對禮的價值的最基本規定，卻是比義更深一層的仁。」〔註34〕所以，「孔學即是仁學」〔註35〕。

仁學是孔子思想的重要內容，而孝悌又是孔子仁學的根本。孝悌是孔子極爲重視的德性原則和實踐準則，《論語·學而》載：「弟子入則孝，出則弟，謹而信，泛愛眾而親仁。行有餘力，則以學文。」〔註36〕在這裡，孔子把孝悌視爲弟子最先需要掌握的道德品質和行爲素質。《論語》中有多處關於弟子問孝的語錄，足見孔子教誨「孝道」的不遺餘力，而對於「悌道」的教誨孔子亦非常重視，當他看到原壤坐無坐相時，他便狠狠指責道：「幼而不孫弟，長而無述焉，老而不死，是爲賊」，並「以杖叩其脛」〔註37〕。孔子的弟子有若曾言：「其爲人也孝悌，而好犯上者，鮮矣；不好犯上，而好作亂者，未之有也。君子務本，本立而道生。孝悌也者，其爲仁之本與！」〔註38〕在孔子看來，人人都有父母兄弟，都接受過父母的關愛，感受到兄弟的友好；反過來，對父母的關愛報之以關愛，對兄弟的友好報之以友好，這是每一個感情正常的人發自內心的抉擇，是人類社會最顯淺、也是最深層的『愛』。毫無疑問，孝悌之情是人類最本質的道德情感，孔子以「仁學」教化弟子，正是要把以孝悌爲根本的「仁愛」思想傳遞給他的弟子們。

當我們構建起孔子「仁學」與政治的關係時，也就構建起了孝悌與政治的關係。孔子以「仁學」教弟子，是希望他們能從「仁愛」思想的根本孝悌開始，通過不斷的修身達到道德的成熟。《論語·雍也》記載了孔子對「仁」的定義：「夫仁者，己欲立而立人，己欲達而達人。能近取譬，可謂仁之方已。」

年版，第 142 頁。

〔註34〕 徐復觀著：《中國人性論史·先秦篇》，上海：上海三聯書店，2001 年版，第 80 頁。

〔註35〕 徐復觀著：《中國人性論史·先秦篇》，上海：上海三聯書店，2001 年版，第 81 頁。

〔註36〕 程樹德撰，程俊英、蔣見元點校：《論語集釋》第 1 冊，北京：中華書局，1990 年版，第 27 頁。

〔註37〕 程樹德撰，程俊英、蔣見元點校：《論語集釋》第 3 冊，北京：中華書局，1990 年版，第 1043 頁。

〔註38〕 程樹德撰，程俊英、蔣見元點校：《論語集釋》第 1 冊，北京：中華書局，1990 年版，第 10 頁。

〔註39〕清阮元《揅經室集・〈論語〉論仁篇》有言：「所謂仁者，己之身欲立，則亦立人。己之身欲達，則亦達人。所以必兩人相人偶，而仁始見也。即如己欲立孝道，亦必使人立孝道，所謂『不匱錫類』也。己欲達德行，亦必使人達德行，所謂『愛人以德』也。」〔註40〕阮元所謂的「不匱錫類」語出《詩・大雅・既醉》：「孝子不匱，永錫爾類。」鄭玄箋曰：「孝子之行非有竭極之時，長以與女之族類，謂廣之以教導天下也。」〔註41〕由此可見，「仁愛」之德的實現是修身者以孝悌爲基點逐漸培養、推擴的結果。周予同對孔子「仁學」思想的推擴性有精當地評論：「仁廣大而抽象，孝狹窄而具體。由狹窄而具體的『孝』下手，以漸漸進於廣大而抽象的『仁』。由『孝』入『仁』，是儒家人生哲學的方法論，也就是孔子循循善誘的教授法之一。」〔註42〕

孝悌是孔子「仁學」的起點，也是執政者「爲政以德」的德性根本。孔門弟子的「問仁」在獲得政治德性回答的同時，是一次一次地修固仁德的基礎——孝悌。孔門弟子的「問仁」實際上是一個修孝悌之德、學從政之能以取位的過程。《論語・憲問》記載了子路問君子。孔子曰：「修己以敬。」子路又問：「如斯而已乎？」孔子回答到：「修己以安人。」子路再問：「如斯而已乎？」孔子最後曰：「修己以安百姓。修己以安百姓，堯舜其猶病諸！」〔註43〕從子路和孔子的問答中，我們可以看出孔子十分重視「修身」的重要性，在他看來，修身成德是「爲政以德」的前提，執政者實現了修身成德才能平治天下。而根據我們上述的分析，孔子所要求的君子之「修身」必從孝悌開始。

四、孝悌是君主德性的根本

在孔子的政治哲學中，判斷一個政治體的好壞的關鍵在於這個政治體是

〔註39〕程樹德撰，程俊英、蔣見元點校：《論語集釋》第 2 冊，北京：中華書局，1990年版，第 428 頁。

〔註40〕〔清〕阮元：《揅經室集》，收入《續修四庫全書》編委會編：《續修四庫全書》第 1478 冊，上海：上海古籍出版社，1996～2003 年版，第 622 頁上欄。按，標點符號爲引者所加。

〔註41〕〔漢〕毛亨撰，〔漢〕鄭玄箋，〔唐〕孔穎達正義，龔抗云等整理，肖永明等審定：《毛詩正義》第 3 冊，北京：北京大學出版社，2000 年版，第 1285 頁。

〔註42〕周予同著，朱維錚編校：《群經通論》，上海：上海人民出版社，2012 年版，第 123～124 頁。

〔註43〕程樹德撰，程俊英、蔣見元點校：《論語集釋》第 3 冊，北京：中華書局，1990年版，第 1041 頁。

否有「德性」，而政治體的「德性」又決定於執政者是否具有「德性」。在「子奚不爲政」章中，孔子援引《尚書》的「孝乎惟孝，友于兄弟」，強調自己要將孝悌傳遞給執政者。在孔子看來，一個具備孝悌的君主才是一個合格的君主，君主對孝悌的踐行不僅是對宗法制度的維護，也是促成德性政治的關鍵。而臣下作爲政治體的重要參與者，他們是否具備良好的德性，是政治體得以良性發展的重要條件。孔子所教化的對象正是君主和修德以取位的弟子，孔子希望通過對執政者的德性教化，引導政治體朝著良性的方向發展。

　　孔子追求的理想政治是具有德性的政治，德性是政治的根本。一個好的政治體要求每一個人都具備德性，而擁有一個具有德性的治理階層是德性政治體得以成立的基礎。在國家的德性治理階層中，擁有一個有德的君主又是重中之重。君主是否具有德性直接影響著行政層面的抄作是否成功。而孝悌作爲君主德性的根本，是德政得以推行的關鍵。《孝經緯·鉤命訣》引孔子言曰：「吾志在《春秋》，行在《孝經》。」〔註44〕相傳《孝經》是孔子晚年所作，《孝經》是儒家的政治倫理著作，揭示了孝作爲諸德之本、諸行之先，國君可以用孝治理國家，臣民能夠用孝立身理家。《孝經·開宗明義》章曰：「夫孝，德之本也，教之所由生也。」〔註45〕先王推行教化以孝道爲根本。《孝經·廣要道章》又說：「教民親愛，莫善於孝。教民禮順，莫善於悌。移風易俗，莫善於樂。安上治民，莫善於禮。」〔註46〕孝悌之教作爲執政者的一種行政方式，能讓庶民親愛禮順，具有移風易俗的作用，在孝悌之教的影響下，天下和睦，萬民崇禮。

　　孝悌是君主德政的要旨。從個人修養層面來說，君主對孝悌的踐行，是其領導德性政治體的條件；從政治實踐層面來說，君主以孝悌教化庶民，是國泰民安的保障。《孝經·天子章》討論天子如何行孝時說：「愛親者，不敢惡人；敬親者，不敢慢人。愛敬盡於事親，而德教加於百姓，刑於四海。」〔註47〕天子的敬愛親人具有兩層內涵，在家族範圍裏，天子必須敬愛與自己有直接血緣關係的親人；在天下範圍裏，天下之人皆是天子的親人。因此，

〔註44〕　〔清〕趙在翰輯，鍾肇鵬、蕭文郁點校：《七緯（附論語讖）》下冊，北京：中華書局，2012年版，第748頁。
〔註45〕　汪受寬著：《孝經譯注》，上海：上海古籍出版社，2004年版，第2頁。
〔註46〕　汪受寬著：《孝經譯注》，上海：上海古籍出版社，2004年版，第61頁。
〔註47〕　汪受寬著：《孝經譯注》，上海：上海古籍出版社，2004年版，第9頁。

天子具有孝悌之德，他就能善待親人，以至敬愛百姓。天子通過身體力行的踐行孝悌，在社會中推行孝悌之教，天下之人莫不臣服。《孝經・三才章》又說：「先王見教之可以化民也，故先之以博愛，而民莫遺其親；陳之以德義，而民興行；先之以敬讓，而民不爭；導之以禮樂，而民和睦；示之以好惡，而民知禁。」〔註48〕天子在推行孝悌之教時，他首先要起到表率作用，以自己的德行引導百姓的得行，促成德性政治體的形成。

天子在推行德政時，孝悌不僅是內政的重心，也是處理外交事務的關鍵。《孝經・孝治章》說：「明王之以孝治天下也，不敢遺小國之臣，而況公、侯、伯、子、男乎？」〔註49〕在中國古人看來，天子處理好事務，也無非孝悌之德的廣泛應用。中國的先秦時期實施封土建國的封建社會，各國之間具有一定的血緣關係，因此天子在處理外交事務時，格外重視孝悌之義在行政過程中的運用。孝悌之義在外交事務中的運用，使天下成爲了一個政治共同體，這一政治共同體不僅保證了各個邦國的善治，也形成了邦國之間的良好關係。

在孔子的政治哲學中，德政的必要條件是執政者的有德，一個好的政治體要求每一個人都具備德性，而擁有一個具有德性的君主是德性政治體得以成立的基礎。在孔子周遊列國返魯之後，他與魯國的執政者有密切的交流，其中交流最頻繁的就是魯國實際的掌權者季康子。《論語》中記載了兩則季康子「問政」的語錄，其中可以體現孔子對執政者德性的要求。爲方便討論，將季康子的兩處「問政」呈現於下：

> 季康子問政於孔子。孔子對曰：「政者，正也。子帥以正，孰敢不正？」

> 季康子問政於孔子曰：「如殺無道，以就有道，何如？」孔子對曰：「子爲政，焉用殺？子欲善而民善矣。君子之德風，小人之德草，草上之風，必偃。」

在季康子的第一則對話中，孔子的回答是「政者，正也。」〔註50〕關於「政者，正也」，歷代解釋者有不同的理解。《周禮・夏官司馬第四》記載：「惟王建國，辨方正位，體國經野，設官分職，以爲民極，乃立夏官司馬，使帥

〔註48〕 汪受寬著：《孝經譯注》，上海：上海古籍出版社，2004年版，第30頁。
〔註49〕 汪受寬著：《孝經譯注》，上海：上海古籍出版社，2004年版，第36頁。
〔註50〕 程樹德撰，程俊英、蔣見元點校：《論語集釋》第3冊，北京：中華書局，1990年版，第864頁。

其屬而掌邦政，以佐王平邦國。」〔註51〕根據《周禮》的記載，在西周時期，司馬是夏官之首，執掌武事，統帥軍隊。明王志長《周禮注疏刪翼》載：「夏官法火德，取其明以爲政，征者，正也，遏亂略於微，止危機於萌伏，至險於大順，非洞天地之化幾者，宜莫能與於此矣。」〔註52〕這裡用「征」來訓「正」，可見，「政」有「征伐」的含義，夏官司馬的「征伐」旨在平定叛亂、停止危機。由此可見，具有「征伐」意的「政」具有強制性。而宋戴侗在《六書故》中指出：「政者，正也。法度紀綱，政之大者也」。〔註53〕「政」之爲「正」，乃是因爲其是國家的法度綱紀，規範和約束著國家秩序的運行。在中國古代，法度綱紀具有規範社會、矯枉過正的作用，政府依據法度綱紀治理國家，使國家的治理具有了一種強制性。《說文解字》載：「政，正也。從攴從正，正亦聲。」〔註54〕許愼以「正」訓「政」，明顯取法於孔子。《說文解字》又釋「正」曰：「是也。從止，一以止」〔註55〕，「正」的本意是糾正。「正」的字形採用「止」作字根，指事符號「一」表示阻止錯誤。毫無疑問，政治在古代具有強制性。

　　然而，孔子的高明之處在於，他對「政」的理解不同於他所生活的時代的一般認識，也超越了他後世的諸多學者。《論語・爲政》中記載了孔子的一則語錄：「道之以政，齊之以刑，民免而無恥；道之以德，齊之以禮，有恥且格。」〔註56〕在孔子看來，通過強權來執行的政治只能使百信免於犯罪，但是，通過道德引領的政治，不僅能使百姓心生道德戒律，而且能讓他們具備羞恥之心。從爲政的效果看，後者是更好的政治模式，也應該是君主應當履

〔註51〕　〔漢〕鄭玄注，〔唐〕賈公彥疏，趙伯雄整理，王文錦審定：《周禮注疏》第2冊，北京：北京大學出版社，2000年版，第872頁。

〔註52〕　〔明〕王志長撰：《周禮注疏刪翼》，收入〔清〕乾隆敕輯：《景印文淵閣四庫全書》第97冊，臺北：臺灣商務印書館，1982～1986年版，第580頁上欄。按，標點符號爲引者所加。

〔註53〕　〔宋〕戴侗撰：《六書故》，收入〔清〕乾隆敕輯：《景印文淵閣四庫全書》第226冊，臺北：臺灣商務印書館，1982～1986年版，第275頁下欄～276頁上欄。按，標點符號爲引者所加。

〔註54〕　〔漢〕許愼撰，〔清〕段玉裁注：《說文解字注》，上海：上海古籍出版社，1981年版，第57頁上欄。

〔註55〕　〔漢〕許愼撰，〔清〕段玉裁注：《說文解字注》，上海：上海古籍出版社，1981年版，第69頁下欄。

〔註56〕　程樹德撰，程俊英、蔣見元點校：《論語集釋》第1冊，北京：中華書局，1990年版，第68頁。

行的爲政方式。因此，執政者必須具備優秀的德行，這是中國古代治理之道的內在要求。在此基礎上，我們再來看孔子「政者，正也」的論述，則能接受皇侃的注解。皇侃在《論語義疏》中對這句話做出了詮釋：「解字訓以答之也。言所以謂治官爲政者，政訓中正之正也。又解政所以訓正之義也。言民之從上，如影隨身表，若君上自率己身爲正之事，則民下誰敢不正者耶。」〔註57〕皇侃認爲「正」是要求執政者秉持「中正」，不偏不倚地立身處世，端正自身的行爲，身體力行地做「正」事，那麼老百姓也會跟從他，不敢做「不正」之事。這就是以「正」訓「政」的意義所在，其實質就是要求爲政者修身立德，做好臣民的表率。所以，宋邢昺指出：「此章言爲政在乎修己。對曰『政者正也』者，言政教者在於齊正也。」〔註 58〕爲政就在於修己，並通過政治教化，克制私欲、整齊端正個體的行爲，使之符合國家社會治理的需要。孔子所推崇的理想政治並非是「道之以政」的強權政治，而是「道之以德」的德性政治。在孔子看來，強制性的政治規範只能在形式上保持國家的穩定，而道德化的政治引導，才能從根源上使國家得到善治。因此，孔子的「政教」思想可謂是以德性教化爲本，以強制性的政令爲輔。孔子追慕的理想政治是具有德性的政治，德性是政治的根本。

　　季康子問政於孔子曰：「如殺無道，以就有道，何如？」孔子則提出了著名的「風行草偃」的爲政之道：「君子之德風，小人之德草，草上之風，必偃。」〔註59〕朱子在《論語集注》中記載：「爲政者，民所視效，何以殺爲？欲善則民善矣。」〔註 60〕在這則對話中，我們清楚地看到了刑治和德政的區別，孔子認爲德政高於刑治，如果爲政者以德修身，以良好的德性引導百姓，國家自然得到良好的治理。相反，如果執政者堅持一味堅持刑治，在殺罰無道的同時，亦失去了民心，破壞了德政的根基。《上海博物館藏戰國楚竹書》中載有《季康子問於孔子》一篇，與孔子用「風行草偃」回答季康子「問政」有相似之處：

〔註57〕　〔魏〕何晏集解，〔梁〕皇侃義疏：《論語集解義疏》，收入陳建華、曹淳亮主編：《廣州大典》第 15 輯·經部總類第 24 冊，廣州：廣東出版社，第 642 頁下欄。按，標點符號爲引者所加。

〔註58〕　〔魏〕何晏注，〔宋〕邢昺疏，朱漢民整理，張宣之審定：《論語注疏》，北京：北京大學出版社，2000 年版，第 187 頁。

〔註59〕　程樹德撰，程俊英、蔣見元點校：《論語集釋》第 3 冊，北京：中華書局，1990年版，第 864 頁。

〔註60〕　〔宋〕朱熹撰：《四書章句集注》，北京：中華書局，1983 年版，第 138 頁。

　　　　季康子問於孔子曰：「肥從有司之後，一不知民務之安在。雖子
　　　之貽羞，請問君子之從事者於民之〔上，君子之大務何？孔子曰：「仁
　　　之以〕德，此君子之大務也。」康子曰：「請問何謂仁之以德？」孔
　　　子曰：「君子在民之上，執民之中，施教於百姓而民不服焉，是君子
　　　之恥也。是故君子玉其言而展其行，敬成其德以臨民，民望其道而
　　　服焉，此之謂仁之以德。」〔註61〕

　　在上述對話中，季康子請教孔子，執政的君子在治理民務上最需要注意
什麼？孔子的回答是「仁之以德」，用君子的德性來治理民務。孔子認為，君
子處於上位，庶民處於下位，君子最重要的政治職能是成其德以臨其民，玉
其言而展其行。在孔子的政治哲學中，君主最重要的政治職能就是修身成
德，以德服民，如此則教化興而民務安。劉小楓在《壬辰年祭盧梭》一文中
指出：

　　　　盧梭清楚知道，良好的道德風尚「不是法律制約的結果，而是
　　　德性教育的結果」。既然治國者和有才華的少數人〔文人藝人〕都是
　　　道德風尚的引導者，那麼，按照「世世代代的經驗」，首先就得教育
　　　好這些左右著國家風氣的少數人，他們應該懂得什麼是心靈的高尚
　　　和德性。換言之，作為治國者階層，他們首先應該是受教育者。可
　　　是，如今他們會受、能受、願意受誰的教育呢？他們都成了「自由
　　　施動者」，誰還有資格和權威教育他們？〔註62〕

　　盧梭對於教育者應當對被教育者進行德性引導的思考，可以作為孔子在
「子奚不為政」章中強調用孝悌之德教化執政者的一種注腳。執政者是現實
政治的「掌舵人」，他們是否具有道德，決定著政治體的是否可以朝著一個好
的方向發展。

　　孔子以孝悌為教，揭示了孝悌對於德政的重要性。古代的德政的推行首
先要求執政者具有孝悌之德，繼而通過教化的作用讓天下之人踐行孝悌。郭
店楚簡《唐虞之道》說：「堯舜之行，愛親尊賢。愛親故孝，尊賢故禪。孝之
施，愛天下之民。禪之傳，世亡隱德。孝，仁之冕也。禪，義之至也。六
帝興於古，皆由此也。愛親忘賢，仁而未義也。尊賢遺親，義而未仁也。」

〔註61〕李守奎、曲冰、孫偉龍編著：《上海博物館藏戰國楚竹書（一一五）文字編》，
　　　　北京：作家出版社，2007年版，第907頁。
〔註62〕劉小楓著：《壬辰年祭盧梭》，收入氏著《設計共和──施特勞斯〈論盧梭的
　　　　意圖〉繹讀》，北京：華夏出版社，2013年版，第8頁。

〔註63〕孔子之後的大儒孟子曾言：「堯舜之道，孝悌而已矣。」〔註64〕在孟子看來，堯和舜能讓天下大治的關鍵是，他們具有孝悌之德、推廣孝悌之教、踐行孝悌之政。在《孟子》中記載了「舜」「竊負而逃」〔註65〕的討論和「封象有庳」〔註66〕的傳說，前者體現了「舜」對「孝道」的踐行，後者體現了「舜」對「悌道」的踐行。通過執政者踐行孝悌的榜樣示範作用，達到「風行草偃」的效果，使國家成爲一個德性的共同體。

在孔子看來，德性的教化是眞正能穩定人心，帶來良序的政治境況。元陳天祥《四書辨疑》云：「古之明王，教民以孝悌爲先。孝悌舉，則三綱五常之道通，而家國天下之風正。故其治道相承，至於累世數百年不壞，非後世能及也。此見孝悌功用之大。」〔註67〕執政者踐行最根本的德性規範──孝悌，必能產生「風行草偃」的效用，促成國家的安定。孔子所仰慕的三代時期，教是政治最重要的內容。考察「教」的字意，許愼在《說文解字》中將「教」解釋爲「上所施，下所效也。教效疊韻。」段玉裁注曰：「上施故從攴，下效故從孝。故曰：教學相長也。《兌命》曰：『學學半。』」此外，「教」在《說文解字》中爲一部首字，與古文「學攴」爲同部字，其義爲「覺悟也」。段氏注曰：「詳古之製字，作學攴，從教，主於覺人。秦以來去攴，作學，

〔註63〕李零著：《郭店楚簡校讀記》（增訂本），北京：中國人民大學出版社，2007年版，第 123〜124 頁。

〔註64〕〔清〕焦循撰，沈文倬點校：《孟子正義》下冊，北京：中華書局，1987 年版，第 816 頁。

〔註65〕《孟子·盡心》記載了「舜」「竊負而逃」的討論，桃應問曰：「舜爲天子，皋陶爲士，瞽瞍殺人，則如之何？」孟子曰：「執之而已矣。」「然則舜不禁與？」曰：「夫舜惡得而禁之？夫有所受之也。」「然則舜如之何？」曰：「舜視棄天下猶棄敝蹝也。竊負而逃，遵海濱而處，終身訢然，樂而忘天下。」見〔清〕焦循撰：《孟子正義》下冊，北京：中華書局，1987 年版，第 930〜931 頁。

〔註66〕《孟子·萬章》記載了舜「封象有庳」的傳說，萬章曰：「舜流共工於幽州，放驩兜於崇山，殺三苗於三危，殛鯀於羽山，四罪而天下咸服，誅不仁也。象至不仁，封之有庳。有庳之人奚罪焉？仁人固如是乎？在他人則誅之，在弟則封之？」曰：「仁人之於弟也，不藏怒焉，不宿怨焉，親愛之而已矣。親之欲其貴也，愛之欲其富也；封之有庳，富貴之也，身爲天子，弟爲匹夫：可謂親愛之乎？」見〔清〕焦循撰：《孟子正義》下冊，北京：中華書局，1987年版，第 628〜631 頁。

〔註67〕〔元〕陳天祥著：《四書辨疑》，收入〔清〕乾隆敕輯：《景印文淵閣四庫全書》第 202 冊，臺北：臺灣商務印書館，1982〜1986 年版，第 357 頁下欄〜358頁上欄。按，標點符號爲引者所加。

主於自覺。《學記》之文，學、教分列，已與《兌命》統名爲學者疏矣。」
〔註68〕在段玉裁看來，「教」和「學」本是內涵相同的兩個字，隨著歷史的發
展，兩個字出現了分化，有了不同的意思。「教」側重於先覺者的教化，「學」
側重於後覺者的學習。由此可見，教化者與學習者都以「覺悟」爲目的，他
們通過修身的方式處在一個德性的共同體中。孔子的「政教」思想與三代時
期一脈相承，孔子同樣認爲「教」是政治的本質，因此孔子不遺餘力地對執
政者進行德性的教化。而孔子教化執政者的根本德性就是孝悌。

　　孔子在「子奚不爲政」章中強調要將孝悌傳遞給有政者，體現了孝悌在
中國古代政治秩序中的重要性。我們甚至可以說，春秋末世出現禮崩樂壞的
政治亂象，源於人們放棄了踐行孝悌，整個政治體丟失了基本的道德戒律。
孔子以孝悌教化君主和弟子，是爲了讓邦國的執政者首先具備德性，然後「爲
政以德」，促成邦國成爲一個德性的政體。孔子追求的理想政治是具有德性的
政治，而在古代國家中，擁有一個具有德性的君主是促成德性政治體的關鍵。
透過孔子的孝悌之教，我們可以看到他對當時政治秩序的維護，其中體現了
他通過教化重建理想政治秩序的努力。

〔註68〕〔漢〕許慎撰，〔清〕段玉裁注：《説文解字注》，上海：上海古籍出版社，1987
　　　　年版，第 127 頁。

第三章　退而不隱：孔子的政治理想與現實選擇

　　在「子奚不爲政」章中，孔子認爲，自己不僅是一個以「道統」引導「政統」的儒師，他也是一個參與政治的政治實踐者。如果我們僅僅將視域停留在此章的文本之意，即孔子的教化是一種政治性的教化，難免有隔靴搔癢之感。停留在章句中的闡述，不僅不能進入《論語》的思想世界，更勿論孔子的政治世界。實際上，孔子在「子奚不爲政」章中的抒意，不僅是對「或人」此時的回答，也是孔子對之前政治實踐的反思與昇華。因此，要進一步理解這一章，就必須進入孔子的政治生活，理解構成他的政治理想與現實選擇，理解他所處的君臣格局和君臣關係。

一、孔子君臣觀的形成背景

　　君臣觀念一直是中國古代社會的核心倫理觀念之一。它在先秦時期經歷了一定的形成和發展過程。在商代以前，由於沒有形成君、臣的概念，社會上沒有出現君臣觀念。在商代的甲骨文中，君、臣二字已經出現，然而它們之間沒有形成上下級的關係，所以沒有出現君臣觀念。但是這個時期已經有了王道觀念和臣道觀念。到了周代，君臣觀念正式出現，孔子的君臣觀正是在這一時代背景中逐漸形成。

（一）「君」、「臣」概念與「君臣」關係

　　我們現在所瞭解的「君臣」，通常是對古代社會中的統治階級或是統治者階層的泛稱。在「君臣」的關係中，「君」地位高貴，「臣」地位卑微；「君」

擁有無上的權利，「臣」則權輕言微。「臣」聽命於「君」，從屬於「君」，「君」與「臣」各自扮演著同自身權利與職責相匹配的角色。不難看出，「君」與「臣」彼此對應，是矛盾統一的集合體。在二者共同架構的「君臣」系統中，無論是缺失了其中的任何一方，「君臣」關係都無法成立。在孔子的思想意識中，所謂「君臣」，更多針對的是統治者階層，這一階層肩負著治理國家的使命，承擔著平定天下的責任。

1、「君」、「臣」釋義

徐中舒結合《說文》對「君」的解釋，認爲「尹爲古代部落酋長之稱。甲骨文從尹從口同。（釋義）一、多君與多尹、多公、多臣義同，當是殷之職官名。二、疑爲方國之君長。」〔註1〕這一釋義著眼於「君」的來源，徐中舒認爲，「君」極有可能產生于氏族社會，由部落首領或酋長衍生出來，近似於部落聯盟首領或酋長的角色，集權利、技藝和地位等於一身，是氏族部落凝聚力、號召力的核心之所在。就這一角度而言，「君」在產生之時並非統治者，而只是一個管理者。徐朝華的觀點是：「『君』在先秦時指大大小小奴隸制或封建制國家的最高統治者。天子，諸侯和采邑的卿大夫都可稱君。……『君』解釋『天』、『帝』、『皇』、『王』、『后』、『闢』、『公』、『侯』等詞語時，用的是這種意義。『君』又通『群』，表示群聚，眾多的意思。」〔註2〕先秦儒家所認爲的「君」，並不是具體化的稱呼，而應被視作是一種泛稱，是對不同等級下的卿大夫、諸侯和天子等的稱呼。從構件選擇、構形模式、創字意圖和本義設定看，君字的核心詞義是發號施令的尊者。君字內涵聚合群體、號令群生、領導群眾、支配群氓之義。威、尊、貴、高、大、美等六大形容詞義項爲君字所固有，並爲君的核心詞義提供支撐。君字可以用爲專名、動詞、普遍名詞、抽象概念、哲學範疇，它是中國古代社會權威最重要的文化符號。

借助對上述研究專家考證內容的深入分析，我們對「君」的深刻含義擁有了大致的瞭解。在氏族社會轉向階級社會的過程中，「君」的意義發生了轉變，從傳統意義上的一國君長或部落首領轉變爲掌握治理和發號施令大權的統治者階層中的尊者形象。在對君臣之道和君臣關係進行闡釋時，先秦儒家並未完全摒棄原始的「君」的含義，而是在借鑒其合理內核的基礎上提出了

〔註1〕徐中舒著：《甲骨文字典》，成都：四川辭書出版社，1989 年版，第 89 頁。
〔註2〕徐朝華著：《爾雅今注》，天津：南開大學出版社 1987 年版，第 2 頁。

尊君的主張，與此同時也認為，作為君主應該遵從於道德層面的約束。在先秦儒家的思想意識和價值觀念中，君主只有加強內在道德修養，才能夠開疆擴土、取得豐功偉績。可以說，融合政治、道德和社會權威於一身的君主才算得上是理想型的君主。

郭沫若在《甲骨文字研究・釋臣宰》中指出，《說文》中臣之訓「牽」，蓋以同聲為轉注。臣字甲骨文字形象一豎目之形。人首俯則目豎，所以像屈服之形者，殆以此也。古人造字，於人形之象徵，目頗重要。以一目代表一人或一頭首。此以一目為一臣，不足為異。郭沫若還將臣與民作了比較分析，認為臣、民字均用目形為之，臣目豎而民目橫，臣目明而民目盲。臣、民均為古之罪隸俘虜，民乃敵虜之頑強不用命者，臣宰是其中之攜貳者。古人用其攜貳者宰制其同族，故雖同是罪隸而貴賤有分，相沿既久，則凡治人者稱臣宰，被治者稱庶民。所謂大臣家宰侵假而成為統治者最高稱號。〔註3〕在《積微居小學金石論叢・臣宰解》中，楊樹達認為：「臣之所以受義於牽者，蓋臣本俘虜之稱⋯⋯蓋因囚俘人數不一，引之者必以繩索牽之，名其事則曰牽，名其所牽之人則曰臣矣。」〔註4〕立足於對上述考證進行綜合分析與把握，可知，「臣」最初只是作為臣服於「君」的奴僕或者俘虜而存在，在後續的演進中，其含義漸趨轉變為與「君」相匹配的、地位在「君」之下的統治者階層內部的各級僚屬的統稱。不難看出，君與臣相伴而生，無論是「君」還是「臣」都是相對於彼此而言的，君與臣合力架構了政治統一體。

從這一角度來審視，君與臣的關係實則體現為政治統一體內部存在等級差異的成員間的關係。不得不承認，在儒家士子所認為的君臣關係中，「君」和「臣」地位並不對等，存在尊貴與卑賤的本質區別，但是整體來看，這種觀點對君臣都存在雙重約束，身為「君」或身為「臣」都不能擺脫道義與禮義的制約。並且，三代聖君賢臣的君臣關係被上升到了理想君臣關係模式的高度，這表明，無論是對於「君」還是對於「臣」都需要完成各自的價值期待。在這種理想型的價值預設中，君主的道德修養更值得期待，也更受到重視。相比於地位較低的臣子，身居高位的君主要將更多的社會責任擔在肩上。作為施政的主體，君臣都應該嚴格約束自己，在對君臣之道予以切實履行的

〔註3〕 郭沫若：《郭沫若全集》第1卷，北京：科學出版社，1982年版，第65～76頁。

〔註4〕 楊樹達著：《積微居小學金石論叢》，北京：科學出版社，1955年版，第77頁。

基礎上，正確處理君臣關係，使之更爲融洽和諧。儒家士子對獨立人格大加褒揚，以積極入仕爲臣作爲追求，讓臣的尊嚴和價值在爲臣中得到進一步彰顯。如此一來，君臣關係漸趨消弭了君臣懸殊的地位差別，展現出民主色彩，體現相對平等性。先秦儒家對君臣政治關係進行了理想化建構，建構的重要基礎就是唐虞三代理想的君臣政治。

2、君臣關係溯源

對君臣關係追根溯源，就需要探究《周易》中的諸多記載：

《周易·序卦傳》曰：「有天地然後有萬物，有萬物然後有男女，有男女然後有夫婦，有夫婦然後有父子，有父子然後有君臣，有君臣然後有上下，有上下然後禮義有所錯。」〔註5〕

《周易·説卦傳》曰：「者聖人之作《易》也，將以順性命之理。是以立天之道曰陰與陽，立地之道曰柔與剛，立人之道曰仁與義。」〔註6〕

《周易·繫辭傳》曰：「天尊地卑，乾坤定矣。卑高以陳，貴賤位矣。動靜有常，剛柔斷矣。方以類聚，物以群分，吉凶生矣。在天成象，在地成形，變化見矣。是故剛柔相摩，八卦相盪，鼓之以雷霆，潤之以風雨；日月運行，一寒一暑。乾道成男，坤道成女。乾知大始，坤作成物。乾以易知，坤以簡能；易則易知，簡則易從；易知則有親，易從則有功；有親則可久，有功則可大；可久則賢人之德，可大則賢人之業。易簡，而天下之理得矣；天下之理得，而成位乎其中矣。」〔註7〕

《周易·繫辭傳》曰：「古者包犧氏之王天下也，仰則觀象於天，俯則觀法於地，觀鳥獸之文，與地之宜，近取諸身，遠取諸物，於是始作八卦，以通神明之德，以類萬物之情。」〔註8〕

綜上分析可知，在認識人和自然萬物並對之進行反思的基礎上，古之聖

〔註5〕黃壽祺、張善文著：《周易譯注》（修訂本），上海：上海古籍出版社，2001年版，第647頁。

〔註6〕黃壽祺、張善文著：《周易譯注》（修訂本），上海：上海古籍出版社，2001年版，第615頁。

〔註7〕黃壽祺、張善文著：《周易譯注》（修訂本），上海：上海古籍出版社，2001年版，第527頁。

〔註8〕黃壽祺、張善文著：《周易譯注》（修訂本），上海：上海古籍出版社，2001年版，第572頁。

人創作了《周易》一書。在對自然萬物擁有了基本認識的情況下，古代聖人又將認識和思考延伸至人類自身層面。這一認知的過程，就是人的主體意識萌生和覺醒的過程，是人獨立於天地萬物的過程，將人自身發展成為並列於天、地的「三才」之一，在天地之間，人得以對自我進行精準定位，找到自身存在的價值與意義。與此同時，中華先民還將剛柔和陰陽等內在屬性分別賦予到天、地、人身上。在遵從於自然發展序列的前提下，男女兩性結成夫婦關係，在逐漸的衍化下產生家庭倫理關係和融合政治與社會屬性的君臣倫理關係。在法天象地的二元思維模式的支配下，天、地被視為世間萬物的本源，天的地位高貴，是君的化身；地的地位卑賤，是臣的象徵。在天道、地道與人道的比附中，生存於天地之間的人約束自己的行為，在自然天道的範圍內行事，天地自然之道就於無形中與君臣倫理的起源有機結合在一起。這一思想在一定程度上摺射出當時的人們尊崇和敬畏天地自然之道的心理，天尊地卑的自然法則深深地根植於當時人們的思想意識中，漸趨以君臣間的禮儀秩序呈現出來。

君主這一形象始於經過氏族全體成員共同推舉產生的履行氏族保護之責的部落酋長或首領，作為眾望所歸的部落首領，其擁有著榮耀的地位和極大的權利，同時也承擔著不可推卸的部落責任。在任繼愈看來：「在父系氏族社會裏，整個說來，原始的道德觀念雖已發生動搖，卻仍然在社會生活中保持著傳統的優勢。氏族家長和部落酋長還是主要依靠經驗，能力和功績來維持自己的權威，受到氏族成員的尊重，氏族部落首領由推舉產生，不能世襲。傳說中的堯、舜、禹，便是部落聯盟的首領，相傳他們生活簡樸，親自參加勞動，堯舜在位時禪讓賢者，這都是原始社會的制度和道德風氣的反映。」〔註9〕由此我們可以做出判斷，儘管在部落聯盟時代，君臣之間的差別已然存在，但是當時二者的關係並不嚴格，尚無外在約束，各自的德行與需要承擔的職責是君臣關係得以維繫的重要紐帶。代表氏族部落全員意願的部落首領通常都是由德才兼備的人擔任。《尚書·堯典》中對此有著明確的記載，帝堯「聰明文思，光宅天下」〔註10〕，「允恭克讓，光被四表，格於上下」〔註11〕，

〔註 9〕　任繼愈著：《中國哲學發展史》（先秦），北京：人民出版社 1983 年版，第 69
　　　　頁。
〔註10〕　〔漢〕孔安國傳，〔唐〕孔穎達正義，黃懷信整理：《尚書正義》，上海：上海
　　　　古籍出版社，2007 年版，第 32 頁。
〔註11〕　〔漢〕孔安國傳，〔唐〕孔穎達正義，黃懷信整理：《尚書正義》，上海：上海

「克明俊德，以親九族」〔註12〕，毫無疑問，帝堯具備盛德，堪稱其他人的德行表率。帝舜同樣擁有極高的德行，《尚書·舜典》中記載了帝舜「濬哲文明，溫恭允塞，玄德升聞，乃命以位」〔註13〕。借助禪讓的方式君位實現了從堯到舜的變更，當然舜具備了大德的最關鍵條件才獲得其位。可以說，這種理想化的君臣關係模式需要兩大條件作爲支撐：其一是聖君賢臣；其二是氏族部落。原始社會末期，國家和階級並未產生，氏族部落之間階級和政治層面的君臣關係尚未建立起來，但是成員間的等級差別已經非常明顯。等級概念與階級概念不同，階級間的差別主要表現在經濟和政治地位方面的不同；但是除了經濟和政治因素，社會中每個人能力因素的不同也表現在等級差異之中。在階級沒有形成的時候，等級在社會分工管理中就出現了，這是等級的自然屬性。在部落聯盟時代，氏族部落還未能夠完全統一，聯盟首領與部落首領的統屬關係未能建立起來，彼此之間依舊保持各自的獨立性。儘管階級層面的統治與被統治的嚴格意義上的君臣關係並不存在，但是就形式而言，聯盟盟主的地位要高出許多，形式上的統一領導權控制在部落聯盟盟主手中，事實上的等級差別就此顯現。部落聯盟與地方氏族部落的情況都是如此，單看氏族部落內部，儘管同屬於領導階層，同爲氏族管理者，但是他們之間依然被自然劃分到不同的等級之中。身爲君的堯和身爲臣的舜擁有著不同的社會分工和政治分工，這足以證明等級自然屬性的存在。無論是史詩時代還是英雄時代，君主的權威都更多地表現在道德層面，而並非政治層面，嚴格的君臣關係還未得到確立。侯外廬先生將關注點放到了古代君臣關係的性質上，認爲「王在古代僅是氏族聯盟的盟主，這在西洋古代歷史也是這樣的。周代『天子之尊』，除了盟長的形式依然存在外，其社會的職能，比殷王顯然地擴大了，『天子』地位的確立，完成了由『個別的支配者達到支配者階級』的歷史，用古代話講來，就是『維新』即『親親而貴貴』古代君臣的概念，不是如後代封建的名分，它僅表現『貴賤尊卑長幼』的性質，這一概念首先要弄清楚。」〔註14〕不難看出，侯外廬所理解的「『貴賤尊卑長幼』的性

古籍出版社，2007年版，第35頁。

〔註12〕 〔漢〕孔安國傳，〔唐〕孔穎達正義，黃懷信整理：《尚書正義》，上海：上海古籍出版社，2007年版，第36頁。

〔註13〕 〔漢〕孔安國傳，〔唐〕孔穎達正義，黃懷信整理：《尚書正義》，上海：上海古籍出版社，2007年版，第72頁。

〔註14〕 侯外廬、趙紀彬、杜國庠著：《中國思想通史第一卷古代思想》，北京：人民

質」與梁勁泰解讀的「等級的自然屬性」有異曲同工之妙。這種自然屬性產生於「個別的支配者」階段，是自然而然形成起來的，與自然人息息相關。「達到支配者階級」才能夠產生「後代封建的名分」，侯外廬的這一觀點建立的基礎是「天子之尊」。陳連慶認爲，殷周儘管尚未完全褪去原始色彩，但是同部落聯盟相比，其已經出現了很大的變化。宗教、政治和軍事大權匯聚在首長，也就是國王手中。與春秋霸主有所不同，國王將自己等同於天子，居於無上的高位。無論是畿內或朝中被劃分到內服裏的臣僚還是外服諸侯國的師長等，同姓也好，異性也罷，都從先前的同盟或平等的關係轉化爲上下的君臣關係。梳理陳連慶的觀點，不難發現，早在殷商時期，事實上分屬於上下等級的君臣關係就確立起來，只不過在當時後世宗法制度下的「封建的名分」並未建立。

從何時起，等級和階級名分層面的君臣關係得到眞正意義上的確立，對此學界一直存在爭議。上世紀初期，在《殷周制度論》中，王國維先生做出了有影響力的詮釋：「自殷以前天子諸侯君臣之分未定也，故當夏后之世，而殷之王亥、王恒累槁稱王，湯未放桀之時亦已稱王。當商之末而周之文、武亦稱王，蓋諸侯之於天子，猶後世諸侯之於盟主，未有君臣之分也。周初亦然，於牧誓、大誥，皆稱諸侯曰『友邦君』，是君臣之分亦未全定也。逮克殷踐奄，滅國數十，而新建之國皆其功臣昆弟甥舅，本周之臣子，而魯、衛、晉、齊四國，又以王室至親爲東方大藩。夏、殷以來古國方之蔑矣，由是天子之尊，非復諸侯之長而爲諸侯之君。其在《喪服》，則諸侯爲天子斬衰三年，與子爲父、臣爲君同。蓋天子、諸侯君臣之分始定於此。此周初大一統之規模，實與其大居正之制度相待而成者也。」〔註 15〕楊向奎也有類似的看法，他認爲在西周「國家成立後，以大宗長代部落酋長。部落聯盟，變作諸侯與天子之間的從屬關係，於是由橫向聯繫轉爲縱向聯繫。這縱橫的演變即階級的出現，而氏族之間的橫向聯繫轉向縱深，即大小宗的出現。大宗爲君，故云『宗之君之』而小宗爲臣，變作附庸。」〔註 16〕徐儒宗的看法趨同，「在政治上，隨著宗法家長制的確立和部落聯盟的形成，以農業爲經濟基礎，以封

出版社 1957 年版，第 77 頁。

〔註 15〕王國維著，彭林整理：《觀堂集林（外二種）》，石家莊：河北教育出版社，2003 年版，第 238 頁。

〔註 16〕楊向奎著：《宗周社會與禮樂文明》，北京：人民出版社，1992 年版，第 158 頁。

侯建邦爲政治形勢的宗法封建制國家也就產生了。於是，就出現了政治上的上下級關係。這包括天子與公卿，諸侯或諸侯與卿、大夫之間的君臣關係。」〔註17〕顯而易見，王國維所理解的「天子諸侯君臣之分」，應該是周天子與地方諸侯間的君臣關係，是建立在西周宗法分封制度基礎上的、得到當時禮樂制度維繫和約束的君臣關係。在禮樂和宗法分封兩種制度的有效維繫下，這一君臣關係才體現出制度化、規範化和明確化的鮮明特徵。徐儒宗和楊向奎在著述中闡釋的君臣關係建立的基礎是西周宗法分封制，是對上至天子，下到卿大夫以及諸侯的層級式劃分，屬於體系化的君臣關係。筆者對上述觀點持贊同態度，認爲等級與階級名分層面的君臣關係明確化和完善的時間分別爲周武王對諸侯王進行分封的時期和周公作樂制禮的時期。對西周時期的君臣關係，在後文的論述中，筆者還會進行集中深入的闡釋。

（二）「禮崩樂壞」與「君臣」秩序

春秋戰國時代是先秦儒家士子生活的主要時期。在這一時代，我國進入到歷史上的首次大分裂時期，社會陷入動盪之中。立足於政治視角探究這一形勢出現的原因，就是禮樂制和宗法分封制無法有效維繫層級式的君臣關係，在此種君臣關係日漸式微的情況下，有序的政治局面被打破，社會秩序走向混亂。時間上溯至西周末年，周天子的行爲有失道德、有違禮法，諸侯與周天子離心離德，漸趨萌生反叛的心理，動亂初現端倪。當然，這種無序的狀態和動亂的情形有一個漸進發展的過程，是客觀形勢逐步發展下的必然走向。具體表現爲周天子逐漸失去道德與政治權威，最終達到毫無名譽與尊嚴可言的地步。在卿大夫、地方諸侯實力有所增強、包藏擴張之心的情況下，原本獲得廣泛認同的尊卑、高下的秩序被「君不君，臣不臣」的混亂政治秩序取而代之。靠君臣政治秩序才獲得良好維繫的傳統社會秩序崩塌。在兼併之風盛行、列國爭霸大行其道的大環境下，戰亂頻仍、殘殺頻現，所有的一切都與諸侯國君對利益的追逐和攫取緊密地聯繫在一起，禮樂制度走向衰落，仁義道德逐漸銷聲匿跡。

1、禮樂失範下的「君臣」無序

長久以來，學術界對春秋戰國時代的界定就是「禮崩樂壞」的時代，實

〔註17〕徐儒宗著：《人和論——儒家人倫思想研究》，北京：人民出版社，2006年版，第5頁。

則這一衰落的?象早在西周中晚期就露出苗頭。周天子繼承王位後，不注重加強自身修養，禮德失範，在禍害長時間的累積之下，周王室的衰微漸漸顯露出來。據《國語》記載，周穆王對修德行一事並不放在心上，反而一意孤行，以討伐犬戎作爲己任，導致「荒服者不至」〔註18〕，諸侯漸漸從內心疏遠周天子。緊隨周穆王其後的各位君王，周厲王和周幽王等等，都漠視修德，遠談不上什麼聖主明君。《史記‧楚世家》記載：「當周夷王之時，王室微，諸侯或不朝，相伐。」〔註19〕《史記‧十二諸侯年表》有云：「及至厲王，以惡聞其過，公卿懼誅而禍作，厲王遂奔於彘，亂自京師始，而共和行政焉。是後或力政，彊乘弱，興師不請天子。然挾王室之義，以討伐爲會盟主，政由五伯，諸侯恣行，淫侈不軌，賊臣篡子滋起矣。」〔註20〕由此可見，早在西周中晚期，禮樂制度就遭到失德暴君的肆意踐踏。從原則上講，周天子擁有無上的道德與政治權威，其道德缺失和有違禮法的失範行爲導致禮樂制度難以眞正起到示範作用。必須明確的是，禮樂制度得到公認，成爲約定俗成的規則，在尚未被輿論拋棄、還能夠服務於周朝統治的情況下，仍然是必須遵守的社會規範，任何違背或破壞都是不允許的。本應該極力維護禮樂制度以確保公卿諸侯絕對聽從命令的周天子卻公然踐踏制度，這種道德失信的做法毫無疑問會激起強烈抗議，反對之聲不絕於耳。「君不君」，則臣沒有必要再繼續「臣」下去，堅固的堡壘在周天子的自行破壞下逐漸傾塌，西周王朝隨之走向覆亡。在此，「天道無親，常與善人」得到了有力的史實驗證。

　　周幽王死後，太子被冊立爲王，史稱周平王。公元前 770 年，爲了免受犬戎的侵擾，周平王在諸侯的助力下遷都洛，東周開始，歷史上也由此開啓了春秋時代。在宗法制越發失去效力、禮樂失范進一步惡化的大背景下，周王室處於內憂外患之中，對內無統合諸侯之力；對外無抵禦戎狄之能。周天子勢力逐漸衰落之際，諸侯國卻風生水起，開疆擴土，大有蓋過周天子之勢。分析周王室日漸衰微的原因，一是周天子不注重自身道德的培養，在道德滑坡的情況下依然我行我素，逃避天子之責，同時不遵守禮樂制度，導致

〔註18〕 徐元誥撰，王樹民、沈長雲點校：《國語集解》（修訂本），北京：中華書局，
　　　　2002 年版，第 9 頁。
〔註19〕 〔漢〕司馬遷撰，〔宋〕裴駰集解，〔唐〕司馬貞索引，〔唐〕張守節正義：《史記》第 5 冊，北京：中華書局，1959 年版，第 1692 頁。
〔註20〕 〔漢〕司馬遷撰，〔宋〕裴駰集解，〔唐〕司馬貞索引，〔唐〕張守節正義：《史記》第 2 冊，北京：中華書局，1959 年版，第 509 頁。

諸侯對其失望，心生嚴重的反叛傾向；二是宗法分封制度下血緣親情關係和血緣宗法關係的逐漸疏遠，甚至消失。就整個春秋時期的社會面貌而言，『禮崩樂壞』並非其時代特徵。春秋時期，傳統的禮不斷被更新和揚棄，社會上的人們對禮的重視和嫻熟，較之以往，有過之而無不及。僭禮並非是對禮制的徹底破壞，而是禮的應時而變。試想如果禮制已眞的崩壞了，已經失去了其身份象徵意義，僭越還會有什麼意義。「禮」作爲社會秩序的主要表現形式，在春秋戰國時代並沒有從政治舞臺上消失。「禮壞樂崩」一說初見於《論語‧陽貨》中，孔子與弟子宰我探討「三年之喪」的問題，宰我的觀點是，「三年之喪，期已久矣。君子三年不爲禮，禮必壞；三年不爲樂，樂必崩。」〔註21〕而孔子則認爲「三年之喪」是出於對父母養育之恩的眞情回報在行爲上的具體體現，認爲「君子之居喪，食旨不甘，聞樂不樂，居處不安，故不爲也。」〔註22〕又說：「子生三年，然後免於父母之懷。夫三年之喪，天下之通喪也。」〔註23〕藉此我們可知，「三年不爲禮，三年不爲樂」是孝親之情的自然流露，因爲居喪期間對父母的養育之恩的時常追懷，往往就會內化爲心中的悲慟，「聞樂不樂，居處不安，故不爲也」只是出於現實情況的需要而做出的非常態的臨時調整，並未對規範社會行爲的禮樂制度造成影響，更談不上破壞。

在禮樂失範的背景下，君臣關係走向無序和混亂是歷史發展的大趨勢，當然這種情況的出現是一個漸進的過程。通過上文闡釋可知，在西周中晚期，因爲周天子的行爲有失道德和禮法，君臣關係悄然發生改變，不和睦的?象漸漸浮出水面。儘管已經出現明顯?象，但是遠未達到春秋戰國時期出現的難以收拾的混亂程度。在當時，從整體上看，禮樂制度在對君臣正常秩序的維護上依然發揮效用，僅僅是受到西周王室日漸衰落的影響作用削弱而已。但是到了春秋戰國時代，周天子和東周王室的價值與尊嚴消失殆盡，諸侯不聽命於周天子、隨意發號施令、「天下無道」的霸政時代來臨。

在春秋前期，儘管周王室的勢力大不如前，政治秩序混亂，權力逐漸從

〔註21〕 程樹德撰，程俊英、蔣見元點校：《論語集釋》第 4 冊，北京：中華書局，1990
年版，第 1231～1232 頁。

〔註22〕 程樹德撰，程俊英、蔣見元點校：《論語集釋》第 4 冊，北京：中華書局，1990
年版，第 1236 頁。

〔註23〕 程樹德撰，程俊英、蔣見元點校：《論語集釋》第 4 冊，北京：中華書局，1990
年版，第 1237 頁。

周天子手中下移至諸侯手中，但是諸侯還會從禮儀的要求出發對周王室存有表面化的尊重，周天子依然是名義上的共主，盟主或霸主的地位尚得以保留。尊卑貴賤的思想需要較長的時日才能夠真正泯滅，因此西周禮樂制度下的尊卑有序、等級森嚴的觀念在春秋前期並未徹底消亡，而是延續了一段時間；同時長久以來約定俗成、得到社會廣泛認可的禮樂文化仍舊紮根於人們的內心，人們對此的敬畏心理依然存在。春秋時代來臨後，等級制度與觀念在做著最後的掙扎，但是禮樂制度的規範效用卻難以得到實質性發揮。周天子道德和政治權威沒落直至不復存在，導致諸侯國離心反叛的心理昭然若揭，「王天下」漸趨被「霸天下」所取代。禮樂崩壞、起不到任何作用的情況下，君臣之間、大夫與家臣之間僭禮、違禮等現象隨處可見。受此影響，君臣關係失去了原本的和諧與規範，陷入到混亂的境地。周桓王在諸侯面前失禮在《史記·周本紀》有詳細記載，「桓王三年，鄭莊公朝，桓王不禮。」〔註24〕後又伐鄭，使得「鄭射傷桓王，桓王去歸。」〔註25〕據《禮記·郊特牲》記載，「庭燎之百，由齊桓公始也。鄭玄注曰：『僭天子也。庭燎之差，公蓋五十，侯、伯、子、男皆三十。』大夫之奏《肆夏》也，由趙文子始也。鄭玄注曰：『僭諸侯，趙文子，晉大夫，名武，朝覲，大夫之私覿，非禮也。大夫執圭而使，所以申信也；不敢私覿，所以致敬也。」〔註26〕《禮記·雜記下》說：「夫人之不命於天子，自魯昭公始也。」鄭玄注曰：「亦記魯失禮所由也。周之制，同姓，百世昏姻不通。吳，大伯之後，魯同姓，昭公取於吳，謂之吳孟子，不告於天子。自此後取者遂不告於天子，天子亦不命之。」〔註 27〕在周天子權威日漸式微的春秋時代，部分諸侯國國君甚至不情願從名義上承認周天子的天下「共主」地位，採取無禮挑釁的態度挑戰周天子的權威。以楚、越為首的眾多諸侯國君公然冒天下之大不韙，僭越天子王號自立為王；戰國時期，魏、秦、趙等諸侯國君也仿照春秋諸侯國君的做法，先後坐上王位。這顯然

〔註24〕 〔漢〕司馬遷撰，〔宋〕裴駰集解，〔唐〕司馬貞索引，〔唐〕張守節正義：《史記》第 1 冊，北京：中華書局，1959 年版，第 150 頁。

〔註25〕 〔漢〕司馬遷撰，〔宋〕裴駰集解，〔唐〕司馬貞索引，〔唐〕張守節正義：《史記》第 1 冊，北京：中華書局，1959 年版，第 150 頁。

〔註26〕 〔漢〕鄭玄注，〔唐〕孔穎達疏，龔抗云整理，王文錦審定：《禮記正義》第 2 冊，北京：北京大學出版社，1999 年版，第 779～780 頁。

〔註27〕 〔漢〕鄭玄注，〔唐〕孔穎達疏，龔抗云整理，王文錦審定：《禮記正義》第 3 冊，北京：北京大學出版社，1999 年版，第 1225 頁。

和「天無二日，土無二王，家無二主，尊無二上」〔註28〕的傳統觀念相違背。馬克思有言：「借更改名稱以改變事物，乃是人類天賦的詭辯法！當直接利益十分衝動時，就尋找一個縫隙以便在傳統的範圍以內打破傳統。」〔註29〕「王」在此時受到政治形勢變化的影響被賦予了新的含義，所謂「夫擅國之謂王，能利害之謂王，制殺生之威之謂王」〔註30〕，周天子越發顯出頹勢和諸侯國整體政治、軍事實力的增強形成了鮮明的對比，傳統的禮樂制度不再成爲束縛諸侯國君言行的枷鎖，違背和僭越禮制的情況時有發生。周天子成爲了僅有「王」之虛名而缺少「王」之實權的空架子，比之於周天子地位和權威正盛的西周時代，周王室在春秋時代的境遇格外淒慘。諸侯國無視禮制，大肆僭越禮制之時，獲得較快發展、權勢薰灼的大夫階層，逐漸擺脫諸侯國的禮制控制，將諸侯國國政牢牢把持在自己手中，對公族大加排斥，大夫有違禮制和僭越禮制的混亂局面愈演愈烈。

孔子生活在春秋時期，當時「周室微而禮樂廢，詩書缺」〔註31〕，「幽厲之後，王道缺，禮樂衰，孔子修舊起廢，論詩書，作春秋」〔註32〕，《史記·太史公自序》有言：「春秋之後，陪臣秉政，強國相王；以至於秦，卒並諸夏，滅封地，擅其號。」〔註33〕在禮樂示範的時代背景下，陪臣和大夫在野心不斷膨脹、勢力不斷擴張的情況下，達到了超越魯國公室的程度，最終以僭越的方式成功奪取了諸侯國君的權利。《史記·孔子世家》中記載：「季氏亦僭於公室，陪臣執國政，是以魯自大夫以下皆僭離於正道。」〔註34〕《禮記·郊特牲》的記載顯示：「諸侯之宮縣，而祭以白牡，擊玉磬，朱干設錫，：冕

〔註28〕 〔漢〕鄭玄注，〔唐〕孔穎達疏，龔抗云整理，王文錦審定：《禮記正義》第3冊，北京：北京大學出版社，1999年版，第1403頁。

〔註29〕 （德）恩格斯著：《家庭、私有制和國家的起源》，收入《馬克思恩格斯全集》第二十一卷，北京：人民出版社1972年版，第68頁。

〔註30〕 〔漢〕司馬遷撰，〔宋〕裴駰集解，〔唐〕司馬貞索引，〔唐〕張守節正義：《史記》第7冊，北京：中華書局，1959年版，第2411頁。

〔註31〕 〔漢〕司馬遷撰，〔宋〕裴駰集解，〔唐〕司馬貞索引，〔唐〕張守節正義：《史記》第6冊，北京：中華書局，1959年版，第1935頁。

〔註32〕 〔漢〕司馬遷撰，〔宋〕裴駰集解，〔唐〕司馬貞索引，〔唐〕張守節正義：《史記》第10冊，北京：中華書局，1959年版，第3295頁。

〔註33〕 〔漢〕司馬遷撰，〔宋〕裴駰集解，〔唐〕司馬貞索引，〔唐〕張守節正義：《史記》第10冊，北京：中華書局，1959年版，第3303頁。

〔註34〕 〔漢〕司馬遷撰，〔宋〕裴駰集解，〔唐〕司馬貞索引，〔唐〕張守節正義：《史記》第6冊，北京：中華書局，1959年版，第1914頁。

而舞《大武》，乘大路，諸侯之僭禮也。臺門而旅樹，反坫，繡黼丹朱中衣，
大夫之僭禮也。故天子微，諸侯僭。大夫強，諸侯脅。於此相貴以等，相覿
以貨，相賂以利，而天下之禮亂矣。諸侯不敢祖天子，大夫不敢祖諸侯。而
公廟之設於私家，非禮也，由三桓始也。」〔註35〕鄭玄注曰：「言仲孫、叔孫、
季孫氏皆立桓公廟，魯以周公之故，立文王廟，三家見而僭焉。」〔註36〕藉
此不難發現，仲孫氏、叔孫氏與季孫氏在自身逐漸強大的政治經濟實力的支
撐下，公然對魯國國君的祖廟進行祭祀，更有甚者，竟然在家裏設置文王廟。
魯國國君勢力無法與之抗衡，導致季氏在家中敢於僭越禮樂，行八佾之舞，
這種做法讓孔子不堪忍受，「八佾舞於庭，是可忍也，孰不可忍也？」〔註37〕
由此可知，在戰國時代開啓後，受到逐利思想的影響，加之暴亂頻發，殘存
的禮儀在混亂的廝殺中蕩然無存。從整個古代歷史來看，戰國是一個特殊的
時代，在這個時代中，社會急劇變化，轉型也最為深刻。對比春秋與戰國時
期前後世風的變化，顧炎武的《日知錄・周末風俗》見解頗為獨到：「春秋時
猶尊禮重信，而七國絕不言禮與信矣；春秋時猶宗周王，而七國則絕不言王
矣；春秋時猶嚴祭祀重聘享，而七國則無其事矣；春秋時猶論宗姓氏族，而
七國則無一言及之矣；春秋時猶宴會賦詩，而七國則不聞矣；春秋時猶有赴
告策書，而七國則無有矣。」〔註38〕總之，春秋戰國時期君臣關係較前朝發
生了巨大的改變，這種無序混亂的形成並非單一的原因所能決定，在混亂局
面逐漸顯現的過程中，各種勢力在角逐中導致的強弱變遷極大地刺激了僭
禮、違禮和失禮現象，使得這種情況更為嚴重。

2、爭霸戰爭下的「君臣」無義

　　春秋戰國時代禮樂失範，傳統意義上的君臣關係出現轉折點，受到混亂
無序狀態的深刻影響，征伐接連不斷，「為了自衛或侵略的目的，一些諸侯
國組成了聯盟。在公元前六世紀至公元前五世紀，多數重要戰爭是在兩個集

〔註35〕〔漢〕鄭玄注，〔唐〕孔穎達疏，龔抗云整理，王文錦審定：《禮記正義》第2
　　　　冊，北京：北京大學出版社，2000年版，第782頁。
〔註36〕〔漢〕鄭玄注，〔唐〕孔穎達疏，龔抗云整理，王文錦審定：《禮記正義》第2
　　　　冊，北京：北京大學出版社，2000年版，第782頁。
〔註37〕程樹德撰，程俊英、蔣見元點校：《論語集釋》，北京：中華書局，1999年版，
　　　　第1冊，第136頁。
〔註38〕〔清〕顧炎武撰，〔清〕黃汝成集釋：《日知錄集釋》，長沙：嶽麓書社 1994
　　　　年版，第467頁。

團或聯盟之間進行的。每個集團或聯盟各自又在一個有力的『霸主』的領
導之下。」〔註 39〕在爭奪利益的戰爭面前，空洞的仁義道德和禮樂教化失去
了效力，舉步維艱。「春秋五霸」與「戰國七雄」在戰亂角逐中勝出，心存
兼併統一或者稱雄爭霸的執念，在多次戰爭較量中，主導春秋與戰國的發
展走向，「禮樂征伐自諸侯出」帶給禮樂制度下和諧有序的君臣關係以極大的
衝擊。

　　《史記‧太史公自序》中有言：「春秋之中，弒君三十六，亡國五十二，
諸侯奔走不得保其社稷者不可勝數。」〔註 40〕在宗法血緣關係的連接紐帶難
以發揮作用的情況下，逐漸淡漠的血緣親情也無法約束諸侯國的行爲。連年
的征戰、大國吞併小國、小國淪爲大國的附庸等等成爲了整個時代的常態。
一方面血緣國家土崩瓦解，另一方面地域國家漸趨形成。恩格斯有言：「以血
族團體爲基礎的舊社會，由於新形成的社會各階級的衝突而被炸毀；組成爲
國家的新社會取而代之，而國家的基層單位已經不是血族團體，而是地區團
體了。在這種社會中，家庭制度完全受所有制的支配，階級對立和階級鬥爭
從此自由開展起來。」〔註 41〕時至春秋中期，周天子權威衰落的頹勢已成定
局，諸侯國之間大舉征伐，在爭奪土地和兼併人口之路上越走越遠。在這一
歷史時期，對於大國而言，霸有天下才是追逐的目標；對於小國來說，想法
設法自保才是最爲明智的選擇。爲了謀生存、謀發展，各國都在積極努力尋
求變革良策，力求在動盪的時代屹立不倒。對權力的貪戀和攫取，在廝殺中
連家族最後的一點情誼都消失殆盡。在權利欲望的驅使之下，僭禮違禮的現
象數見不鮮，諸侯國陽奉陰違，在「尊王攘夷」的旗號下裹挾著謀求霸業的
野心。

　　孔子認爲統治者應該「爲政以德」，同時高舉起反對不義戰爭的大旗。孔
子對軍陣陳列之法有研究，衛靈公曾就此事詢問孔子，孔子回覆他：「俎豆之
事，則嘗聞之矣；軍旅之事，未之學也。」〔註 42〕孔子所生活的時代，家臣

〔註 39〕　胡適著：《先秦名學史》，上海：學林出版社，1983 年版，第 12 頁。

〔註 40〕　〔漢〕司馬遷撰，〔宋〕裴駰集解、〔唐〕司馬貞索引、〔唐〕張守節正義：《史
　　　　　記》第 10 冊，北京：中華書局，1959 年版，第 3297 頁。

〔註 41〕　（德）恩格斯：《家庭、私有制和國家的起源》，收入《馬克思恩格斯全集》
　　　　　第 21 卷，北京：人民出版社，1972 年版，第 30 頁。

〔註 42〕　程樹德撰，程俊英、蔣見元點校：《論語集釋》第 4 冊，北京：中華書局，1999
　　　　　年版，第 1049 頁。

或封臣所掌控的封邑從周王室的控制中獨立開來，逐漸發展成具有實際意義的國家。政治中心走向多元化，戰爭隱患就此被埋下。血緣關係的統治方式被行政管理取而代之，這種替代伴隨著暴力和戰爭，並不是簡單的純粹互惠。毋庸置疑，在國家的發展史上，暴力是不能忽視的客觀存在，但是這絕不意味著其是國家保持穩定的基石。《論語·八佾》中有這樣的記載，子謂《韶》：「盡美矣，又盡善也。」謂《武》：「盡美矣，未盡善也。」〔註43〕朱熹注曰：「韶，舜樂。武，武王樂。美者，聲容之盛。善者，美之實也。舜紹堯致治，武王伐紂救民，其功一也，故其樂皆盡美。然舜之德，性之也，又以揖遜而有天下；武王之德，反之也，又以征誅而得天下，故其實有不同者。引程子曰：『成湯放桀，惟有慚德，武王亦然，故未盡善。堯、舜、湯、武，其揆一也。征伐非其所欲，所遇之時然爾。』」〔註44〕由此看來，孔子的思想意識中沒留有任何戰爭的位置，無論是何種形式的戰爭，正義或不義的戰爭，都是孔子所不願看到的。武王伐紂，解救人民於水火之中，從戰爭的性質來看，屬於正義的戰爭，但是對於孔子而言，遠不如禪讓制那麼和諧、毫無缺憾。顯而易見，孔子主張應該儘量從戰爭的泥淖中掙脫開來，避免不必要的戰爭。即使是程頤所謂的「恭行天誅」的如同武王伐紂那樣的正義戰爭也應該避免。孔子的施政理想中最為關鍵的一點就是仁愛，面對民不聊生、戰爭頻仍的混亂現實，孔子嚮往天下有道、禮樂秩序完好的西周時代，在堅持自己政治主張的同時，孔子表明了對無道現實的批判態度。

（三）「士」者之「仕」

春秋時代，西周的宗法分封制日益衰落，在禮樂失範的影響之下，原本有序的君臣關係被打破，「官師合一」的政治局面在時代的變革中也發生了改變，原本擔任政治職務、身處「王官」和臣屬之位的士人發生了角色轉變，成為了四民之首，尊貴的身份和高貴的地位都一去不復返。士人混跡於四民之中，但是卻與農、工、商等庶民階層存在很大的差別，對於他們而言，恒定的產業和固定的職業都不存在，作為新興的特殊的社會階層，流動性強是這部分群體的典型特徵。

〔註43〕 程樹德撰，程俊英、蔣見元點校：《論語集釋》第 1 冊，北京：中華書局，1999年版，第 222 頁。
〔註44〕 〔宋〕朱熹撰：《四書章句集注》，北京：中華書局，1983 年版，第 68～69頁。

1、「士」的崛起

針對「士」的起源，歷史上的觀點眾多，余英時認爲，很大一部分近代學者都認爲武士是「士」的源起，在社會的大動盪中，他們逐漸剝去了「武」的外衣，轉化爲文士。但是立足於知識分子興起的時代背景我們發現，士人的禮、樂等文化淵源很深，因此從嚴格意義上講，士人並非武士的蛻化演變。劉澤華的觀點與此類似：作爲一個社會等級，春秋中後期士的解體經歷了一個漸進的過程，其社會角色也實現了由武向文的轉化。這一轉變並非武士的集體性轉變，而是士中的文化人逐漸發展成爲文士。在新興的士階層中，先秦諸子是主體力量，在吸收和繼承文化傳統、並對之進行批判與反思的基礎上，他們評議時政，對上下失序、動盪紛亂的政治和社會時局發表自己的看法。《淮南子・要略訓》也說：「諸子之學，皆起於救世之弊，應時而興。」〔註45〕由此可知，王官之學是先秦諸子的源出，在時代的影響之下，他們著書立說，爭鳴論道，開創了「道術將爲天下裂」〔註46〕的多元思想文化並舉的繁榮局面。這一「軸心時代」體現歷史的唯一性。

王官之學體現了官師政道合一，作爲王官之學的重要構成，西周時期的禮樂被周王室壟斷。在「王官之學」沒落並解體的大環境下，受到宗法等級身份控制的低級貴族中的士人得以解放，在百家爭鳴中發揮主體作用。這種學術下移的現象以及過程引發了清代史學家章學誠的關注：「蓋官師治教合，而天下聰明範於一，故即器存道，而人心無越思。官師治教分，而聰明才智不入於範圍，則一陰一陽，入於受性之偏，而各以所見爲固然，亦勢也。夫禮司樂職，各守專宮，雖有離婁之明，師曠之聰，不能不赴範而就律也。今云官守失傳，而吾以道德明其教，則人人皆以爲道德矣。故夫子述而不作，而表彰六藝，以存周公舊典也，不敢舍器而言道也。而諸子紛紛，則已言道矣。」〔註47〕春秋以來動盪不安的社會現實使得人們不得不思考結束紛亂局面的有效方法，可以說，思想反思的過程也是理念建構的過程，士人階層的出現與這一反思和建構的過程同步。周山教授有言：「中國的知識分子群體作

〔註45〕劉文典撰，馮逸，喬華點校：《淮南鴻烈集解》第 2 冊，北京：中華書局，1989年版，第 708～712 頁。

〔註46〕〔清〕郭慶藩撰，王孝魚點校：《莊子集釋》第 3 冊，北京：中華書局，1985年版，第 1069 頁。

〔註47〕〔清〕章學誠撰，葉瑛校注：《文史通義校注》，北京：中華書局，1985 年版，第 133 頁。

爲一個相對獨立的社會階層，一個足以發動一場曠日持久的學術思潮的知識群體，形成於鄉校議政、私學興盛的春秋末期。」〔註48〕

　　作爲知識分子群體，士人階層身份自由、人格獨立，他們有著不同的人生追求，有的周遊列國，宣傳自己的政治主張；有的著書立說，在研究學問中釋放自己的心性。整體來看，他們腳踏實地，入世態度較爲積極，致力於傳承和創造社會文化，用掌握的知識造福社會。士人中的很大一部分是「王官」，身上帶有知識分子的標籤，他們文化素養深厚、擁有較強的社會責任感和道德自律意識。在人員流動變數增大和社會階層變動的情況下，層次不同、身份各異的知識分子共同豐富了士人階層：「王官」、庶民之中的優秀子弟、罪犯、遭遇刑戮之人等等。「不以出身論英雄」的全新人才評價標準顛覆了血緣宗法制度下以尊卑貴賤評價人才的用人標準，這是歷史的巨大進步。

　　出身對於士人而言不再有太大的意義，在靠學識和技能就能夠獲得良好發展的時代，士人的社會地位也逐漸提高，正如余英時所言：「稷下學宮的出現不但是先秦士階層發展的最高點，而且更是養賢之風的制度化，其意義的重大是無與倫比的。」〔註49〕旨在謀求富國強兵，獲得更大的發展，諸侯國君紛紛拿出「禮賢下士」的姿態，這在客觀上使得士人階層尊嚴和獨立人格都得到了尊重與維護，也促使士人階層堅守和追求自身價值。春秋戰國時期士人精神鮮明的特徵就此彰顯。

2、春秋時期的官僚政治

　　春秋時期，宗法觀念越發得不到人們的重視，爲了爭權奪利，宗室貴族毫不顧及血肉親情，陷害殺戮之風盛行，宗族內部傾軋的嚴峻形勢使得宗族要麼難以爲繼，要麼消亡。政治體制掙脫了親屬血緣關係的束縛，王權融合官僚組織，催生出全新的官僚制度。楊寬認爲：「春秋戰國間，各國進行了一系列的改革，特別是前後經歷一百多年的變法運動，剝奪了貴族的特權，廢除了世卿世祿制度，建立了一整套的官僚制度。」〔註50〕世卿世祿制的破產，爲士人入仕提供了機會。新的官僚等級制度建立後，傳統的封邑或采邑退出了歷史舞臺，由全新的俸祿制度替代。私學在「學在官府」的局面被打

〔註48〕周山著：《中國學術思潮史卷——子學思潮》，上海：上海社會科學院出版社，2006 年版，第 2 頁。

〔註49〕（美）余英時著：《士與中國文化》，上海：上海人民出版社，1987 年版，第 57 頁。

〔註50〕楊寬著：《戰國史》，上海：上海人民出版社，2003 年版，第 210 頁。

破的形勢下應運而生。爲了在爭霸天下、兼併人口的戰爭中掌握主動權，各諸侯國都廣招賢才，這就給士階層的廣大知識分子入仕爲臣提供了絕佳的契機。這一時期，郡縣制建立，由此也漸趨拉開了中央集權制國家的大幕。血緣宗法在國家政權中漸漸淡出視線，國家體制向郡縣地域型轉變已是大勢所趨。

在卿族和公族勢力衰退的情形下，貴族階層漸趨走向沒落。思想保守、固步自封的血緣貴族在政治和經濟的變革中漸漸失去了原有的勢力，禮樂制度和宗法分封制也隨之消亡。在生產發展的作用下，掌握大量私有土地的新型地主階級走上歷史前臺。改革變法爲諸侯國的發展提供了極大的助益，全新的制度，如官僚制、爵位俸祿制、郡縣制和全新的人才選拔與考核制度等不斷推出，基於此，官僚集團紛紛建立起來，在管理國家中發揮作用；諸侯國君權力擴大化的趨勢非常明顯，官僚制的建立意味著官位就此擺脫了宗族和家族的束縛，官位世襲制走向終結；俸祿制強化了君臣間的人身隸屬關係；全新的管理選拔與考核制度使得新型君臣關係得以確立，君臣之間更多地體現爲一種契約與雇傭關係。以齊桓公任用商鞅變法爲例，商鞅創立了二十級軍功爵制，以之作爲獎懲的依據。據《史記・商君列傳》記載，「宗室非有軍功論，不得爲屬籍。明尊卑爵秩等級，各以差次名田宅，臣妾衣服以家次。有功者顯榮，無功者雖富無所芬華。」〔註51〕藉此我們獲悉，在春秋戰國時期，存在著宗法分封制和官僚分封制並存的情況，二者實現了逐步過渡。「三代雖亡，治法猶存」表明傳統觀念並未隨著國家的滅亡而直接消亡，而是微弱地殘留至戰國中後期。時至戰國，在變革後，宗室貴族無功受祿的現象大體消失，官僚制度眞正建立起來。正如李澤厚所云：「戰國末期，氏族政經制度早已徹底瓦解，地域性的國家體制已經確立。」〔註52〕

在爭霸和兼併戰爭灼灼逼人的春秋戰國時期，各諸侯國對人才對於富國強兵的作用有了清晰而明確的認識，也在政治、經濟和軍事人才的招攬上表現出迫切的需要。在這一時期，賢才基本都受到了禮遇，也得到了應有的尊重。根據《論衡・效力》的記載：「六國之時，賢才之臣，入楚楚重，出齊齊輕，爲趙趙完，畔魏魏傷。韓用申不害，行其《三符》，兵不侵境，蓋十五年。

〔註51〕 〔漢〕司馬遷撰、〔宋〕裴駰集解、〔唐〕司馬貞索引、〔唐〕張守節正義：《史記》第 7 冊，北京：中華書局，1959 年版，第 2230 頁。

〔註52〕 李澤厚著：《中國古代思想史論》，北京：生活・讀書・新知三聯書店，2008 年版，第 109 頁。

不能用之，又不察其書，兵挫軍破，國並於秦。」〔註53〕藉此不難看出，在戰爭頻仍、政局動盪的春秋戰國時期，賢才在政治舞臺上扮演著不容小覷的重要角色。是否招攬人才、是否做到賢盡其用，同諸侯國家的命運緊密相連。在諸侯國選賢任能的過程中，官僚政治制度獲得了成長，逐步走向完善。值得一提的是，「春秋時代各國官制的發展還很不完善，還遠遠未建立起如秦朝之後那樣一種君權之下的明確、系統和固定的官僚體制，各國間的官制也不一致，政治權力並不集中於中央君權及其之下的官僚體制，而是在相當大的程度上分散儲存於社會，分散儲存於社會的各大家族。」〔註54〕儘管維護新興貴族特權的封君制依舊存在，封君可以享有徵收租稅等經濟特權，甚至可以沿襲世襲的傳統，但是封君的行為仍被限定在國家統一法令的範圍之內，並不掌握發兵權。從嚴格意義上講，這一時期的封君與世襲諸侯有著很大的區別。站在歷史長河的角度來審視，春秋戰國時期是我國古代官僚政治制度的萌芽期，過渡性質較為明顯。儘管如此，這種帶有中央集權性質的尚不成熟的官僚政治深深地影響了先秦儒家士子，使得他們對君臣觀念形成了全新的認知。

3、春秋以來的「君臣」觀

西周時期，尊卑有序、貴賤有別，君臣關係呈現出親和的狀態，在向春秋過渡的時期，血緣宗法分封制越來越不能夠適應社會發展的需要，加之禮樂崩壞，規範作用已然不再，春秋時期的君臣關係顯現出混亂無序的狀態。在血緣宗法關係退出和官僚制度建立的社會轉型時期，君臣關係出現了新變化，展現出一種全新的形態。墨守成規和創新開拓並進發展，這在一定程度上也表明了春秋以來社會各個階層在價值觀念和價值取向上更為包容和多元。

（1）「委質為臣」

春秋以來，「委質」頗為盛行。「委質」屬於一種程序或儀式，目的在於對君臣之間的私人隸屬關係予以強化。《左傳·僖公二十三年》記載，在秦國做人質的晉國太子姬圉聽說身為國君的父親重病，為了能夠繼承王位，就冒

〔註53〕黃暉撰：《論衡校釋（附劉盼遂集解）》第2冊，北京：中華書局，1990年版，第586頁。

〔註54〕何懷宏著：《世襲社會及其解體——中國歷史上的春秋時代》，北京：生活·讀書·新知三聯書店，1996年版，第101～102頁。

險出逃回國。在即位後，爲了使君位得到進一步鞏固，已經成爲晉懷公的姬圉責令跟隨重耳出逃到秦國的狐偃、狐毛兩兄弟如期回國，不然就要對其父親狐突施以重罰。在狐突未能如期召回兩兄弟的情況下，晉懷公將狐突囚禁起來，並且提出了釋放赦免的具體條件：將兒子召回。在這時，狐突表明了「委質爲臣」的方案。唐杜佑認爲，「姓名未通，恩紀未交，君臣未禮，不責人之所不能，於義未正服君臣之服。傳曰：『策名委質，貳乃辟也。』若夫未策名，未委質，不可以純君臣之義也。」〔註 55〕「委質於臣」的君臣關係，這種私人形式的君臣隸屬關係的確立，意味著君臣之義已經有了定論，需要用實際行動踐行忠誠之心。如果存有背棄之心，就會爲社會所不容，同時也會背上不忠不義的罪名。當然，這種君臣關係的確立屬於雙方私下的自行約定，通常限定在對策名委質程序與儀式已經履行完畢的君臣內部，既不能世襲，同時也不能使他人受到牽連。正如許倬雲的解讀：「在這一制度下，君臣關係是特定的，不是由宗族血親的關係下衍生。狐突不能干涉二子委質於重耳，正表示君臣關係是個人間的約定，不能繼承祖先的關係。」〔註 56〕在君臣關係陷入混亂的大背景下，諸侯國內部不同等級君臣關係的確立常常採用這種「委質爲臣」的方式。

《國語・晉語九》有一段記錄戰爭的內容：晉卿中行穆子揮師討伐鮮虞，在圍攻別邑鼓之時，一個鼓邑人打算獻出鼓邑城，以之作爲條件換取求生的機會。中行穆子堅決不同意，其認爲：「非事君之禮也。夫以城來者，必將求利於我。夫守而二心，奸之大者也；賞善罰奸，國之憲法也。許而弗予，失吾信也；若其予之，賞大奸也。奸而盈祿，善將若何？且夫狄之憖者以城來盈願，晉豈其無？是我以鼓教吾邊鄙二也。夫事君者，量力而進，不能則退，不以安賈貳。」在中行穆子的思想意識中，守衛國土是臣子義不容辭的責任；身爲臣子，要對君主極盡忠誠，不可存有二心，知其不可爲但是一定要做到竭盡全力，否則即是大奸大惡之徒。中行穆子的忠君報國之心可見一斑。但是比之於夙沙釐的忠心，中行穆子則自歎弗如。《國語・晉語九》中記載：「鼓子之臣曰夙沙釐，以其帑行，軍吏執之，辭曰：『我君是事，非事土也。名曰君臣，豈曰土臣？今君實遷，臣何賴於鼓？』穆子召之，曰：『鼓有君矣，爾

〔註 55〕〔唐〕杜佑撰，王文錦等點校：《通典》，北京：中華書局 1988 年版，第 2418 ～2419 頁。

〔註 56〕許倬雲著：《西周史》，北京：生活・讀書・新知三聯書店，1994 年版，第 170 頁。

心事君，吾定而祿爵。』對曰：『臣委質於狄之鼓，未委質於晉之鼓也。臣聞之：委質爲臣，無有二心。委質而策死，古之法也。君有烈名，臣無叛質。敢即私利以煩司寇而亂舊法，其若不虞何！』穆子歎而謂其左右曰：『吾何德之務而有是臣也？』乃使行。既獻，言於公，與鼓子田於河陰，使夙沙釐相之。」韋昭注曰：「質，贄也。士贄以雉，委贄而退，言委質於君，書名於策，示必死也。」〔註57〕顯而易見，鼓伯與夙沙釐之間在委質、策名的程序與儀式後確立了君臣關係，也即以私人的形式確立了人身隸屬關係。在夙沙釐看來，只要是同鼓伯確立了君臣關係，那麼就必須追隨鼓伯，以生命來守護他，絕不能做叛君之事。這樣的一番忠心表白讓中行穆子讚歎的同時也自愧不如，感慨自己身邊缺失這樣的忠貞之士進而反省自己的德行。面對如此的忠君之臣，又怎能夠忍心不成人之美。中行穆子通報了晉頃公，同時網開一面，對夙沙釐做了寬大處理，滿足了夙沙釐繼續輔佐鼓君的願望，也成全了他從一而終的事君之心。

從形式上來看，「委質」和「策名」是對臣子的要求，是「爲臣之道」。但是毋庸諱言，君臣關係是一種雙向的關係，如果單純對臣子的行爲加以約束，而對君主的行爲放任自流，那麼「委質」與「策名」就失去了眞正的意義和價值。因此，對於國君而言，也需要將「爲君之道」體現在實踐中。唯有如此，才能夠讓臣子甘於爲君主「死難」和「死節」，表達赤膽忠心。對於臣子來說，需要將「事君不貳」的思想加以內化；就君主而言，能否正確理解臣子的忠誠之心並科學對待就成爲了衡量其是否懂得爲君之道的依據。

除了「委質」之外，「置質」和「錯質」等等也頻頻出現在先秦文獻中，探究其實質，與「委質」大同小異，並沒有什麼本質的區別。但是值得關注的是，上述這些形式除了具有基本的確定君臣關係的內容外，還在一定意義上超出了君臣關係的範疇。《史記·仲尼弟子列傳》對子路成爲孔門弟子的過程進行了描述，子路「儒服委質，因門人請爲弟子。」唐司馬貞索隱引服虔注左氏云：「古者始仕，必先書其名於策，委死之質於君，然後爲臣，示必死節於其君也。」〔註58〕顯而易見，子路想要跟隨孔子學習，進入孔門做弟子，並非是要確立君臣關係，因此這一委質儀式並不帶有任何的君臣關係的色

〔註57〕　〔清〕徐元誥撰，王樹民，沈長雲點校：《國語集解》，北京：中華書局，2002年版，第445頁。

〔註58〕　〔漢〕司馬遷撰，〔宋〕裴駰集解；〔唐〕司馬貞索隱；〔唐〕張守節正義：《史記》第10冊，北京：中華書局1959年版，第2191頁。

彩。根據服虔所注，「儒服委質」只是成爲孔門弟子的儀式和程序，應該是「委質爲臣」已經延伸至其他領域。儘管程序和儀式極爲相近，但是卻並非傳統意義上的君臣隸屬關係。翻閱史料我們發現，儘管孔門弟子數量較大，但是類似於「必死節於其君」的現象並未出現在這些弟子身上。由此可知，春秋時期「委質」的適用範圍進一步擴大，逐漸擴展到確立人際關係層面，成爲人際關係穩固的強化劑，而並非僅僅局限在君臣關係層面，囿於君臣關係的束縛。

綜合上述材料可知，「質」即是「贄」，是贄見禮所持之物，「贄」作爲一種信物，用以確立君臣關係，是傚忠君主的重要物證，具有重要的象徵意義。在拜見君主之時，臣子手持贄並鄭重地交給君主，將臣服之意和效忠之心一併傳達給君主。身份不同、地位存在差異性的人以臣子的身份拜見君主時，所持的「贄」也不盡相同，這是等級差別的鮮明體現。借助贄見禮的方式，內在抽象的君臣關係得到了外在形式上的表達，具體來看，就是臣對所委質之君表達誓死效忠之心。贄見禮在一定程度上使君臣之間的類似契約的關係構建起來，「必死節於其君」、「委質爲臣當死難」的人身依附色彩十分濃厚。探究「委質」與「策名」的程序和儀式的淵源，與周天子對諸侯等的分封與策命有著直接關係。在春秋戰國時代，周天子的權力重心下移，原本服務於策命諸侯的程序和儀式被諸侯國創新並利用，在諸侯國內部得到廣泛使用，成爲人身依附關係和私人臣屬關係確立的重要途徑。在宗法分封體系大行其道的西周時期，周天子爲君，諸侯國君爲臣，二者的君臣關係居於核心層次，也是最高層次。時至春秋時期，受到周王室走向衰落、日漸式微的影響，上述二者的君臣關係只維持在形式上。在爭霸天下的戰爭面前，在僭禮、違禮的衝擊下，在君主權力弱化、權力核心層層下移的大背景下，周天子和諸侯國的君臣關係名存實亡，「君不君、臣不臣」的混亂局面隨之出現。權力掌握在下層臣屬階層手中，並不斷得到強化，在藐視君主尊嚴和權勢的同時，這一階層成爲了統治權力的實際控制者。簡而言之，就是在權力核心不再掌控在周王室和周天子手中之時，出現了兩種比較主要的君臣關係，其一是周天子和諸侯國君的君臣關係；其二是諸侯國君與卿大夫之間的君臣關係。這兩種君臣關係呈現出兩種相反的趨向，前者趨弱，後者趨強。與上述兩種君臣關係的此消彼長一樣的道理，卿大夫與家臣間君臣關係的強化也是建立在諸侯國君與卿大夫間的君臣關係漸趨走向弱化的大背景之下的。在形勢不斷變

化的情況下，委質和策名也要適應全新的形勢，如此一來，無論是哪種君臣關係的確立與強化，諸侯國君與卿大夫的君臣關係抑或是卿大夫與其家臣之間的君臣關係，都需要借助委質和策名這一程序與儀式來實現。

在禮樂失範、血緣宗法關係不足以維繫君臣關係的時代，旨在謀求穩固的君臣關係，使血緣親情的疏離得到相應的改變，確保臣子對君主的效忠之心堅定不移，君臣的人身隸屬關係得到進一步強化，無論是對於諸侯國君還是卿大夫而言，通常都會選擇這一做法。西周時期的君臣關係較為鬆散，也比較自由，與之相比，春秋以來的私人臣屬關係希望借助強化人身依附關係進而實現君臣關係的穩固。可以說，這種構建在君臣之間的私人臣屬關係屬於一種制度性規定，帶有明顯的強制性。其得以建立和發展的重要基礎就是西周的贄見禮，但是無論是性質還是目的，都與西周時期的贄見禮存在著明顯的差別。可以說，其是基於新形勢下對西周贄見禮的延續與發展。君臣關係在「必死節於其君」、「委質為臣當死難」的說教中更為穩固。

（2）「擇君而事」

春秋以來，士人階層強勢崛起，官僚政治走上政治舞臺，在全新的形勢之下，君臣關係也出現了新的變化。西周時期，血緣宗法分封制度全面鋪開，受此影響，各層級的君臣關係都帶有顯著的血緣宗法特徵。在君臣關係的維繫與穩固中，血緣親情發揮了巨大作用，有序親和的君臣關係得以確立。血緣倫理政治模式下的君父臣子的思想觀念對後續建立的君臣關係帶來很大的影響，使之附帶上先前的痕跡。春秋時期的到來，禮樂崩壞，難以起到約束和規範作用，原本靠血緣關係才得以維繫的君臣關係隨之弱化，從「王官」之位跌落下來的士人與庶民中的優秀人才成為士人階層的主力軍。這部分士人的思想大都擺脫了傳統血緣宗法觀念的束縛，在諸侯列國招攬賢士、廣納賢才之時，極好地把握了這一機會，開啓了自身「良臣擇君而事」的政治時代，在列國中自由流動。

春秋時代到來後，無論是道德還是親情倫理都逐漸失去效力。隨著新型地域國家的逐漸萌生，在西周時期維繫人際關係、起到紐帶作用的宗族與家族觀念日益淡漠。時間推進到戰國時期，地域國家體制得到了全面建立，新型的官僚國家體制呼喚全新的觀念構建和穩固的君臣關係，傳統孝親的自然情感原則難以滿足新形勢下政治體制的需要，在君臣關係上，「忠君」觀念順勢而生。「委質為臣」是君臣關係得以構建的一種非常重要的形式，其的根本

宗旨在於臣對君的誓死效忠。

孔子的君臣觀建立在上述的歷史背景之上，他所生活的時代私學大興，掌握學識技能的平民子弟可以周遊列國游說君主。世卿制度的退出和官僚制度的建立成爲不可逆的歷史潮流。諸侯國君謀求富國強兵，廣泛招攬賢才，士人也因此備受禮遇。士人階層摒棄了「事君不二」的觀念，臣爲君死難的情況逐漸銷聲匿跡，借助「委質」和「策名」確立的君臣關係也無法滿足諸侯國君廣泛靈活招賢納士的需要。這一時代，士人政治地位提升、人格獨立，所謂「良禽擇木而棲，良臣擇主而事」，士人入仕可以進行更多的自由選擇。在春秋戰國時代，政局動盪，權力中心呈現多元化態勢，這就給士人們提供了廣闊的發展空間。士人們在列國之間自由奔走，宣傳自己的政治理想和政治主張，從個人意願出發伺機而動。劉澤華關注了這一現象，其認爲：「春秋末葉，隨著宗法制的進一步動搖，一些遊士逐漸拋棄了不臣二主的信條，開始自由地輾轉投奔於能施展其抱負和才能的諸侯國，擇君而仕，於是形成了『士無定主』的局面。」〔註59〕孔子致力於興辦私學，「學而優則仕」在孔門弟子中極爲常見。孔子對弟子入仕爲臣持積極的肯定態度，鼓勵這些弟子服務於新型的官僚政治。這些出身卑微的孔門弟子，無論是參與國政還是作爲家臣，都是憑藉出色的才幹參與政治。沒有高貴的身份和地位，孔門弟子與諸侯國君、卿大夫等沒有任何的血緣關係，人身依附關係在彼此之間也不存在，對於這些弟子而言，只是堅守「合則留，不合則去」的道義原則而已。在這種時代背景下，「君臣共治」成爲了士人的政治理想和現實追求。

二、「君臣共治」的理想

孔子的政治哲學中存在「君臣共治」的思想。「共治」是三代政制的核心，流行於春秋戰國時期，在目前可查閱的資料中，《尹文子》是最早記載「共治」範疇的文獻：「所貴聖人之治不貴其獨治，貴其能與眾共治。」〔註60〕先秦以降，「共治」作爲一種諸子共享的理念在天下傳播開來。而這一理念在漢代爲士大夫們所普遍接受，其標誌是「共治」範疇散見於漢代的各種典籍。伏生

〔註59〕 劉澤華主編：《士人與社會》（先秦卷），天津：天津人民出版社，1988年版，第38頁。

〔註60〕 〔戰國〕尹文撰，錢熙祚校：《尹文子》，上海：世界書局，1935年版，第3頁。

在《尚書大傳・皋繇謨》中有言：「古者諸侯之於天子也，三年一貢士。天子命與諸侯輔助爲政，所以通賢共治，示不獨專，重民之至。」〔註61〕在伏生的記載中，在上古時代，「通賢共治」是一種政治運行的模式，諸侯選拔邦內賢士，經天子審核後，實現天子、諸侯與貢士三位一體「共治」天下的政治模式。《白虎通・五不名》則記載：「王者臣有不名者五。先王老臣不名，親與先王戮力共治國，同功於天下，故尊而不名也。」〔註62〕在《白虎通》的記載中，老臣與先王齊心「共治」國家，同功於天下，爲表尊敬，任何人是不能直呼老臣名諱的。而劉向在《說苑・政理》則記載了宓子賤「至單父，請其耆老尊賢者，而與之共治單父」〔註63〕的故事。凡此種種皆體現了漢代士大夫對「共治」的肯定與期望。在漢代士大夫「共治」理想的背後，實際上是漢代士大夫「公天下」的意識，他們認爲每位賢者都應該參與到社會的治理中去，而非由君主一人獨裁專制。例如谷永提到：「天下乃天下之天下，非一人之天下也。」〔註64〕而「公天下」的意識亦是孔子思想的重要內涵，《禮記・禮運》載孔子之言：「大道之行也，與三代之英，丘未之逮也，而有志焉。大道之行也，天下爲公，選賢與能，講信修睦。」〔註65〕由此可見，孔子認爲要實現「公天下」，需要有一位英明的君主「選賢與能」，實現君臣對天下的「共治」。

在孔子看來，君主「爲政以德」就能做到舉賢任能，從而達到「無爲而治」的執政效果。《論語・爲政》載：「爲政以德，譬如北辰居其所而眾星共之。」〔註66〕孔子在「爲政以德」〔註67〕章中用北辰居其所而眾星共之來比

〔註61〕〔漢〕伏生撰，〔漢〕鄭玄注，〔清〕陳壽祺輯校：《尚書大傳（附序錄辨訛）》，北京：中華書局，2012年版，第29頁。

〔註62〕〔清〕陳立撰，吳則虞點校：《白虎通疏證》上冊，北京：中華書局，1994年版，第325頁。

〔註63〕〔漢〕劉向撰，向宗魯校證：《說苑校證》，北京：中華書局，1987年版，第161頁。

〔註64〕〔漢〕班固撰，〔唐〕顏師古注：《漢書》第11冊，北京：中華書局，1962年版，第3467頁。

〔註65〕〔漢〕鄭玄注，〔唐〕孔穎達疏，龔抗云整理，王文錦審定：《禮記正義》第1冊，北京：北京大學出版社，2000年版，第656～658頁。

〔註66〕程樹德撰，程俊英、蔣見元點校：《論語集釋》第1冊，北京：中華書局，1990年版，第61頁。

〔註67〕程樹德撰，程俊英、蔣見元點校：《論語集釋》第1冊，北京：中華書局，1990年版，第61頁。

喻爲政者以德治國就會得到所有人的擁戴，其背後蘊藏著君主以德治國所能帶來的巨大政治效益。而孔子所謂的「爲政以德」，用德性來統治國家，每每被理解爲用勞心的、無爲的方式來行政。《論語注疏》載包咸曰：「德者無爲，猶北辰之不移而眾星共之。」〔註68〕面對何晏「德者無爲」的論斷，毛奇齡提出批評，他在《論語稽求篇》中說：「包注『德者無爲』，此漢儒攙和黃老之言。……何晏異學本習講老氏，援儒入道。況出其意見以作集解，固宜獨據包說，專主無爲。……『爲政以德』，正是有爲，孔子已明下一『爲』字。則縱有無爲之治，此節即斷不可用矣。況爲政則尤以無爲爲戒者。《禮記・哀公問》：『哀公問爲政，孔子曰：「政者正也。君爲正，則百姓從政矣。君之所爲，百姓之所從也；君所不爲，百姓何從？」』……孔子此言若預知必有以無爲爲解，爲政者，故不憚諄諄告誡，重言疊語。……則實與《論語》相表裏者。」〔註69〕毛奇齡認爲用「無爲之說」來解釋孔子的「爲政以德」，是用黃老之言來理解儒家的政治哲學。但是，儒家和黃老學派的政治思想迥異，因此，何晏與包咸的解釋並不可取。孔子的「爲政以德」必然包含著君主的有爲，在《禮記》「哀公問爲政」中，孔子反覆強調君主的作爲，因此不能用「無爲」來理解孔子的「爲政以德」。

有趣的是，當我們下意識的將黃老道家的「無爲而治」與孔子的「爲政以德」做區別時，殊不知中國思想史上第一次提出「無爲而治」的竟然不是道家先哲而是孔子。《論語・衛靈公》載：「無爲而治者，其舜也與？夫何爲哉？恭己正南面而已矣。」〔註70〕《易・說卦》：「聖人南面而聽天下，嚮明而治。」〔註71〕「南面」實爲「面南」，中國地處北半球，所見太陽位置偏南，在上位者面向南方，正對陽光，盡顯尊嚴。所以古代以坐北朝南爲尊位，天子見諸侯，諸侯見群臣，卿大夫見僚屬，都是面南而坐。聯繫「無爲而治」章和「爲政以德」章，我們發現「恭己正南面」不就是「譬如北辰居

〔註68〕〔魏〕何晏注，〔宋〕邢昺疏，朱漢民整理，張豈之審定：《論語注疏》，北京：北京大學出版社，2000年版，第15頁。

〔註69〕〔清〕毛奇齡：《論語稽求篇》，收入〔清〕乾隆敕輯：《景印文淵閣四庫全書》第210冊，臺北：臺灣商務印書館，1982～1986年版，第140頁下欄～141頁上欄。按，標點符號爲引者所加。

〔註70〕程樹德撰，程俊英、蔣見元點校：《論語集釋》第4冊，北京：中華書局，1990年版，第1062頁。

〔註71〕黃壽祺、張善文著：《周易譯注》（修訂本），上海：上海古籍出版社，2001年版，第620頁。

其所而眾星共之」嗎？如此看來「爲政以德」與「無爲而治」存在著某種內在的關聯。

《漢書·董仲舒傳》記載：「故孔子曰：『亡爲而治者，其舜乎？』改正朔，易服色，以順天命而已，其餘盡循堯道，何更爲哉？」〔註72〕董仲舒通過公羊學託古改制的理論爲舜的「爲政以德」提供了一種解釋，毫無疑問，對於剛剛建立王朝或繼位的君主，確立國家的政治制度是首要的政治作爲。然而在更長久的執政過程中，有德性的君主的最重要的政治活動，莫過於通過自己的德行來凝聚人心，舉賢任能。何晏在《論語集解》中說：「言任官得其人，故無爲而治。」〔註73〕根據《史記·五帝本紀第一》的記載：「昔高陽氏有才子八人，世得其利，謂之『八愷』。高辛氏有才子八人，世謂之『八元』。此十六族者，世濟其美，不隕其名。至於堯，堯未能舉。舜舉八愷，使主后土，以揆百事，莫不時序。舉八元，使布五教於四方，父義，母慈，兄友，弟恭，子孝，內平外成。」〔註74〕由此可見，舜在繼位之後，任用了堯所不能使用的人才，定時序，崇教化，使得五倫和睦，四海升平。

舜「爲政以德」，以致獲得人才，通過任用賢才，最終達到「無爲而治」。歷來儒者都認爲舜的「無爲而治」源於其「所任得其人」〔註75〕。《論語·泰伯》載：「舜有臣五人而天下治。武王曰：「予有亂臣十人。」孔子曰：「才難，不其然乎？唐虞之際，於斯爲盛。有婦人焉，九人而已。三分天下有其二，以服事殷。周之德，其可謂至德也已矣。」〔註76〕在此孔子揭示了舜及周代聖王能夠平治天下的關鍵，就在於通過自己的德性獲得了人才。在中國古代，一個帝王的德性如何直接決定著他能獲得怎樣的賢才，因此修身成德是每一個有志於成就事業的君主一生孜孜不倦的行爲。《禮記·中庸》上說：「爲政在人，取人以身，修身以道，修道以仁。」〔註77〕這裡的「爲政在人」揭示

〔註72〕 〔漢〕班固撰，〔唐〕顏師古注：《漢書》第8冊，北京：中華書局，1962年版，第2518頁。

〔註73〕 〔魏〕何晏注，〔宋〕邢昺疏，朱漢民整理，張豈之審定：《論語注疏》，北京：北京大學出版社，2000年版，第236頁。

〔註74〕 〔漢〕司馬遷撰，〔宋〕裴駰集解，〔唐〕司馬貞索引，〔唐〕張守節正義：《史記》第1冊，北京：中華書局，1959年版，第35頁。

〔註75〕 〔晉〕陳壽撰，〔南朝宋〕裴松之注，盧弼集解，錢劍夫整理：《三國志集解》第8冊，上海：上海古籍出版社，2009年版，第3677頁。

〔註76〕 程樹德撰，程俊英、蔣見元點校：《論語集釋》第2冊，北京：中華書局，1990年版，第552～559頁。

〔註77〕 〔漢〕鄭玄注，〔唐〕孔穎達疏，龔抗云整理，王文錦審定：《禮記正義》第3

了人才對於政治運行的重要性，而「取人以身」則預示著執政者的修身能夠提高自身的德行，以致於在德性的引領下獲得人才。

在《大戴禮記・主言》中，孔子對曾參強調說，作爲治理國家要以德治國，做到「內修七教而不勞，外行三至而不費」。所謂「七教」，孔子說：「上敬老則下益孝，上順齒則下益悌，上樂施則下益諒，上親賢則下擇友，上好德則下不隱，上惡貪則下恥爭，上強果則下廉恥。民皆有別，則政亦不勞矣。」所謂「三至」，孔子說：「至禮不讓而天下治，至賞不費而天下之士說，至樂無聲而天下之民和。明主篤行三至，故天下之君可得而知也，天下之士可得而臣也，天下之民可得而用也。」〔註78〕孔子認爲做到了「七教」，就能使上下和睦，社會有序的運行，君主「爲政以德」而不勞；做到了「三至」，即爲政以禮、賞罰有度、以樂何民，則天下和洽，賢臣得用，臣勞君逸。在孔子看來，帝王作爲國家的最高領導者，他所要抓的只是通過道德來引導政治，並且合理地使用人才。君主要不斷地進行道德修養，保持自己的德性，而並非處理具體的行政事務。

在孔子的政治理想中，政治得以良好的運行必然由一個有德性的君主來引導，君主的「爲政以德」並不是不作爲，而是通過修身成德來獲得人才，通過對人才的良好使用，達到君逸臣勞的「無爲而治」。因此，孔子在現實政治中，每每強調舉賢任能的重要性。因此，魯哀公問：「何爲則民服？」，孔子的回答是：「舉直錯諸枉，則民服；舉枉錯諸直，則民不服。」〔註79〕孔子認爲有德之君舉賢任能，國家能得到善治，百姓會服從領導。反之，國家的領導者任用不當之人治國，會導致民心的悖逆。

孔子嚮往的最佳政治境況是由一個有德之君引領的政治，然而殘酷的現實每每令人失望。如何化解君主失德的制度性難題，讓社會得到善治，是擺在孔子面前的一大問題，這也是儒家政治哲學需要化解的重大理論問題。隨著君主繼承制度的推行，很難保證有德之主的前後相續，西周的禮崩樂壞，在一定程度上就歸咎於君主的無德。天下既然無有德之主，這就給臣下的作爲提出了更大的要求，在孔子「君臣共治」的理想支配下，孔子開始周遊列

　　冊，北京：北京大學出版社，1999 年版，第 1440 頁。

〔註78〕〔清〕王聘珍撰，王文錦點校：《大戴禮記解詁》，北京：中華書局，1983 年版，第 2～7 頁。

〔註79〕程樹德撰，程俊英、蔣見元點校：《論語集釋》第 1 冊，北京：中華書局，1990年版，第 117 頁。

國，尋找任賢之主。有德之君主導的「君臣共治」是孔子理想的政治生態，而舉賢之主用賢治國則是孔子對政治生態的次一等追求。

三、尋找任賢之主

孔子的周遊列國是一個尋找任賢之主的過程。在這一過程中，衛國是孔子生平去過最多的一個國家，在周遊列國期間，一共 4 次經過衛國。孔子頻頻去衛，並不是作為周遊的中轉站，而是孔子有意在衛國出仕。孔子第一次到衛國求仕，衛靈公使人「致粟六萬」〔註80〕，後因人向衛靈公進讒，孔子不得不離開衛國。孔子第二次到達衛國，發生了著名的「子見南子」事件，為此子路還與孔子發生了爭執，然孔子出仕之心急切，故通權達變，會見衛靈公的夫人南子。孔子在見南子之後，「居衛月餘，靈公與夫人同車，宦者雍渠參乘，出，使孔子為次乘，招搖市過之。」〔註81〕孔子面對「好德如好色」的衛靈公，哀歎不已，深以為醜，又離開了衛國。孔子第三次到衛國，衛靈公聞孔子來，十分歡喜，郊迎孔子，並向孔子請教是否可以對蒲用兵。孔子贊成蒲用兵，然而衛靈公最終接受衛國大臣的建議，沒有出兵。孔子不見用於衛靈公，且靈公越發老邁怠政，孔子喟然歎曰：「苟有用我者，期月而已，三年有成。」〔註82〕於是又離開了衛國。孔子第四次返回衛國，仍然抱著出仕之心，此時的衛靈公很關心征伐的事宜，以「兵陳」之事問孔子。孔子回答說：「俎豆之事則嘗聞之，軍旅之事未之學也。」〔註83〕之後衛靈公對孔子漫不經心，孔子感到懷才不遇，又離開了衛國。孔子四入四出衛國，在很大程度上是因為衛靈公的愛才，從孔子第二次到達衛國。靈公出郊喜迎來看，靈公的確很重視人才的引進和使用。在衛靈公身上，孔子看到了衛國得以強大的希望，並願意在衛國為官，像其他賢人那樣輔助衛靈公。

在孔子眼中，衛靈公雖然「無道」，但卻是一個不折不扣的任賢之主，這符合孔子對亂世之君的期待。我們透過《論語・憲問》「子言衛靈公之無道」

〔註80〕 〔漢〕司馬遷撰，〔宋〕裴駰集解，〔唐〕司馬貞索引，〔唐〕張守節正義：《史記》第 6 冊，北京：中華書局，1959 年版，第 1919 頁。

〔註81〕 〔漢〕司馬遷撰，〔宋〕裴駰集解，〔唐〕司馬貞索引，〔唐〕張守節正義：《史記》第 6 冊，北京：中華書局，1959 年版，第 1921 頁。

〔註82〕 〔漢〕司馬遷撰，〔宋〕裴駰集解，〔唐〕司馬貞索引，〔唐〕張守節正義：《史記》第 6 冊，北京：中華書局，1959 年版，第 1924 頁。

〔註83〕 〔漢〕司馬遷撰，〔宋〕裴駰集解，〔唐〕司馬貞索引，〔唐〕張守節正義：《史記》第 6 冊，北京：中華書局，1959 年版，第 1926 頁。

章，可以管窺孔子對這一問題的認識。《論語・憲問》記載，孔子言衛靈公之無道也，季康子問：「夫如是，奚而不喪？」孔子曰：「仲叔圉治賓客，祝鮀治宗廟，王孫賈治軍旅。夫如是，奚其喪？」〔註84〕《孔子家語・賢君篇》中有一則相似的對話可爲此章作擴展閱讀：

> 哀公問於孔子曰：「當今之君，孰爲最賢？」孔子對曰：「臣未之得見也。抑有衛靈公乎？」公曰：「吾聞其閨門之内無別，而子次之賢，何也？」孔子曰：「臣語其朝廷行事，不論其私家之際也。」公曰：「其事何如？」孔子對曰：「靈公之弟曰公子渠牟，其智足以治千乘，其信足以守之，公愛而任之。又有士曰林國者，見賢必進至，而退與分其祿，是以衛無遊放之士，公賢而尊之。又有士曰慶足者，衛國有大事，則必起而治之，國無事則退而容賢，公悦而敬之。又有大夫史鰌，以道去衛，而靈公郊舍三日，琴瑟不御，必待史鰌之入而後敢入。臣以此取之。雖次於賢，不亦可乎？」〔註85〕

在《論語・憲問》中，孔子言衛靈公無道，而在《孔子家語》中，孔子在魯哀公的逼問下，稱衛靈公大概可以算做一個賢君。對於衛靈公的「不賢」與「賢」，我們要做一分析。衛靈公的「不賢」即是《孔子家語》中說的「閨門之内無別」。衛靈公有一夫人，名曰南子。南子生性淫亂，與宋國公子朝私通。衛靈公不加阻止，反而縱容南子，召公子朝與其在洮地相會。衛靈公的太子蒯聵知道南子私通之事後，非常憤怒，便和家臣戲陽速商量，在朝見南子時趁機刺殺她。結果戲陽速反悔沒有行動，被南子所察覺，蒯聵於是逃亡宋國，衛靈公將蒯聵黨羽全部趕走。衛靈公死後，南子立衛靈公的孫子輒爲衛君，是爲衛出公。而衛靈公之子、衛出公之父蒯聵在趙國的幫助下回國奪位，從此衛國大亂。因此，衛靈公寵幸淫亂的南子，爲衛國動亂的前因，由此足見衛靈公的「不賢」。

但是，衛靈公亦有其「賢」之處，即他善於用賢臣，讓賢臣治國，以致其治内衛國不亂。在《論語》中出現的三個大臣中，仲孫圉，即孔文子也，每每爲孔子贊許，可謂德才兼備。其餘二人雖未具有極高之德行，然祝鮀善口才，王孫賈有武略，皆是衛國賢臣。而《孔子家語》中出現的靈公之弟曰

〔註84〕程樹德撰，程俊英、蔣見元點校：《論語集釋》第 3 冊，北京：中華書局，1990 年版，第 997 頁。

〔註85〕楊朝明、宋立林主編：《孔子家語通解》，濟南：齊魯書社，2013 年版，第 149 頁。

公子渠牟、林國、慶足和大夫史鰌在孔子看來皆是德才兼備的賢臣。眾賢臣不僅在一定程度上彌補了衛靈公德性的不足，並且各司其職，共同承擔了衛國的政事。在眾多賢臣的輔助下，衛國在亂世中彰顯出了一定的活力，成為孔子非常想出仕的國家。

　　透過上述的分析，我們可以明確孔子心中存在一個理想的政治模式，在這個模式中有一個先決條件即是君主「為政以德」並舉賢任能。但是，孔子所處的時代沒有德性無暇的君主。在這樣的境況下，孔子只能選擇次一等的政治模式，即君主不賢卻能使用人才。我們通過孔子四出四入衛國，可以發現孔子十分希望能輔佐用賢治國的衛靈公。在孔子的政治哲學中，政治的運行不完全取決於君主的有德和無德，而是依仗於君主和臣下的相互配合。

四、欲仕不義之主

　　有德之君「無為而治」是孔子的理想政治生態，不賢之主舉賢任人是孔子心中次等的政治生態。當現實政治不具備一個善於用人的有德之君時，孔子選擇了為善於用人的不賢之主效力。在孔子看來，社會得到善治是君主和臣下配合的結果。在一定程度上，臣下對政事的擔當能彌補君主的不賢，促成政治的穩定。以孔子為代表的儒家不僅倡導君主的「為政以德」，而且推崇臣下對政事的擔當。然而，在《論語》中出現了兩則孔子欲仕不義之主的語錄，卻讓學人大惑不解，難道孔子會為了出仕放棄自己的道德操守嗎？筆者為化解學者的困惑，茲將二則語錄錄寫於下，再加分析：

　　　　公山弗擾以費畔，召，子欲往。子路不說，曰：「末之也已，何必公山氏之之也。」子曰：「夫召我者而豈徒哉？如有用我者，吾其為東周乎？」〔註86〕

　　　　佛肸召，子欲往。子路曰：「昔者由也聞諸孔子曰：『親於其身為不善者，君子不入也。』佛肸以中牟畔，子之往也，如之何！」子曰：「然。有是言也。不曰堅乎，磨而不磷；不曰白乎，涅而不緇。吾豈匏瓜也哉？焉能繫而不食？」〔註87〕

　　第一則對話記載的公山弗擾召孔子出仕，孔子顯得非常積極。據《史記·

〔註86〕　程樹德撰，程俊英、蔣見元點校：《論語集釋》第 4 冊，北京：中華書局，1990年版，第 1194 頁。

〔註87〕　程樹德撰，程俊英、蔣見元點校：《論語集釋》第 4 冊，北京：中華書局，1990年版，第 1200～1206 頁。

孔子世家》記載，定公八年公山弗擾不得意於季氏，正好在該年陽虎起事欲廢三桓之嫡，公山弗擾參與其事。後陽虎戰敗，逃亡他國，公山弗擾則留在費，其召孔子大約應該在該年之後。公山弗擾割據費郡對抗魯國，他是費郡此時的主政者。公山弗擾的背叛魯國、割據地方是一種不義的行爲，然而面對又一個不義之主，孔子出仕的態度卻越發堅定。孔子說：「如有用我者，吾其爲東周乎？」對於孔子的這句話，歷代注家的解釋基本一致，即孔子欲「興周道於東方。」〔註88〕由此可見，孔子對自己輔政公山弗擾的抱負與信心。然而，其中也體現了孔子欲仕不義之主的事實。

第二則對話同樣涉及孔子欲仕不義之主。佛肸爲晉國趙簡子家臣，於公元前 490 年在趙簡子封地中牟反叛了自己的主子，其召孔子也應在其時。再次面對不義之主的召喚，孔子仍然願往出仕。面對孔子的意願，子路極其反對，子路認爲君子不與不善的人爲伍。然而孔子在申明自己的高潔之志後，卻說：「吾豈匏瓜也哉？焉能繫而不食？」他認爲自己存在的價值必須通過參與政治才能體現。面對孔子欲仕不義之主的觀念，如何爲「聖人」孔子解套，著實讓後世學者傷透了腦筋。

皇侃在《論語義疏》中引江熙之言曰：「夫子豈實之公山、弗肸乎？故欲往之意耶。泛示無繫，以觀門人之情，如欲居九夷，乘桴浮於海耳。子路見形而不及道，故聞乘桴而喜，聞之公山而不悅，升堂而未入室，安知聖人之趣哉！」〔註89〕在皇侃的理解中，孔子是有意試探弟子是否願意仕不義之主，看看居於亂邦的弟子們意志是否堅定。然而皇侃忽略了一個基本的事實，在這則對話中反對孔子的子路恰恰在後來成爲了魯國權臣季氏的家宰。孔子試探子路以實現自己探賾弟子不願出仕的決心，卻推薦子路、子貢和冉有爲不義之主季氏的家臣，如此不是顯得牴牾嗎？

翟灝《四書考異》則說：「佛肸之畔，畔趙簡子也。簡子挾晉侯以攻范中行，佛肸爲范中行家邑宰，因簡子致伐，距之。於晉爲畔，於范中行猶爲義也。且聖人神能知幾，范中行滅，則三分晉地之勢成。三分晉地之勢成，則大夫自爲諸侯之禍起，其爲不善，較佛肸孰大小哉？」〔註90〕翟灝主要表

〔註88〕〔魏〕何晏注，〔宋〕邢昺疏，朱漢民整理，張豈之審定：《論語注疏》，北京：北京大學出版社，2000 年版，第 266 頁。

〔註89〕〔梁〕皇侃撰，高尚榘校點：《論語義疏》，北京：中華書局，2013 年版，第 452 頁。按，個別標點略有校改。

〔註90〕〔清〕翟灝：《四書考異》，收入《續修四庫全書》編委會編：《續修四庫全書》

達兩層意思，第一，佛肸是范中行家臣，范中行受趙簡子不義之伐，佛肸畔中牟以距，護主有義。第二，孔子是聖人，當他受到佛肸的召用時，已經洞察到了晉國極有可能被三家所分。如果孔子不受佛肸之昭，那麼「三家分晉」之勢成，而「三家分晉」後，比如導致晉國政治秩序的大亂。翟灝的論述義正詞嚴，卻漏洞百出。首先，佛肸不僅是范中行家臣，他更是晉國的臣下，以中牟畔，雖然護主有義，卻是對晉國的不義。佛肸以中牟畔與其說是正義之舉，不如說是一種政治站隊。第二，翟灝以孔子洞察到了「三家分晉」的未來作爲他解釋孔子受召佛肸的原因，將孔子「聖人化」到了極致。如果誠如翟灝所說，孔子面對子路的詰難，何以答之：「吾豈匏瓜也哉？焉能繫而不食？」翟灝將孔子「聖人化」的解釋與孔子的回答有天壤之別。

　　面對孔子欲仕不義之主，不乏學者捍衛孔子的聖人形象，但也有學者對孔子提出了質疑。王充針對孔子欲仕佛肸說：

> 　　子路引孔子往時所言以非孔子也。往前孔子出此言，欲令弟子法而行之，子路引之以諫，孔子曉之，不曰「前言戲」，若非而不可行，而曰「有是言」者，審有當行之也。「不曰堅乎？磨而不磷；不曰白乎？涅而不淄」，孔子言此言者，能解子路難乎？「親於其身爲不善者，君子不入也」，解之，宜〔曰〕：佛未爲不善，尚猶可入。……「不義而富且貴，於我如浮雲」，枉道食篡畔之祿，所謂「浮雲」者非也？或權時欲行道也？即權時行道，子路難之，當云「行道」，不〔當〕言〔食〕。有權時以行道，無權時以求食。……孔子之言，不解子路之難。子路難孔子，豈孔子不當仕也哉？當擇善國而入之也。
> 　　孔子自比匏瓜，孔子欲安食也。且孔之言，何其鄙也！〔註91〕

　　王充認爲，孔子面對子路對他欲仕佛肸的質疑，承認自己說過「親於其身爲不善者，君子不入也」，這是對子路觀點的認可。在這一觀點的基礎上，孔子用潔身自好的道理無法化解子路的疑惑。在王充的解釋系統裏，孔子最好的答疑方式是說：「佛未爲不善，尚猶可入。」然而孔子非但沒有如此表述，反而說出了：「吾豈匏瓜也哉？焉能繫而不食？」我們知道孔子十分重視權時

　　第 167 冊，上海：上海古籍出版社，1996～2003 年版，第 278 頁下欄。按，
　　標點符號爲引者所加。
〔註91〕黃暉撰：《論衡校釋（附劉盼遂集解）》第 2 冊，北京：中華書局，1990 年版，
　　第 426～427 頁。

行道的智慧，王充認爲孔子應該傳達權變的精神，而不應當屈從於現實。王充非常不滿意孔子的回答，認爲孔子的回答不僅不能化解子路的疑問，並且相當鄙陋。

王充的解釋未免偏激，然而其點明了孔子欲仕不義之主的念頭。無論是公山弗擾召孔子出仕，還是佛肸召，孔子欲仕不義之主的念頭都相當明顯。透過這兩章，我們看到了孔子身處亂世，積極出仕的選擇。究其原因，孔子不僅是一個懷抱理想的從政之人，他也是一個面對現實的從政之人。在孔子所處的春秋之世，政治秩序至上而下潰亂，有德之君不復存在，不義之主處處可見。誠如劉寶楠所說：「且其時天下失政久矣，諸侯畔天子，大夫畔諸侯，少加長，下凌上，相沿成習，恬不爲怪。若必欲棄之而不與易，則淘淘皆是，天下安得復治？」〔註92〕孔子的仕或不仕並不能改變君主是否有德，然而孔子的出仕卻能在一定程度上改變有助於國家的治理。

孔子欲仕不義之主的念頭同樣符合孔子「君臣共治」的政治思想，在孔子看來，決定自己是否從政的主要條件不是君主的義與不義，而是君主是否願意使用自己。基於這樣的意識，當公山弗擾和佛肸這兩位不義之主有意召而用孔子的時候，他欣然願往，並有大展宏圖的志向。思想史上對孔子欲仕不義之主的誤解，主要源於學者不能理解春秋時的政治背景和孔子的政治思想。周代政治的一個重要特徵就是對於賢士的尊重，而周代封邦建國的國家組織模式，又促成了士人可以憑藉自己的所學「選擇」爲哪個諸侯國的執政者效勞。因此，周代的政制特性賦予士人極大的獨立人格，孔子就說：「君使臣以禮，臣事君以忠。」〔註93〕孔子認爲，當君主禮遇臣下的時候，臣下才會對君主忠誠。孟子則更激烈地說：「君之視臣如手足，則臣視君如腹心；君之視臣如犬馬，則臣視君如國人；君之視臣如土芥，則臣視君如寇讎」，荀子亦有「從道不從君」〔註94〕的經典論述。所以，這種時代背景賦予了孔子選擇君主的極大主動性，面對君主的召用，懷抱「共治」理想的孔子也願意一展身手，這就是孔子欲仕不義之主的原因。

〔註92〕〔清〕劉寶楠撰，高流水點校：《論語正義》下冊，北京：中華書局，1990年版，第684頁。

〔註93〕程樹德撰，程俊英、蔣見元點校：《論語集釋》第1冊，北京：中華書局，1999年版，第197頁。

〔註94〕〔清〕王先謙撰，沈嘯寰、王星賢點校：《荀子集解》下冊，北京：中華書局，1988年版，第529頁。

五、身處「無道」之邦的選擇

　　孔子的政治思想存在著理想之域和現實之境，「有道」的理想和「無道」的現實構成了孔子對政治的理解，觸發他做出仕、進、退、隱的選擇。孔子的從政之路是坎坷的，他的出仕選擇也分外糾結，透過《論語》中對孔子言論的記載，我們會發現，但凡孔子論及「有道」，一定會同時申以「無道」，茲列表於下：

篇　　目	有　　道	無　　道
《公冶長》	邦有道，不廢	邦無道，免於刑戮
《公冶長》	邦有道則知	邦無道則愚
《泰伯》	天下有道則見	無道則隱
《泰伯》	邦有道，貧且賤焉，恥也	邦無道，富且貴焉，恥也
《憲問》	邦有道，穀	邦無道，穀，恥也
《衛靈公》	邦有道，如矢	邦無道，如矢
《衛靈公》	邦有道，則仕	邦無道，則可卷而懷之

　　我們注意到，但凡他提到「有道」之國家時，必定會加上「無道」之國家做進一步闡發。國家的「有道」是孔子理想的政治境況，國家的「無道」是孔子親臨的政治現實，二者構成了孔子在現實政治中的狀態和出仕選擇。孔子說：「邦有道，穀；邦無道，穀，恥也」〔註95〕，他認為在無道之邦出仕，獲得國君的俸祿是一種恥辱。孔子說：「邦有道，則仕；邦無道，可卷而懷之」〔註96〕，他認為在無道之邦，最好的選擇不是出仕，而是退隱。孔子還指明了在無道之邦必須謹慎自己的言行，《論語‧憲問》記載：「邦有道，危言危行；邦無道，危行言孫」〔註97〕。而子貢問孔子：「有美玉於斯，韞匵而藏諸？求善賈而沽諸？」孔子的回答是：「沽之哉！沽之哉！我待沽者也。」〔註98〕

〔註95〕程樹德撰，程俊英、蔣見元點校：《論語集釋》第3冊，北京：中華書局，1990年版，第946頁。

〔註96〕程樹德撰，程俊英、蔣見元點校：《論語集釋》第4冊，北京：中華書局，1990年版，第1068頁。

〔註97〕程樹德撰，程俊英、蔣見元點校：《論語集釋》第3冊，北京：中華書局，1990年版，第950頁。

〔註98〕程樹德撰，程俊英、蔣見元點校：《論語集釋》第2冊，北京：中華書局，1990年版，第601頁。

由此可見，孔子出仕的願望相當急切。身處「無道」之邦，仕與退，可謂是孔子內心的一組糾結。但是，孔子表現出的狀態並不如其分析「有道」與「無道」那樣辯證，而是始終保持積極的求仕之心。

孔子的出仕經歷豐富且坎坷。根據《史記‧孔子世家》的記載，孔子早年是積極出仕的。公元前 535 年，孔子 17 歲之後出仕爲官，當時從事的是「季氏史」，也曾做過「司職吏」〔註99〕。公元前 517 年，孔子 35 歲時，因魯國內亂，孔子適齊「爲高昭子家臣，欲以通乎景公」〔註100〕。在齊國期間，齊景公一度也很欣賞孔子，先是準備把尼溪那塊田賞封給他，後來又準備「以季、孟之間待之」〔註101〕。然而封尼溪田一事，因晏嬰在齊景公面前說了一通儒者華而不實的話，景公取消了這一念頭。後因齊大夫想加害孔子，孔子離開齊國，回到了魯國。在孔子回到魯國後，孔子主要從事教學的工作，然而就在這一時期公山弗擾和佛肸欲召孔子出仕，孔子都表現出了出仕的欲望。公元前 502 年，孔子 50 歲，「定公以孔子爲中都宰，一年，四方皆則之。由中都宰爲司空，由司空爲大司寇」〔註102〕，孔子在「知天命」之年達到了從政生涯的巔峰。公元前 498 年，孔子 56 歲，因爲「桓子卒受齊女樂，三日不聽政；郊，又不致膰俎於大夫」〔註103〕，孔子失望地離開魯國，周遊列國，另謀仕途。孔子周遊列國一共 14 年，一直尋找合適的機會，並在衛國行「際可之仕」（衛靈公）和「公養之仕」（衛出公）〔註104〕。

〔註99〕 〔漢〕司馬遷撰，〔宋〕裴駰集解，〔唐〕司馬貞索引，〔唐〕張守節正義：《史記》第 6 冊，北京：中華書局，1959 年版，第 1909 頁。

〔註100〕 〔漢〕司馬遷撰，〔宋〕裴駰集解，〔唐〕司馬貞索引，〔唐〕張守節正義：《史記》第 6 冊，北京：中華書局，1959 年版，第 1910 頁。

〔註101〕 〔漢〕司馬遷撰，〔宋〕裴駰集解，〔唐〕司馬貞索引，〔唐〕張守節正義：《史記》第 6 冊，北京：中華書局，1959 年版，第 1911 頁。

〔註102〕 〔漢〕司馬遷撰，〔宋〕裴駰集解，〔唐〕司馬貞索引，〔唐〕張守節正義：《史記》第 6 冊，北京：中華書局，1959 年版，第 1915 頁。

〔註103〕 〔漢〕司馬遷撰，〔宋〕裴駰集解，〔唐〕司馬貞索引，〔唐〕張守節正義：《史記》第 6 冊，北京：中華書局，1959 年版，第 1918 頁。

〔註104〕 《孟子‧萬章》記載孟子曰：「孔子有見行可之仕，有際可之仕，有公養之仕。於季桓子，見行可之仕也於衛靈公，際可之仕也於衛孝公，公養之仕也」，見〔清〕焦循撰，沈文倬點校：《孟子正義》下冊，北京：中華書局，1987 年版，第 705～706 頁。孫奭在《孟子注疏》中指出：「《史記》諸家於衛國並無孝公，所謂公養之仕，但言以養賢之禮養孔子也。今按《史記》紀孔子，則亦衛靈公也。」見〔清〕阮元校刻：《十三經注疏（附校勘記）》下冊，北京：中華書局，1980 年版，第 2744 頁。

公元前 483 年，孔子 69 歲返魯，「魯終不能用孔子，孔子亦不求仕」，從此專行教道直至老死。從孔子的求仕經歷可以看出，孔子一生大部分時間都在從政或找尋從政的機會，只有在定公初年魯國內亂和哀公十一年周遊列國返魯的兩個時期專門從事教化工作。由此可見，孔子的求仕欲望並不因亂世而衰減。

　　值得一提的是，孔子在周遊列國時，曾讓子路向隱士長沮和桀溺詢問渡口，然而子路並沒有得到答案，卻被申之以：「滔滔者天下皆是也，而誰以易之？且而與其從辟人之士也，豈若從辟世之士哉？」〔註 105〕其意爲在亂世之中，孔子應當追隨隱士的辟世的方法，而不是選擇辟人的方法，周遊列國而無所成功。面對隱士的質疑，孔子憮然曰：「鳥獸不可與同群，吾非斯人之徒與而誰與？天下有道，丘不與易也。」朱熹爲此句作注到：「憮然，猶悵然，惜其不喻己意也。言所當與同群者，斯人而已，豈可絕人逃世以爲潔哉？天下若已平治，則我無用變易之。正爲天下無道，故欲以道易之耳。」〔註 106〕從孔子的喟歎可以看出，孔子認爲正因爲「天下無道」，才需要積極出仕的人去化解天下的亂象。然而，孔子在魯哀公十一年結束周遊列國，返回魯國專致教化。早年那個積極出仕的孔子，變成了一個專門從事教化的孔子，「或人」「子奚不爲政」的困惑正是由此而發。孔子將自己晚年的專行教化定性爲一種參與政治的方式，正是在「天下無道」之時代背景下的一種選擇。

　　《論語‧季氏》記載了一則孔子討論「天下有道」的言論：「天下有道，則禮樂征伐自天子出；天下無道，則禮樂征伐自諸侯出。自諸侯出，蓋十世希不失矣；自大夫出，五世希不失矣；陪臣執國命，三世希不失矣。天下有道，則政不在大夫。天下有道，則庶人不議。」〔註 107〕在這一則語錄中，共出現三次「天下有道」，這使我們有意願探究何爲孔子所謂的「天下有道」。「道」高於國家、社會、政治等萬物之上，它是與天下國家、君主仕者、黎民百姓緊密相關的，是這一切所要遵循的準則。而「天下無道」，就是國家、社會、政治失去了其應具有的準則，其表現則是天子、諸侯不依道行事和黎明百信

〔註 105〕程樹德撰，程俊英、蔣見元點校：《論語集釋》第 4 冊，北京：中華書局，1990年版，第 1265～1270 頁。

〔註 106〕〔宋〕朱熹撰：《四書章句集注》，北京：中華書局，1983 年版，第 184 頁。

〔註 107〕程樹德撰，程俊英、蔣見元點校：《論語集釋》第 3 冊，北京：中華書局，1990年版，第 1141 頁。

的貶議。馮友蘭曾經把孔子所說的「天下無道」總結爲三種情況：一是「禮樂征伐」的大權層層下移。二是政在大夫，甚而至於在「陪臣」手裏。三是庶人也議論政事。〔註108〕

「天下無道」狀態下君主權力的下移是有多方面原因的，但最重要的原因就是君主的失德。何晏是這樣解釋「天下有道」章的：「周幽王爲犬戎所殺，平王東遷，周始微弱。諸侯自作禮樂，專行征伐，始於隱公。至昭公十世失政，死於干侯矣。孔曰：『季文子初得政，至桓子五世，爲家臣陽虎所囚。』」〔註109〕何晏描述了此章所揭示的權力下移現象，而我們分析失政的君主，從周幽王到魯召公，再到季桓子，皆有明顯失德的君主。中國古代政治穩定的先決條件就是擁有具備德性的君主，從這個意義上說，君主的德性代表著政治的合法性。

「天下無道」的本質原因是君主的失德，君主失德便失去了足夠的領導力來引導政治。而臣下的失德，使天下失序的狀態進一步惡化。《大戴禮記·曾子制言篇》：「今之所謂行者，犯其上，危其下，衡道而強立之，天下無道故。若天下有道，則有司之所求也。」〔註110〕在「天下無道」的國家狀態下，臣下爲所欲爲，犯上凌下，橫行霸道。而天子又沒有足夠的實力對破壞禮制的臣下予以警告和懲罰，以致於社會秩序惡性循環。

在社會秩序每況愈下的狀態下，執政者最害怕的就是因人心浮動而造成的社會動亂。中國政治的穩定性是建立在民眾的信任之上的，因此孔子說：「民無信不立」。民心的向背直接關係到政治的穩定或崩潰，因此百姓對政治的議論成爲了評價政治好壞的標準之一。《國語》有言「防民之口，甚於防川」〔註111〕，如果一個國家的百姓對政治報以極大的怨恨和貶議，意味著這個國家在治理上出現了巨大的問題。

孔子清醒地認識到國家「無道」的本質原因是君主和臣下的失德，因此要化解國家的亂象，就要對執政者進行教化。因此，孔子在晚年專門從事教

〔註108〕馮友蘭著：《中國哲學史新編》上冊，北京：人民出版社，1998 年版，第 143 頁。

〔註109〕〔魏〕何晏注，〔宋〕邢昺，朱漢民整理，張豈之審定：《論語注疏》，北京：北京大學出版社，2000 年版，第 254～255 頁。

〔註110〕〔清〕王聘珍撰，王文錦點校：《大戴禮記解詁》，北京：中華書局，1983 年版，第 89 頁。

〔註111〕徐元誥撰，王樹民，沈長雲點校：《國語集解》（修訂本），北京：中華書局，2002 年版，第 11 頁。

化，希望通過教化來引導政治。在孔子看來，教化執政者實際上也是一種參
與政治的行爲，儒師通過對現實政治的引導，踐行著自己對政治的責任。通
過教化執政者來參與政治，是孔子孔子在仕、進、退、隱之糾結中的另一種
爲政選擇，我們可稱之爲「退而不隱」。

第四章 內聖外王：孔子的「素王」之路

孔子以教化爲一種政治實踐，體現了他退而不隱的入世思想，在這種現實選擇背後是他踐行的「君臣共治」的政治理想。孔子的「君臣共治」理想與儒家的「內聖外王」思想緊密相關。「內聖外王」語出《莊子·天下篇》：「是故內聖外王之道，暗而不明，鬱而不發，天下之人，各爲其所欲焉，以自爲方。」〔註1〕在道家小國寡民的社會組織理想下，個人內在的完美修爲可以促成個人成爲國家的「王」。在思想史的發展中，道家「內聖外王」的思想由於缺少國家體制的支持，漸漸式微，而儒家因其思想的內在機理逐漸被學人視爲「內聖外王」在古代社會的最好代表。

一、孔子「內聖外王」思想的基本內容

「內聖」與「外王」息息相關，互爲表裏，前者是指個體的內在修德，後者是內在修德的外化表現。「內聖」是臻於完美的人格呈現，無論是「聖人」還是「至人」都是道家所推崇的理想人格。在孔子的言行中，儘管未對「內聖外王」的思想進行規範而明確的闡釋，但是「內聖外王」的思想卻已隱含其中。「仁」是孔子思想的核心之所在，所謂「仁」，實則就是修身養性的最高境界，是人對德行追求的極致。「仁」與「聖」的境界存在很大的差異。「仁」帶有鮮明的個人修養的屬性，同外界毫無關係；但是「聖」與外界聯繫緊密，

〔註1〕 〔清〕郭慶藩撰，王孝魚點校：《莊子集釋》第 4 冊，北京：中華書局，1985 年版，第 1069 頁。

是「王」的重要基石。「外王」是政治理想的集中體現。《荀子・解蔽》有云：「聖也者，盡倫者也；王也者，盡制者也。」〔註2〕荀子將之上升到「王」和「聖」的高度，認爲「聖」是個人修德的終極追求；而「王」則是內在的最高境界。除此之外，「王」還要追求王道這一境界。在荀子的思想意識中，「聖」與「王」兼而有之才是人生的最高境界，實現二者的有機統一才堪稱正道。「內聖外王」是孔子追求的政治願望和人格理想，作爲一種思想，能夠在兩千多年的歷史長河中依然繁盛不衰，自有其必然性。探究孔子「內聖外王」思想能夠保持長久生命力的原因，就在於其順應了歷史發展規律。孔子「內聖外王」思想具體闡釋了政治理想與人格理想得以實現的方式方法，認爲理想人格只有融入到政治理想的追求之中，才能夠凸顯現實意義和價值。

從人格理想的角度來審視，「內聖外王」集中表現爲：第一，做到自尊自愛，同時將這一思想推及到他人身上。毋庸置疑，任何一個人都擁有著想要獲得他人尊敬與愛護的固有本性。但是想要獲取就需要從自身做起，先行做到對自己尊重和愛護，只有建立在自尊自愛的基礎上，延伸至他人的尊敬與愛護才能夠體現實際意義。第二，將對自我和對社會的滿足融爲一體。孔子曾言：「夫人者，己欲立而立人，己欲達而達人」。〔註3〕己立和己達是個體行爲的起點，終點和歸宿則是立人和達人。在實現個人滿足的基礎上將其推及到他人身上，實現對他人的滿足，這才應該是仁者之道。第三，實現成己與成物的有機融合。《中庸》有云：「君子誠之爲貴。誠者，非自成己而已也，所以成物也。成己，仁也；成物，知也。性之德也，合外內之道也，故時措之宜也。」〔註4〕這就表明，成己、成物，實現二者有機統一是君子人生價值的體現，能夠使宇宙萬物臻於完美。可以說，個人價值是社會價值實現的重要基礎，社會價值則反作用於個人價值，二者是辯證統一的關係。

倫理是儒家思想強調的重點，在儒家看來，倫理力量在教化人心上作用強大。但是倫理力量還需要輔以政治力量才能夠眞正發揮自身作用。從這一層面來看，普通的個人很難實現，只有統治者才能夠有效借助道德和國家政

〔註2〕 〔清〕王先謙撰，沈嘯寰、王星賢點校：《荀子集解》下冊，北京：中華書局，1988 年版，第 407 頁。

〔註3〕 程樹德撰，程俊英、蔣見元點校：《論語集釋》第 2 冊，北京：中華書局，1990 年版，第 428 頁。

〔註4〕 〔漢〕鄭玄注，〔唐〕孔穎達疏，龔抗云整理，王文錦審定：《禮記正義》第 3 冊，北京：北京大學出版社，1999 年版，第 1450 頁。

權的力量將之落到實處。儒家對政治和道德的統一給予高度關注，集中表現
爲：第一，「非聖人莫之能王」。《中庸》中認爲舜擁有崇高的德行，所謂「德
爲聖人」，因此必然「富有四海之內」，而「大德者必受命」也在情理之中。
第二，《大學》有云：「身修而後家齊，家齊而後國治，國治而後天下平。自
天子以至於庶人，一是皆以修身爲本，其本亂而末治者否矣。」〔註5〕國君擁
有無上的地位，首先應該注重德行修爲，將自己培養成爲正人君子，用自己
的崇高德行教化百姓，以自身的修德使天下臣服，也即「其身正而天下歸之」。
注重自身修德對於輔佐君主的官僚和讀書人的修身養性來說同樣重要。前者
需要「上酬聖主，下恤黎民」，在酬答君主和體恤百姓上要做到盡心盡力；後
者則借助對自身高尚品德的培養，爲建立功業、實現個人價值奠定堅實基礎。
第三，政教合一。政治同教化息息相關，要想實現政治理想，就需要教化做
強有力的支撐。比之於善政，善教更能夠感化百姓，贏得民心。孔子曰：「道
之以政，齊之以刑，民免而無恥；道之以德，齊之以禮，有恥且格」〔註6〕。
道德與政治密不可分，「內聖」是「外王」的重要構成要素，而「外王」則是
「內聖」的發展趨向，也是「內聖」的必然結果。

　　「修齊治平」是孔子「內聖外王」思想的表現形式，代表了一種政治理
想，同時也是人格理想的體現。長久以來，作爲「內聖外王」的具體表現形
式，「修齊治平」都是歷代仁人志士的不懈追求。在儒家的觀點中，作爲君子，
就應該有所作爲，建立功勳，實現個人價值。因此，才有荊軻刺秦王和班超
「投筆從戎」的壯舉。將個人道德修養融入政治目標之中，在政治理想的實
現中凸顯人生意義，實乃中國傳統文化的精妙之處。正所謂「窮則獨善其身，
達則兼濟天下，內備聖人之德、外具王者之風」。在儒家的「內聖外王」思想
中，「內聖」與「外王」分屬於手段和目的，在個人修養心性、磨練品行的過
程中，理想人格漸趨完善。在「內聖」的作用下，「外王」才得以實現。

二、孔子「內聖外王」思想的基本特徵

　　「內聖外王」思想主要包括兩方面內容：一是「內聖」，指的是人們所具
有的理想人格；二是「外王」，其更多地側重於政治層面，是對王的境界的追

〔註5〕〔漢〕鄭玄注，〔唐〕孔穎達疏，龔抗云整理，王文錦審定：《禮記正義》第3
　　　　冊，北京：北京大學出版社，1999年版，第1592頁。
〔註6〕程樹德撰，程俊英、蔣見元點校：《論語集釋》第1冊，北京：中華書局，1990
　　　　年版，第68頁。

求。在特定的歷史時期，理想人格是備受推崇的性格類型，也會成爲社會的道德標準和價值取向。孔子一直奉行「仁愛」，強調執政者要具有高尚的品格，唯有如此才能夠治理好國家，這一理念就是所謂的「修己治人」。「修己安人」是「內聖外王」必須的階段。

第一，個人價值與社會價值相統一。儒家思想極爲重視個體所具有的社會性，認爲人需要生活在社會中，這一觀點和馬克思的社會屬性理論有共通之處。荀子對此非常贊同：「人生不能無群。」〔註7〕任何人都存在於不同類型的社會關係之中，也扮演著複雜的社會角色，應該看到，任何人都無法脫離社會而存在，因此需要處理好個體和社會之間的關係。而儒家所倡導的「內聖外王」思想對此有著清晰的認識。這一思想認爲，個體在生活、學習、工作的每個環節都在不知不覺地與他人交往，據此來看，人具有極強的社會屬性。孔子「內聖外王」思想也深刻地意識到人與社會存在不可分割且相互依存的關係，提出個人價值轉化爲社會價值的必要性，進而實現自身的存在意義。

第二，道德與政治相統一。「內聖外王」思想涉及的領域較爲廣泛，談道德的同時也談政治。如果政治失去了道德約束，那就是亂政，最終會盡失民心落得被人民推翻的可悲下場。孔子在千年之前就已經意識到這一點，提出「苛政猛於虎」的論斷。在孔子的思想理念中，要想成爲一個政治家，首先就要成爲一個道德家，國家統治者需要具有仁愛精神，成爲道德上的領導者。而作爲官吏，則要上通聖意，下愛百姓。儒家主要是對「仕人」進行教育，進而覆蓋到全體百姓。儒家實施教育的主要工具和手段就是禮樂典章，其目的就在於撫平百姓心中之不平，穩定民心。由此可見，在儒家所倡導的「內聖外王」思想中，政治和道德互爲表裏，彼此作用，政治的維護需要道德教化爲之保駕護航，而教化的實施也能助力政治理想的實現。也就是說，要想「治人」，先要做到「修己」；而實現了「修己」，「治人」也會更加成功。

第三，「體」與「用」相統一。「體」與「用」的統一也是「內聖外王」思想在政治理想與人格理想上的重要體現。「體」就是「明體」，「用」就是「達用」，二者分指學問和事業。進一步解釋，就是傳統意義上的「經世致用」。

〔註7〕〔清〕王先謙撰，沈嘯寰、王星賢點校：《荀子集解》上冊，北京：中華書局，1988年版，第164頁。

儒家認為做學問與立事業同等重要，學習經典理論的目的在於探求古代聖賢修己治人之道，在掌握知識的基礎上助推事業發展，最終實現政治理想和人格理想。孔子認為，學詩與學禮具有重大意義，因為「不學詩無以言」，「不學禮無以立」。〔註8〕思想家李摯有言，「明體」與「達用」體現統一性，二者相互依存，只有有機結合在一起，才能實現「體為真體，用為實用」，如果內無法「明道存心」，外無法「經世宰物」，那麼「體」和「用」都不具有實際意義，也即「體為虛體，用為無用」。因此顏元指出：「但見孔子敘《書》、傳《禮》、刪《詩》正《樂》、繫《易》、作《春秋》，不知是裁成習行經濟譜，望後人照樣去做，卻誤認纂修文字是聖人，則我傳述注解是賢人，讀之熟、講之明而會作書文者，皆聖人之徒矣，遂合二千年成一虛花無用之局，而使堯、舜、周、孔之道盡晦。」〔註9〕在很多學者看來，聖賢的事業就是編撰文字，傳述注解，並不涉及經世濟民之道。很顯然，這一觀點只是立足於理論層面對聖賢事業進行闡釋，脫離實踐，毫無實際意義。從這一層面來看，孔子「內聖外王」思想是建立在實踐基礎上的理論說教，實現了理論與實踐的完美融合。

歷經千年，時至今日，孔子「內聖外王」思想依然閃耀著光芒，無論是對於個人思想的健康成長還是未來的成才都具有重大的現實意義。具體來看，就是在成長的過程中，個人砥礪品性，兼修德行，使自身人格日臻完美，借助切實的努力，將個人命運與國家命運緊密地聯繫起來，站在國家和民族的角度審視自身責任，樹立遠大理想，自覺實現個人價值與社會價值的有機統一。孔子「內聖外王」思想認為「內聖」對於「外王」產生至關重要的影響，因此個人的內在修養極為關鍵。完美人格的塑造需要建立在完善個人道德品行的基礎之上，在做事上本著對國家、民族和社會高度負責的態度，在個人的積極努力之下，竭盡所能為國家和社會發展貢獻應有的力量。借助內外兼修彰顯人生價值，凸顯人生意義。

孔子「內聖外王」思想對內省給予重點關注。所謂「內省」就是本著「有則改之，無則加勉」的原則不斷剖析自己的言行，辨明是非曲直和善惡對錯，開展自我批評，在認識到個人過失的基礎上積極改正，以此提升個人道德水

〔註8〕程樹德撰，程俊英、蔣見元點校：《論語集釋》第 1 冊，北京：中華書局，1990年版，第 1168～1169 頁。

〔註9〕牟宗鑒著：《儒學價值的新探索》，濟南：齊魯書社，2001 年版，第 199～202頁。

準。在儒家「內聖外王」的思想發展中，處處都能夠看到內省的影子。孔子認爲個人應該做到「內自省」，其弟子曾子則「吾日三省吾身」。亞聖孟子提出了「自反」、「反求諸己」的思想主張。《易傳》中也有內省的內容，認爲人應該「修省」自身。在前人的基礎上，思想家進一步拓展了內省的內涵，提出了「責己」說。一言以蔽之，就是自我批評。宋、明之後出現的「省察」一詞與古代的內省有著異曲同工之妙。對自我的內在反省是一種勇於正視己過、嚴於律己的可貴精神，儘管經歷了漫長的發展歲月，但是直至今日，內省依然閃爍光輝，依然是我們需要傳承和發揚的寶貴精神財富。

三、素王「孔子」的成立

「內聖外王」是孔子政治思想的主線，也是他政治實踐的思路。孔子幼年學禮，通過禮制實踐，完善內心仁德；成年從政，懷抱「君臣共治」之理想，嘗試實踐自己的政治理想；晚年施教，教化弟子三千，將君子之思想傳遍天下。孔子一生未能成爲現實的「王」，然而他在「修齊治平」的政治實踐中，實踐了自己「王天下」的心路歷程。《左傳‧襄公二十四年》有言：「太上有立德，其次有立功，其次有立言，雖久不廢，此之謂不朽。」〔註10〕孔子一生，明德立禮，是爲「立德」；教化群英，是爲立功；刪述《春秋》，是爲立言。孔子一生行跡已是「不朽」，可以成「王」，然其仕途困頓，爲人稱爲「累累若喪家之犬」〔註11〕，其無至高之政位卻爲事實。漢代以後，隨著儒家制度化的進程，孔子被尊爲「素王」，其「內聖外王」之志於生前有憾，在死後成眞。

（一）立德：聖德天授，明禮通天

董仲舒是西漢春秋公羊學的宗師，他在《天人三策》中用春秋公羊學的義理來闡釋「孔子言」，孔子「素王」地位的最初成立也是在公羊學的詮釋之下的。《天人三策》載孔子曰：「鳳鳥不至，河不出圖，吾已矣夫！」〔註12〕董子在這句話之後解釋到「自悲可致此物，而身卑賤不得致也。」〔註13〕孔

〔註10〕劉勳著：《春秋左傳精讀》第 3 冊，北京：新世界出版社，2014 年版，第 1128 頁。

〔註11〕〔漢〕司馬遷撰，〔宋〕裴駰集解；〔唐〕司馬貞索隱；〔唐〕張守節正義：《史記》第 6 冊，北京：中華書局，1959 年版，第 1921 頁。

〔註12〕〔漢〕班固撰，〔唐〕顏師古注：《漢書》第 8 冊，北京：中華書局，1962 年版，第 2503 頁。

〔註13〕〔漢〕班固撰，〔唐〕顏師古注：《漢書》第 8 冊，北京：中華書局，1962 年

子將「鳳鳥不至，河不出圖」與自己的境遇聯繫起來，體現出他思維世界中的天命意識，也表現出在禮崩樂壞的春秋末年孔子匡扶天下的責任情懷。而董子的詮釋揭示了天命與王位在孔子身上的矛盾，他認為孔子自識可以得到天命，卻因為無王位而無法得到天命。

在中國古人的思維世界中，「天命」是與生俱來的，因為世襲王位的關係，天子生來就有「天命」。孔子雖然沒有王位，但是在當時許多人看來，孔子生來就具有「天命」。胡適在《說儒》中提出，在殷亡之後，殷遺民中曾流傳著一個預言（「懸記」）：將有一位「王者」起來，完成殷的「中興」大業。但是，到了孔子的時代，「他們好像始終保存著民族復興的夢想，漸漸養成了一個『救世聖人』的語言」〔註14〕，而孔子正是這一應運而生的「聖人」。在孔子在世之時，他就被身邊的人視作聖人。《論語・子罕》記載，太宰問於子貢曰：「夫子聖者與？何其多能也？」子貢曰：「固天縱之將聖，又多能也。」〔註15〕據此，在當時的部分官員和孔子的弟子眼中，孔子就是天生的聖人。然而，孔子自己並不以「聖人」自居，他說：「若聖與仁，則吾豈敢。」〔註16〕。當他面對太宰和子貢的讚美時，他是用「君子」來指代自己。在《論語・八佾》所記載的「儀封人請見」一章中，「儀封人」亦用「君子」指稱孔子：「君子之至於斯也，吾未嘗不得見也。」之後說：「二三子何患於喪乎？天下之無道久矣，天將以夫子為木鐸。」〔註17〕在「儀封人」看來，孔子是「君子」中出類拔萃者，他稟受天命，上天賦予夫子傳道、救世的使命。由此，與其說孔子是「君子」，不如說他是「聖人」更為貼切「儀封人」的想法。

日本學者白川靜曾經對孔子時代的「聖」字做過詮釋，聖字「會意，『耳』、『口』、『壬』組合之字。『壬』為踮起腳尖站立者的側視圖。『口』為『ㅂ』，置有向神禱告的禱辭的祝咒之器。『壬』上寫有大『耳』，強調地表示聽（聽）的動作。古人相信耳可以捕捉到神聲，儘管神聲微乎其微。誦詠祝詞，踮起

版，第 2503 頁。

〔註14〕 胡適著：《說儒》，桂林：灘江出版社，2013 年版，第 49 頁。

〔註15〕 程樹德撰，程俊英、蔣見元點校：《論語集釋》第 2 冊，北京：中華書局，1990 年版，第 579～583 頁。

〔註16〕 程樹德撰，程俊英、蔣見元點校：《論語集釋》第 2 冊，北京：中華書局，1990 年版，第 500 頁。

〔註17〕 程樹德撰，程俊英、蔣見元點校：《論語集釋》第 1 冊，北京：中華書局，1990 年版，第 219 頁。

腳尖向神禱告，可以聽到神明的詔示的人，謂『聖』，即聖職者」〔註18〕。概而言之，「聖人」是可以與天神相往來的人，孔子被視爲「聖人」，實際上內蘊著他獲得了「天命」的詔示。雖然，終孔子一生，他都不願以「聖人」自稱，但是，夫子並不否認自己獲得了天命。

《論語・子罕》載，子畏於匡，曰：「文王既沒，文不在茲乎？天之將喪斯文也，後死者不得與於斯文也；天之未喪斯文也，匡人其如予何？」〔註19〕《論語・述而》載，子曰：「天生德於予，桓魋其如予何？」〔註20〕《史記・孔子世家》還原了後一處話語的情境，孔子去曹適宋，與弟子習禮大樹下。宋司馬桓魋欲殺孔子，拔其樹。孔子去。弟子曰：「可以速矣。」孔子曰：「天生德於予，桓魋其如予何？」〔註21〕通過上述兩處引文，我們可以看出孔子的天命意識是自覺的。當受困於匡時，孔子認爲自己稟賦了上天所授予的傳佈禮樂文化的使命；當遇難於宋時，孔子申明自己的德行是上天授予的。

與當時人對孔子生而得「天命」的認識不同，夫子認爲自己獲得「天命」是長時間積累的過程。《論語・述而》載，子曰：「我非生而知之者，好古，敏以求之者也。」〔註22〕孔子還說：「吾十有五而志於學，三十而立，四十而不惑，五十而知天命，六十而耳順，七十而從心所欲，不踰矩。」〔註23〕此處引文可視爲夫子的晚年定論，它意味著，經歷了五十年左右的時光，孔子才確信自己知曉了「天命」。既然夫子否定了自己的「生而知之」，那麼他是通過怎樣的過程才「知天命」的呢？筆者認爲，孔子「知天命」源於他對禮樂文化長時間的學習和探索。

《論語・季氏》記載了孔子對孔鯉「學禮以立」的教誨，而在《論語・

〔註18〕　（日）白川靜著：《常用字解》，北京：九州島出版社，2010 年版，第 253～254 頁。

〔註19〕　程樹德撰，程俊英、蔣見元點校：《論語集釋》第 2 冊，北京：中華書局，1990 年版，第 578～579 頁。

〔註20〕　程樹德撰，程俊英、蔣見元點校：《論語集釋》第 2 冊，北京：中華書局，1990 年版，第 484 頁。

〔註21〕　〔漢〕司馬遷撰，〔宋〕裴駰集解；〔唐〕司馬貞索隱；〔唐〕張守節正義：《史記》第 6 冊，北京：中華書局，1959 年版，第 1921 頁。

〔註22〕　程樹德撰，程俊英、蔣見元點校：《論語集釋》第 2 冊，北京：中華書局，1990 年版，第 480 頁。

〔註23〕　程樹德撰，程俊英、蔣見元點校：《論語集釋》第 1 冊，北京：中華書局，1990 年版，第 70～76 頁。

堯曰》中，夫子說：「不知禮，無以立。」〔註24〕結合他「三十而立」的晚年斷語，我們可以得出，孔子認爲禮樂文化是人安身立命的基本條件。我們知道孔子「年少好禮」〔註25〕，到了三十多歲時，他已經是魯國最富盛名的禮學專家。以至於魯國貴族孟僖子將死前召其大夫曰：「禮，人之幹也；無禮，無以立。吾聞將有達者曰孔丘，聖人之後也……臧孫紇有言：『聖人有明德者，若不當世，其後必有達人。』今其將在孔丘乎？我若獲，必屬說與何忌於夫子，使事之，而學禮焉，以定其位。」〔註26〕後來何忌（即孟懿子）果然和另一位魯人南宮敬叔同時「師事仲尼」。孟僖子的臨終遺言將孔子視爲「聖人之後」，並認爲夫子之所以可以成爲聖人，是因爲他領悟了禮樂文化的眞諦，並因此培養起自己的聖人之德。

　　孟僖子的言語將孔子、禮、德性和聖人聯繫了起來。上文已經論述了聖人與「天命」的關係，而在孔子的時代，禮樂文化也與「天命」息息相關。《左傳》文公十五年（公元前612年）季文子說：「禮以順天，天之道也。」〔註27〕《左傳》昭公二十五年（公元前517年）追記子產對「禮」的界說云：「夫禮，天之經也，地之義也，民之行也。」〔註28〕在春秋時期，知識分子普遍認爲禮樂文化的根源在於天道。孔子稱自己「五十而知天命」，正是通過長時間的學禮、行禮、立於禮、領悟禮的過程，最終洞悟了禮樂文化的眞諦來源於天。孔子對自己得天命的意識是建立在學禮的過程中的，而他所自信的「天生德於予」亦是在不斷學禮的過程中形成的。

　　在孔子的思維世界中，禮是德的表現，德內蘊於禮中，孔子往往用「仁」來指代禮中之「德」。孔子說：「人而不仁，如禮何？人而不仁，如樂何？」〔註29〕由此可見，禮與仁互爲表裏，禮是仁的外在行爲，仁是禮的內在德性。

〔註24〕　程樹德撰，程俊英、蔣見元點校：《論語集釋》第4冊，北京：中華書局，1990年版，第1378頁。

〔註25〕　〔漢〕司馬遷撰、〔宋〕裴駰集解、〔唐〕司馬貞索引、〔唐〕張守節正義：《史記》第6冊，北京：中華書局，1959年版，第1908頁。

〔註26〕　劉勳著：《春秋左傳精讀》第3冊，北京：新世界出版社，2014年版，第1387～1388頁。

〔註27〕　劉勳著：《春秋左傳精讀》第2冊，北京：新世界出版社，2014年版，第634頁。

〔註28〕　劉勳著：《春秋左傳精讀》第3冊，北京：新世界出版社，2014年版，第1581頁。

〔註29〕　程樹德撰，程俊英、蔣見元點校：《論語集釋》第1冊，北京：中華書局，1990年版，第142頁。

孔子對禮的長時間的學習，是一個內在超越的過程，這一超越使孔子探索到天命的眞諦，領悟到了天命之德（仁）。孔子曾說：「天何言哉？四時行焉，百物生焉，天何言哉？」〔註30〕，當孔子證悟天命時，他與天的對話是精神的往來，不需要用言語，內心的一點靈犀就能知曉天命的詔示。人們稱孔子爲「聖人」，認爲只有他獲得了天命，孔子雖不以「聖人」自居，但他自信德可通天，他甚至認爲普天之下只有「天」眞正理解他。他說：「不怨天，不尤人。下學而上達。知我者，其天乎！」〔註31〕孔子通過學禮而知曉「天命」，而「天命」的詔示讓他確信自己畢生的努力，天地之間，唯夫子知天，也只有天知夫子。

　　孔子的立德是他證悟禮樂文化的結果。禮的本源在天，孔子通過學禮，一次次靠近天命之眞諦。當夫子之德足以匹天之時，他被人們稱爲「聖人」，認爲他生來稟賦了天命。而孔子清楚自己獲得天命是「下學而上達」的結果，他勉勵弟子勤奮學習，告訴他們「君子有三畏：畏天命，畏大人，畏聖人之言」。〔註32〕在孔子看來，天命對每一個人開放，只要你堅持學禮，不斷行禮，你就在不斷地與「天命」靠近。孔子認爲，天命是一種德行，是「仁」，他之所以自信「天生德於予」，不過是他領悟了天命之「仁」。孔子用生命推行仁道，踐行仁道，教授仁道，是爲「立德」。而當他人接受了孔子的學說，並推廣孔子的學說時，孔子對中國歷史的功德亦昭然若揭。

（二）立功：專行教道，素位爲政

　　在董仲舒春秋公羊學的學說視閾下，孔子所說的「鳳鳥不至，河不出圖，吾已矣夫！」成爲了孔子對自己有德無位的悲歎。在董子看來，有位之天子必須以教化天下爲第一要務，他在《天人三策》中指出：「今陛下貴爲天子，富有四海，居得致之謂，操可致之勢，又能致之資，行高而恩厚，知明而意美，愛民而好士，可謂誼主矣。然而天地未應而美祥莫至者，何也？凡以教化不立而萬民不正也。」〔註33〕董仲舒認爲，漢武帝時期天下未得大治的

〔註30〕程樹德撰，程俊英、蔣見元點校：《論語集釋》第 4 冊，北京：中華書局，1990年版，第 1227 頁。

〔註31〕程樹德撰，程俊英、蔣見元點校：《論語集釋》第 3 冊，北京：中華書局，1990年版，第 1019 頁。

〔註32〕程樹德撰，程俊英、蔣見元點校：《論語集釋》第 3 冊，北京：中華書局，1990年版，第 1156 頁。

〔註33〕〔漢〕班固撰，〔唐〕顏師古注：《漢書》第 8 冊，北京：中華書局，1962 年

一個根本原因是教化不行。換言之，教化的施行與否是衡量「王之爲王」的一個條件。事實上，通過筆者對《論語》「子奚不爲政」章的考察，孔子之所以在西漢被奉爲「素王」，與其晚年「專行教道」息息相關。

《淮南子·主術訓》記載：「孔子之通，智過於萇弘，勇服於孟賁，足躡郊菟，力招城關。能亦多矣。然而勇力不聞，伎巧不知，專行教道，以成素王，事亦鮮矣。」〔註34〕此處引文的作者認爲孔子是一個智慧過人、勇力勝人、多才多藝的通才，然而他之所以成爲「素王」，是因爲他專門推行教化之道。這處引文的作者歷史性地將孔子布教和他成爲「素王」聯繫起來，在他論述的孔子的「通」與「專」之間，我們不禁有意對孔子的「專行教化」作一番考察。我們的問題有，孔子是何時開始「專行教化」的？孔子的「專行教化」對於春秋末期的社會具有什麼作用？

孔子三十多歲開始教授弟子，近代以來的學術大家往往據此稱孔子爲「偉大的教育家」，實際上在孔子的生活中，教化是他政治生活的延伸，孔子從來沒有放棄過參與政治。《爲政》是《論語》的第二篇，筆者認爲它與《論語》的第一篇《學而》是緊密相關的。「爲政」是「爲學」的目的，「爲學」是「爲政」的條件。孔子開設杏壇的目的是培養「君子」，在孔子的思維世界中，「君子」不僅有德而且有位。早年的孔子是遊走於教學與爲政之間的，這就是子夏所說的「學而優則仕，仕而優則學」〔註35〕。然而根據《史記·孔子世家》的記載：「孔子之去魯凡十四歲而反乎魯。……然魯終不能用孔子，孔子亦不求仕。」〔註36〕也就是說，孔子周遊列國回到魯國之後（公元前484年），魯國執政者仍然沒有啓用孔子，而孔子自己也不願意在入仕爲官。從此之後，孔子專門施行教化。

根據《史記》的記載，當時孔子的「弟子蓋三千焉」〔註37〕。孔子「專行教化」之時，距其離世只有五年，能在暮年將儒家知識分子團體擴充到三

版，第2503頁。

〔註34〕劉文典撰，馮逸，喬華點校：《淮南鴻烈集解》第1冊，北京：中華書局，1989年版，第312～313頁。

〔註35〕程樹德撰，程俊英、蔣見元點校：《論語集釋》第4冊，北京：中華書局，1990年版，第1324頁。

〔註36〕〔漢〕司馬遷撰、〔宋〕裴駰集解、〔唐〕司馬貞索引、〔唐〕張守節正義：《史記》第6冊，北京：中華書局，1959年版，第1935頁。

〔註37〕〔漢〕司馬遷撰，〔宋〕裴駰集解、〔唐〕司馬貞索引、〔唐〕張守節正義：《史記》第6冊，北京：中華書局，1959年版，第1938頁。

千人，不僅對魯國的坊間道德氛圍是一大功績，更爲其生後儒家對中國歷史的影響播撒了種子。《淮南子·主術訓》的作者將孔子「專行教化」與他成爲「素王」相連，實際上內蘊著孔子在生前的豐功偉績。孔子早年失意於廟堂，周遊列國時被人稱之爲「累累若喪家之犬」〔註 38〕，然而他從來沒有放棄過挽救亂世的志向，也從未放棄影響政治。孔子始終追求一種有德性的政治，他暮年的專行教化是他在生命的尾巴的最後一種政治行爲。這種政治行爲產生了兩個效果，一是正民之德，二是正君之德，相較於後者，孔子的轉行教化對魯國坊間的影響是巨大的。孔子通過自己道德的播種，確立了儒家團體的規模，而儒家的星星之火終於在西漢漸成燎原之火。《淮南子·主術訓》的作者在論述完孔子「專行教道，以成素王」後，寫到：「《春秋》二百四十二年，亡國五十二，弒君三十六，采善鉏醜，以成王道，論亦博矣。」〔註 39〕這段論述揭示了孔子晚年的另一項對後世中國影響深遠的事件，即制作《春秋》。相傳孔子之後，通過家學與師承，《春秋》共分五傳，而西漢儒宗董仲舒承學了《春秋公羊傳》。董仲舒在《天人三策》中明春秋公羊學之奧義，爲西漢王朝確立了往後發展的藍圖，亦確立了孔子成爲「素王」的制度基礎。我們所謂的「《春秋》爲漢立法」，在最初意義上就是春秋公羊學爲漢立法，公羊學家們認爲孔子制作《春秋》正是爲之後的王朝的託古改制提供「王道」的參照。因此，孔子作《春秋》，通過「立言」的方式爲後世的王朝「立法」，這一行爲也與他被後世的儒者視爲「素王」息息相關。

（三）立言：人情原天，託古改制

董仲舒在《天人三策》中說：「孔子作《春秋》，先正王而繫萬世，見素王之文焉。」〔註 40〕在此，董子把孔子所作之《春秋》視爲「素王之文」，其中蘊含著兩層意思，其一，《春秋》彰顯了王道；其二，孔子做《春秋》以成素王。在春秋公羊學家看來，《春秋》是孔子所做，孔子創作它的目的就是爲後世立法，具體到董仲舒的時代，《春秋》的作用就是「爲漢立法」。

當我們把春秋公羊學視爲一部漢家「法典」時，自然就在用一種政治哲

〔註 38〕〔漢〕司馬遷撰，〔宋〕裴駰集解；〔唐〕司馬貞索隱；〔唐〕張守節正義：《史記》第 6 冊，北京：中華書局，1959 年版，第 1921 頁。

〔註 39〕劉文典撰，馮逸、喬華點校：《淮南鴻烈集解》第 1 冊，北京：中華書局，1989年版，第 312～313 頁。

〔註 40〕〔漢〕班固撰，〔唐〕顏師古注：《漢書》第 8 冊，北京：中華書局，1962 年版，第 2509 頁。

學的思維來解讀春秋公羊學。當代大陸新儒家蔣慶致力於研究春秋公羊學於當代中國政治制度的連接問題，他把儒學分為心性儒學和政治儒學，認為：「心性儒學是以曾思學派以及宋明儒學為代表的儒學，政治儒學則是以公羊學為代表的儒學。」〔註41〕他同時指出：「心性儒學從本體上來看性，把性看成一超越的價值源泉，看成一道德的形上依據，此性可以離開歷史文化而超然獨在，不受政治現實的任何影響（不為堯存，不為桀亡），所以，心性儒學把性同本心、道心、道體、性體等同起來，認為性善。公羊學則不同。公羊學從歷史事件與政治現實中來看性，對人性的負面價值有一深切的體認。」〔註42〕蔣慶對「心性儒學」的偏激意見暫且擱置不論，他把春秋公羊學的人性觀點完全建基於現實政治亦不符合公羊學的義理，實際上，公羊學同樣將人性的立足點安放在形上世界（天道），茲就公羊學的情性論做如下論述。

《春秋繁露‧如天之為》載：「陰陽之氣，在上天，亦在人。在人者為好惡喜怒；在天者為暖清寒暑。」〔註43〕此處引文揭示了天道之陰陽在人之情性上的生理表現，天道之「陰」對應著人之「惡」與「怒」，天道之「陽」對應著人之「好」和「喜」。而天道在人性上的道德表現則是「貪」、「仁」，董仲舒指出：「身之名，取諸天。天兩有陰陽之施，身亦兩有貪仁之性。天有陰陽禁，身有情慾桎，與天道一也。」〔註44〕「貪」與「仁」明顯帶有道德判斷的含義，「貪」的發展可變成人性之「惡」，「仁」的培養可促成心性之「善」。「惡」與「善」對應著天道之「陰」、「陽」，董仲舒用「聖人之性」來指稱心性「全善」的狀態，用「斗筲之性」來指稱心性「全惡」的狀態。董仲舒認為：「聖人之性不可以名性，斗筲之性又不可以名性，名性者，中民之性。」〔註45〕這就是說，作為陰陽兩極的「斗筲之性」和「聖人之性」都不是董仲

〔註41〕　蔣慶：《公羊學引論：儒家的政治智慧與歷史信仰》（修訂本），福州：福建教育出版社，2014 年版，第 7～8 頁。

〔註42〕　蔣慶：《公羊學引論：儒家的政治智慧與歷史信仰》（修訂本），福州：福建教育出版社，2014 年版，第 9 頁。

〔註43〕　〔清〕蘇輿撰，鍾哲點校：《春秋繁露義證》，北京：中華書局，1992 年版，第 463 頁。

〔註44〕　〔清〕蘇輿撰，鍾哲點校：《春秋繁露義證》，北京：中華書局，1992 年版，第 296 頁。

〔註45〕　〔清〕蘇輿撰，鍾哲點校：《春秋繁露義證》，北京：中華書局，1992 年版，第 311～312 頁。

舒認爲可以治理的人之情性，他認爲可以變化的人之情性是「中民之性」。「中人之性」是「善」與「惡」混雜的狀態，它是天道之陰陽和合在人性中的表現。

董仲舒將「中民之性」視爲能治之性，並不是對「聖人之性」與「斗筲之性」的摒棄。在他看來，「聖人之性」和「斗筲之性」是現實存在的兩種極端狀態，前者無須治，而後者無法治，這正如孔子所說的「唯上智與下愚不移」〔註46〕。在現實社會中，大多數的人性是複雜的，「聖人」與「斗筲」之性並非人性之常態，政治所要教化的是複雜的人性。春秋公羊學將人性的本體建立在天道之陰陽，實際上爲其整個學說設立了一個人性的基礎。毫無疑問，春秋公羊學的重心在於政治哲學，然而儒家對人性來源的認識並不來源於變化的現實政治，而是來源於永恆的天道義理。建立天道與人性的勾連，爲春秋公羊學的政治思想建立了一個穩定的立論基礎，在這一基礎上公羊家的政治哲學才能有序地展開。

《天人三策》載：「孔子曰：『腐朽之木不可雕也，糞土之牆不可圬也。』今漢繼秦之後，如坯木糞牆矣，雖欲善治之，亡可奈何。法出而奸生，令下而詐起，如以湯止沸，抱薪救火，愈甚亡益也。竊譬之琴瑟不調，甚者必解而更張之，乃可鼓也；爲政而不行，甚者必變而更化之，乃可理也。」〔註47〕董仲舒在《天人三策》中大倡公羊學的要旨，其目的就是要在對西漢王朝的政制進行改弦更張。董仲舒並不滿意當時的政治現狀，他認爲，改制是漢武帝當時的首先要施行的政治決策。

然而，「《春秋》，天子之事也。」〔註48〕孔子制作《春秋》實際上是越俎代庖，因此孔子說：「後世知丘者以春秋，而罪丘者亦以春秋。」〔註49〕另外，孔子所作之《春秋》的一大特色是通過「春秋筆法」褒貶政治人物，司馬遷稱其爲「貶天子，退諸侯，討大夫」〔註50〕。在孔子褒貶政治人物的撰述中，

〔註46〕 程樹德撰，程俊英、蔣見元點校：《論語集釋》第 4 冊，北京：中華書局，1990年版，第 1185 頁。

〔註47〕 〔漢〕班固撰，〔唐〕顏師古注：《漢書》第 8 冊，北京：中華書局，1962 年版，第 2504 頁。

〔註48〕 〔清〕焦循撰，沈文倬點校：《孟子正義》上冊，北京：中華書局，1987 年版，第 452 頁。

〔註49〕 〔漢〕司馬遷撰，〔宋〕裴駰集解，〔唐〕司馬貞索引，〔唐〕張守節正義：《史記》第 6 冊，北京：中華書局，1959 年版，第 1944 頁。

〔註50〕 〔漢〕司馬遷撰，〔宋〕裴駰集解，〔唐〕司馬貞索引，〔唐〕張守節正義：《史

孔子扮演的是一個政治的裁判者。他所裁判的不僅有諸侯和大夫，更有掌握現實政治實際話語權和史書裁定權的天子。因此，董仲舒稱孔子的《春秋》是「素王之文」〔註51〕，孔子是當之無愧的「素王」。於是，漢朝之後，在儒者心中存在著兩個最高的統治者，一個是掌握現實權力的有位的天子，另一個是佔據道德高位的無位的孔子。孔子作《春秋》通過託古改制的方式，將建構德性政治體的責任寄託給執政者，執政者的德性優劣由政治體運行的好壞所決定。

　　孔子制作《春秋》，被漢代公羊學家認為是一種通過「立言」的方式為萬世開太平的作為。《春秋》的要旨是託古改制，它將中國歷史的過去、現在和未來納入一個完整的歷史進程之中，確立了一套歷史的形而上學。《春秋》的創作特點是「世愈亂而文愈治」，孔子通過現實和理想相悖反的寫作方式，將對社會美好的願景寄託於未來的世界中。董仲舒借孔子《春秋》之文為漢武帝時期的漢王朝確立了發展的藍圖，在《春秋》為漢治法的儒者情懷中，孔子的「素王」地位被確立了下來。「素王」孔子的成立是對天子王權的挑戰，孔子與後世天子同受命於天，這給信奉儒家的知識分子無比的勇氣去參與到與天子互動的政治生活中去。然而，「素王」孔子畢竟是「虛置」的，孔子對君權的德性規約得以發揮必須受到天子的認可。換言之，天子的個人好惡決定了「素王」能否發揮作用，這種境遇造成「素王」孔子對君權的制衡只是一種間接的力量。

　　　記》第9冊，北京：中華書局，1959年版，第3297頁。
〔註51〕〔漢〕班固撰，〔唐〕顏師古注：《漢書》第8冊，北京：中華書局，1962年版，第2509頁。

第五章　誰之天下：孔子「天下」思想的「主體」審思

　　《論語》「子奚不爲政」章揭示了孔子欲通過教化引導政治的政治思想，在孔子「太平世」的政治理想和「據亂世」的現實政治中，他選擇了「退而不隱」的方式延續著自己的政治實踐。孔子並沒有因世道的衰敗而改變自己的政治理想，其「內聖外王」的志向始終構成他政治思想的主線和政治實踐的思路。正是因爲孔子在「立德」、「立功」、「立言」三個層面的努力，他在生前已然實現「不朽」，而在死後在漢代制度化儒家建構的進程中成爲了「素王」。在孔子的政治世界中，主宰天下的不僅僅是王，亦有具備君子人格的士大夫，「君臣共治」是他理想的政治格局。孔子認爲，天下是天下人之天下，非君主一人之天下，而在「天下人」之中接受過教化的君子是最有資格與君主「共治」天下的。因此，孔子在「子奚不爲政」章中所強調的「施於有政」並不只是在位之君主，亦有在野之君子。在野之君子通過教化必將成爲從政者，與君主分享治權，共治天下。從政權的視域看，天下是君主的，從治權視域看，天下是君子的。孔子認爲，天下可以無君主，因爲政權只係君主，它具有脆弱性，其解體具有極大的可能性。但是，天下不能沒有君子，君子之眾遠超君主，正因爲君子的存在，使得政權能有源源不斷的「救命稻草」，也是治權得以穩定，反哺於政權的安定。因此，在孔子「天下」思想中，它的「主體」導向是「君子」。

一、君子：孔子「天下」思想的「主體」

　　「天下」是中國語境中的獨有詞語，其字面意思是「溥天之下」，最初被

視作是人從事生產實踐活動的地理區域。古時人們對於地緣的認識並不全面和客觀。在古人看來，自己所知道和所瞭解的領域就是世界的全部，古人對於世界其他人類文明的存在尚不知曉。在古人的思想意識中，自己所認定的「天下」即是中國，也是全世界。從這一角度來看，中國的天下思想也是世界觀的體現。趙汀陽對「天下」進行了概念界定，其認爲，「地理、心理和社會制度三者合一的『世界』」：一是「地理學意義上的『天底下所有的土地』」；二是「所有土地上生活的所有人的心思，即『民心』」；三是「它的倫理學／政治學意義，它指向一種世界一家的理想或烏托邦」〔註1〕。對于天下思想的解讀，並不能夠單純地理解爲地理概念或者是實體概念，其涉獵多個層面，無論是空間還是思想，抑或是制度等等，都存在天下思想的影子。

在儒學復興的當代，「天下主義」做爲政治哲學的重要主題被學人廣泛討論，「天下主義」所討論的問題不僅在「天下」之「國家」的建構與治理，也在「天上」之「大道」的必然與應然。孔子做爲儒家的代表人物，他的「天下」思想散見於《論語》之中，據筆者統計，《論語》中共出現「天下」23 次，其中有 15 處爲孔子所論。在孔子的「天下」思想中，「天下」的「主體」是有德行的人，在孔子的話語體系中，就是「君子」。「君子」一詞在《論語》的所有篇目中均出現過，出現的頻率達到 107 次之多。作爲如此高頻出現的詞語，「君子」在《論語》中一以貫之，足見其重要地位。但從字面來看，「君子」由「君」和「子」兩個單字組成「君」，《說文解字》：「君，尊也。從尹，發號，故從口。古文象君坐形。」段玉裁注云：「尹，治也。」〔註2〕下面的「口」，意爲發號施令。從這一角度來看，「君」可理解爲發佈命令的統治者，無論是「國君」還是「家君」均屬於這一範疇。古代男子被尊稱爲「子」，從該字的本義來看，意爲「初生」，後來發展爲時間單位——「子時」；除此之外，「子」還存在其他意思，如兒子、子孫等等。「君子」整體來看就是「君」的子嗣，在當時擁有較高的社會地位，身上帶有貴族的標籤。這一詞彙重在強調其「位」，可用於廣泛稱呼當時的統治階層成員，也即「在位者」。孔子重新界定了「君子」的內涵，認爲地位和品味兼而有之的專業管理者就是「君

〔註1〕趙汀陽著：《天下體系：世界制度哲學導論》，北京：中國人民大學出版社，2011 年版，第 27～28 頁。
〔註2〕〔漢〕許慎撰，〔清〕段玉裁注：《說文解字注》，上海：古籍出版社，1981 年版，第 119 頁。

子」，這是孔子對「君子」概念的全新認知，也是孔子的貢獻之所在。孔子認為：「君子謀道不謀食。耕也，餒在其中矣；學也，祿在其中矣。君子憂道不憂貧。」〔註3〕因此，學生樊遲請求向孔子學習稼穡的技能，孔子說：「我不如老農民。」樊遲又請求學習蒔蔬的技能，孔子說：「我不如老菜農。」樊遲退下後，孔子對其做出了評價：「樊遲真是個『小人』在上位者重視禮制，民眾就不會不敬上；在上位者重視公義，民眾就不會不服從；在上位者重視誠信，民眾就不會不動真情。如果是這樣，四方民眾就會背著子女前來投奔，哪裏用得著自己種莊稼？」這裡，上位者和老百姓分別對應「君子」和「小人」，二者的區別僅在於地位的差別，而非道德的高下。

《周易·解卦》有則爻辭：「六三，負且乘，致寇至；貞吝。」〔註4〕孔子解釋「《易》曰：『負且乘，致寇至。』負也者，小人之事也；乘也者，君子之器也。小人而乘君子之器，盜思奪之矣。上慢下暴，盜思伐之矣。」〔註5〕這裡的「君子」與「小人」，也是地位上的差別。居於上位的「君子」，應該具備什麼樣的品位呢？據《論語·憲問》記載，南宮适問於孔子曰：「羿善射，奡盪舟，俱不得其死然，禹稷躬耕稼，而有天下。」夫子不答。南宮适出，子曰：「君子哉若人，尚德哉若人。」〔註6〕孔子稱讚南宮适，明確把「君子」與「尚德」聯繫起來。「君子」者必「尚德』，「尚德」者必「君子』，「尚德」就是君子自身應具備的高尚品位，應該內化為君子的現實需要。必須具備「尚德」的品格，做到「德位一致」，這就是孔子對「君子」的認識，也就是孔子的新型「君子」觀。子曰：「先進於禮樂，野人也。後進於禮樂，君子也。如用之，則吾從先進。」在辦學初期，跟隨孔子學習的人只是一些郊野平民，他們並不具有與生俱來的高貴的「君子」地位。隨著孔子名氣的日漸增大，擁有天生「君子」地位的貴族子弟才以投奔到孔子門下學習為傲。在教育上，孔子奉行「有教無類」，既要使「有其德者有其位」，也要使「有其位者有其德」。將二者加以比較，孔子對前者更為重視。如蕭公權所言：「（君

〔註3〕 程樹德撰，程俊英、蔣見元點校：《論語集釋》第4冊，北京：中華書局，1990年版，第1237頁。
〔註4〕 黃壽祺、張善文著：《周易譯注》（修訂本），上海：上海古籍出版社，2001年版，第331頁。
〔註5〕 黃壽祺、張善文著：《周易譯注》（修訂本），上海：上海古籍出版社，2001年版，第544頁。
〔註6〕 程樹德撰，程俊英、蔣見元點校：《論語集釋》第3冊，北京：中華書局，1990年版，第952頁。

子）舊義傾向於就位以修德，孔子則側重修德以取位。」〔註7〕

在《論語》中，孔子對四個人倍加推崇，認爲他們堪稱「君子」典範。其一是南宮适，此人尚德遵道：「君子哉若人，尚德哉若人。」〔註8〕其二是宓子賤，此人注重道德教化：「君子哉若人。魯無君子者，斯焉取斯。」〔註9〕其三是子產，此人以施行德政爲己任：「有君子之道四焉。其行己也恭，其事上也敬，其養民也惠，其使民也義。」〔註10〕其四是蘧伯玉，此人遵道而行：「君子哉蘧伯玉。邦有道，則仕，邦無道則可卷而懷之。」〔註11〕四位「君子」之中，前兩位和後兩位的身份有所不同，前者是孔子的弟子，後者是官員；孔子認爲他們分屬於「修德以取位」和「就位以修德」的類型。這些人非常接近於孔子思想意識中的「君子」形象，也爲孔子所希望達成的「君子」目標提供了相應的參考。

在孔子之前，在西周的天命觀中，天具有懲惡揚善的正義性，人趨善以邀天福，棄惡以避天禍。春秋時期社會動盪、禮樂崩壞，善良遭受厄運、惡行卻無惡報的情況強烈地衝擊著人們對天命觀的認知，「唯強勢者存」的殘酷現實激化了天命思想和現實社會的矛盾，在疑天思潮日益深化的大背景下，天命思想在發展中接受著更爲嚴峻的挑戰，危機越發嚴重。到了孔子時代，孔子重新架構了人們對「天」的認識，孔子一方面似乎把『天』推遠了一步，但另一方面則使『天』的觀念和『道』的觀念更緊密地結合在一起。在西周天命觀中，民和天進行溝通和交流的重要媒介就是君王，如果脫離了君王這一中介，民想要瞭解天的意志、和天直接對話根本不可能實現。在孔子看來，如果民不信任「天子」，那麼就摒棄這一溝通的橋樑，直接和「天」交流即可。如此一來，確保了民和天的無障礙溝通，天命實現了平民化。需要注意的是，天命的平民化，不代表每一個人都可以與「天」交流。在孔子「天下」思想

〔註 7〕 蕭公權著：《中國政治思想史》第 1 冊，瀋陽：遼寧教育出版社，1998 年版，第 66 頁。

〔註 8〕 程樹德撰，程俊英、蔣見元點校：《論語集釋》第 3 冊，北京：中華書局，1990 年版，第 952 頁。

〔註 9〕 程樹德撰，程俊英、蔣見元點校：《論語集釋》第 1 冊，北京：中華書局，1990 年版，第 290 頁。

〔註 10〕 程樹德撰，程俊英、蔣見元點校：《論語集釋》第 1 冊，北京：中華書局，1990 年版，第 326 頁。

〔註 11〕 程樹德撰，程俊英、蔣見元點校：《論語集釋》第 4 冊，北京：中華書局，1990 年版，第 1068 頁。

的設計中，民必須通過學習，成爲「先覺」者，他才具備與「天」溝通的資格。在孔子看來，「先覺」者的基本條件是有道德的君子。

孔子正是在不斷學習中，確立了自己成爲「君子」的志向，並在自身德性逐漸提升的過程中，自信能與「天」溝通，得「天」之命。「子曰：『天生德於予，桓魋其如予何？』」〔註12〕在孔子的思想意識中，自身的「德」源於上天，無論是修養還是責任，均是「天」賦予的使命，「天」是道德價值的源泉之所在。這種天授之德不是桓魋所能破壞和改變的。孔子說：「不怨天，不尤人，下學而上達，知我者其天乎」〔註13〕「下學，學於通人事。上達，達於之天命。於下學中求知人道，又知道之窮通之莫非由於天命，於是而明及天人之際，一以貫之。」〔註14〕生活在天地之間的人，其生、其德均是天的安排，人同樣可以在學習和實踐中知天命，對天形成正確的認識。孔子認爲，「天」脫離了西周時代單純對君王道德與責任的要求，而是拓展和延伸至所有平民，成爲了對所有人德行的普遍化要求。

每一個人都不能逾越天對道德與規範的設定範圍，都應該遵從於天的安排，做到愛人知天。在這種思想意識中，「天」的價值發生了轉變，從懲惡揚善的「天」發展爲道德之「天」。西周的天命觀儘管對個體的安身立命並未給予任何的關注，但是其實現了天與德性的有效對接，借助德性將天與人有機地聯繫起來。在對西周的這一天命觀加以繼承和發展的基礎上，孔子對天與人的關係進行了重新界定，提出了全新的天人關係說，並使之成爲哲學思考的重要基石。探究孔子學說的基點，就是「天」。在孔子的天命觀中，天命賦予人兩樣東西：其一是道德；其二是使命。孔子生活在春秋時代，在當時「禮樂崩壞」，禮在義理層面的深刻而豐富的涵義逐漸淡出人們的視線，成爲一種形式化和程式化的工具，不被當時的人們所接受。在這樣的亂世，孔子的責任就是找到救世濟民的萬全之策，淨化社會風氣，構建健康的社會秩序。在對傳統禮樂文化進行傳承和發揚的基礎上，孔子聚焦「禮」的豐富內涵，對其進行深度剖析，用「禮」喚醒「仁」，再反過來將「仁」引入到「禮」中，

〔註12〕程樹德撰，程俊英、蔣見元點校：《論語集釋》第 2 冊，北京：中華書局，1990年版，第 484 頁。
〔註13〕程樹德撰，程俊英、蔣見元點校：《論語集釋》第 3 冊，北京：中華書局，1990年版，第 1019 頁。
〔註14〕錢穆著：《論語新解》，北京：生活・讀書・新知三聯書店，2002 年版，第 382頁。

在人性的基礎上建立社會秩序和天下的秩序。「仁」是上天所賦予的德的集中
體現，也內化爲人的需要。

二、「天民」與「禮制」：孔子「天下」思想「主體」的分化

孔子對「天下」思想的「主體」審思在其死後發生了分化。孟子與荀子
是孔子之後儒家的代表人物，他們「天下」思想的主體分別爲「天民」和「禮
制」，孟子所希望實現的「天下」是實現天下人德性的自足，通過良知的發
用，建構一個完美的道德宇宙；荀子所追求的「天下」是具有禮樂文明的天
下，在「禮制」之下每一個人恭行道德，在等級秩序中實現「家國天下」的
大治。二者「天下」思想的殊途實際上在思想世界中引起了當代中國「天下
主義」的論爭，「內聖」派的學術根底在於孟子，倡導心性之學；「外王」派
的學術根基在於荀子，倡導制度儒學。值得注意的是，孟子與荀子並非先秦
儒家的開創者，他們「天下」思想的源頭均來自於孔子，孔子的「天下」觀
以其「仁內禮外」爲基本框架，「仁」與「禮」的向度恰恰是孟子與荀子的思
想內核。

（一）孟子以「民貴君輕」爲基礎的「天下」思想的「主體」

孟子的「天下」思想就是建在他的「民貴君輕」思想基礎上的。孟子說：
「是故得乎丘民而爲天子」〔註15〕。「得乎丘民」，就是得民心。「桀紂之失天
下也，失其民也；失其民者，失其心也。」〔註16〕社會的安定與否與民心向
背息息相關。對此，孟子對統治者提出了「施仁政於民，省刑罰，薄稅斂」
〔註17〕的要求，認爲統治者應該將體察民眾生活作爲統治天下的根本，應該
對其給予足夠的重視。「民貴君輕」的思想延續了春秋以來的重民思想，又將
之推向一個全新的歷史高度。這種思想對人民在維護社會穩定和推動社會發
展中的重要作用進行了積極的肯定，同時也認爲人民是社會變革中不容替代
的重要力量。後世的統治者將這一思想視作是施政方針的重要依據，在制定
統治政策時也牢牢遵循這一要義。

〔註15〕〔清〕焦循撰，沈文倬點校：《孟子正義》下冊，北京：中華書局，1987 年版，
第 973 頁。

〔註16〕〔清〕焦循撰，沈文倬點校：《孟子正義》上冊，北京：中華書局，1987 年版，
第 503 頁。

〔註17〕〔清〕焦循撰，沈文倬點校：《孟子正義》上冊，北京：中華書局，1987 年版，
第 66 頁。

　　孟子「天下」思想的一個顯著的特徵就是對庶民格外重視，在其看來，庶民手中掌握著政治權力，民心向背會作用於政治，並對其產生重要影響。在孟子看來，政治的合法性就來自於人心的向背，他堅持「天聽自我民聽，天視自我民視」〔註18〕，民不僅具有裁判政治得失的權力，而且具有治理天下的權力。孟子的這一認識與其「內聖外王」的思想緊密相關，他認為，人只要提升道德修養，就能獲得天爵，成為「天民」，從而成為治理天下的主體。

　　孟子認為，天爵與人爵共同存在於天地之間，後者承接前者而來。「仁義忠信，樂善不倦，此天爵也；公卿大夫，此人爵也。古之人修其天爵，而人爵從之。今之人修其天爵，以要人爵，既得人爵，而棄其天爵，則惑之甚者也，終亦必亡而已矣。」〔註19〕「仁」是最高的天爵，「夫仁，天之尊爵也，人之安宅也。」〔註20〕孟子認為，天爵是道德的職位，人爵是世俗的職位，修行仁義禮智，做天民，修天爵，雖王天下也不如它，而且那也不是人的本性。「君子有三樂，而王天下不與存焉。」〔註21〕「廣土眾民，君子欲之，所樂不存焉；中天下而立，定四海之民，君子樂之，所性不存焉。君子所性，雖大行不加焉，雖窮居不損焉，分定故也。君子所性，仁義禮智根於心，其生色也睟然，見於面，盎於背，施於四體，四體不言而喻。」〔註22〕大丈夫是在仁義道德中行走的人，「居天下之廣居，立天下之正位，行天下之大道；得志與民由之，不得志，獨行其道。富貴不能淫，貧賤不能移，威武不能屈，此之謂大丈夫。」〔註23〕修天爵，行仁道，就是人類在加強自身道德修養的基礎上實現了身份轉變，不再囿於邦國、城邦和家族的限制，不再受到世俗爵位等級的制約，而是化身為天民，成為宇宙的一員。

〔註18〕　〔清〕焦循撰，沈文倬點校：《孟子正義》下冊，北京：中華書局，1987年版，第646頁。

〔註19〕　〔清〕焦循撰，沈文倬點校：《孟子正義》下冊，北京：中華書局，1987年版，第769頁。

〔註20〕　〔清〕焦循撰，沈文倬點校：《孟子正義》上冊，北京：中華書局，1987年版，第239頁。

〔註21〕　〔清〕焦循撰，沈文倬點校：《孟子正義》下冊，北京：中華書局，1987年版，第905頁。

〔註22〕　〔清〕焦循撰，沈文倬點校：《孟子正義》下冊，北京：中華書局，1987年版，第第905～906頁。

〔註23〕　〔清〕焦循撰，沈文倬點校：《孟子正義》上冊，北京：中華書局，1987年版，第419頁。

孟子認爲：「天之生此民也，使先知覺後知，使先覺覺後覺也。予，天民之先覺者也，予將以斯道覺斯民也。」〔註24〕孟子「天下」思想的獨特之處在於，他並不認爲自己是有別於「民」的人，他強調自己也是「民」，只不過他是「民」中的「先覺」者，成爲了「天民」。因此，「有事君人者，事是君則爲容悅者也；有安社稷臣者，以安社稷爲悅者也；有天民者，達可行於天下而後行之者也；有大人者，正己而物正者也。」〔註25〕在孟子看來，「天民」通過內在的修養而獲得天爵，而能夠治理天下。李洪衛老師指出：「成爲天民，也可以成爲一國之民，但是，作爲國民，乃至一國之君，也不一定就能成爲宇宙的公民，宇宙公民的頂點，是達仁，即盡心、知性、知天，以陽明所言，就是人性的完全展開。命運本來是外在於天的，現在由自己把握了，同天了，人同天齊，還有比天更高的嗎？他已超越了任何地域、民族、種族的藩籬，這正是人類平等的前提，也是人類平等的根本。」〔註26〕

孟子的「天下」思想的主體是「天民」，致力在思想上給「民」以「天爵」，實現民在治權上的天道合法性。身爲士人階層的孟子，不惜將自己也視爲「天民」，認爲自己的道德修養無非是實現了「民」向「天民」的過渡。如此一來，天下之人都可以通過道德修養，成爲「天民」，實現「天下非一人之天下，乃天下人之天下」的宏偉構建。孟子的「天下」思想的基本政治意識是「民本與政治合法性」，而如何實現「民本」，絕不是君臣的個人施政，而是天下人均得「爵位」的「共治」。

（二）荀子以「禮三本」學說爲基礎的「天下」思想的「主體」

荀子生活在戰國末期，他所面對的政局較孟子生活的時代更爲動盪，因此荀子對人性之本的認識亦與孟子不同，因此他對「天下」的思考亦與孟子有所不同。據筆者統計，「天下」一詞在《荀子》一書中出現的頻次達到 371 次之多。荀子「天下」思想的主體是「禮制」，這是荀子「天下」思想的鮮明特徵。他提出：「學惡乎始？惡乎終？曰：其數，則始乎誦經，終乎讀禮。」〔註27〕

〔註24〕〔清〕焦循撰，沈文倬點校：《孟子正義》下冊，北京：中華書局，1987 年版，第 654 頁。

〔註25〕〔清〕焦循撰，沈文倬點校：《孟子正義》下冊，北京：中華書局，1987 年版，第 903～904 頁。

〔註26〕李洪衛：《良知與正義：中國自然法的構建》，載《華東師範大學學報（哲學社會科學版）》，2011 年第 3 期，第 12～13 頁。

〔註27〕〔清〕王先謙著，沈嘯寰、王星賢點校：《荀子集解》上冊，北京：中華書局，

論「禮」的詞句在《荀子》中極爲常見，但是荀子論理是建立在承認禮存在自身發展邏輯的基礎之上的，而並非著眼於簡單設置禮的規範。荀子認爲，禮的邏輯發展始於三個基本關係，基於此對禮的內容進行推導，這就是荀子的思想精髓——「禮三本」學說。

荀子言：「禮有三本，天地者，生之本也；先祖者，類之本也；君師者，治之本也。無天地惡生？無先祖惡出？無君師惡治？三者偏亡焉，無安人。故禮上事天，下事地，尊先祖而隆君師，是禮之三本也」〔註28〕在此，荀子提出了一個明確的觀點，就是禮的三個本源對人與人之間的關係以及其內在差別起決定作用，同時此三者也是人際交往的重要支撐。天地是萬物的本源，生活在天地之間的人們展露鋒芒、脫穎而出，成爲「人有氣、有生、有知、亦且有義，故最爲天下貴也」〔註29〕的萬物之靈，荀子對人與萬物的差別擁有著清晰而明確的認識，這就爲人際溝通找到了合適的橋樑。同生於天地之間、接受天地蘊育的人們之間的血緣關係就此構建。在天地的幫助下，人與人之間彼此認同，但並不意味著人與人之間的差別就此消弭，天地生人實現了人的統一，但是不得不承認這種統一體現差異性。

「類之本」即是先祖。先祖繁衍子嗣，將具有血緣關係的人聚集在一起，對血緣關係內人的秩序加以確立。毋庸置疑，血緣關係最爲穩定，也最爲長久，是無需任何證明的客觀存在。父母生子，就確定了彼此間的親子關係，也確定了彼此間的血緣關係。人能夠極好地區分父與子，也能夠感受到彼此間的血脈親情。因此血緣關係定位父子、長幼的身份，同時也助力人與人之間和諧溝通。人由父母所生，因此「孝」應是禮最根本的屬性。在荀子看來：「今人饑，見長而不敢先食者，將有所讓也；勞而不敢求息者，將有所代也。夫子之讓乎父，弟之讓乎兄；子之代乎父，弟之代乎兄；此二行者，皆反於性而悖於情也；然而孝子之道，禮義之文理也。」〔註30〕幼、父兄有序，血緣關係極好地界定了「人」與長、父、兄之間的關係，這就爲孝悌之道的施

1988 年版，第 11 頁。

〔註28〕 〔清〕王先謙著，沈嘯寰、王星賢點校：《荀子集解》下冊，北京：中華書局，1988 年版，第 349 頁。

〔註29〕 〔清〕王先謙著，沈嘯寰、王星賢點校：《荀子集解》上冊，北京：中華書局，1988 年版，第 164 頁。

〔註30〕 〔清〕王先謙著，沈嘯寰、王星賢點校：《荀子集解》下冊，北京：中華書局，1988 年版，第 436～437 頁。

行鋪平了道路。存在此種血緣關係的人均可以依此定位和處理人際關係。針對無直接血緣關係的人而言，荀子提出了近似的結論。就廣義角度來說，因爲人均屬於天地的子女，因此就必然會存在血緣關係，只是程度不同而已。人在愛自己父母的基礎之上，就可以將這種愛推及到與自己存在間接血緣關係的他人的父母身上，這就爲「老吾老以及人之老」提供了可能。

「治之本」即是君師。荀子「君師者，治之本」的思想，所突顯的不是君的管理職能，而是師的教化職能。荀子認爲，上古社會的君只有承擔起教化庶民的職責，他才是一個合格的君主。而在社會穩定後，師的政治功能獨立出來，師對庶民的教化是國家得到善治的重要條件。只有教化的職能被發揮出來，君和師才能算作合格的君和師。以下，筆者將從「君師合一」和「君師分離」兩個維度來闡釋荀子「君師者，治之本」的思想。從「君師合一」的維度看，《荀子‧王制》中記錄了荀子的「禮三始說」，可以與「禮三本說」相互發明：「天地者，生之始也；禮義者，治之始也；君子者，禮義之始也。」〔註31〕在荀子看來，禮義的產生是有德性的君子思考天地規律的結果。有德性的君子創立了禮制，也成爲了居位執政的「君師」。荀子說：「故天地生君子，君子理天地；君子者，天地之參也，萬物之摠也，民之父母也。無君子，則天地不理，禮義無統，上無君師，下無父子，夫是之謂至亂。」〔註32〕荀子將「君子」與「君師」這兩個概念等同起來，正揭示出了上古時期君主的政治職能，上古時期的君主不僅是禮制的開創者，亦是禮制的傳播者「禮三本」學說體現了荀子的「天下」觀，他所揭示的天人、父子、君臣關係中，天人關係實際上是人與自然的關係，它使人與人相對於萬物而成爲同類，使人與人之間相愛成爲可能。這種愛並非簡單的泛愛，而是按照人在以父子關係爲核心的血緣關係中所處不同位置有等差地得以實現。由血緣關係推導而出的君臣關係使忠、孝達到一致。人類正是基於這些社會關係、政治關係才最終從野蠻進入文明時代。

孔子、孟子和荀子的「天下」思想的「主體」分別是「君子」、「天民」和「禮制」，三者的現代政治學的表述是「精英」、「公民」與「整體」。當代「天下主義」的爭鳴實際上就是「個體主義」和「整體主義」之爭，李洪衛

〔註31〕 〔清〕王先謙著，沈嘯寰、王星賢點校：《荀子集解》上冊，北京：中華書局，1988 年版，第 163 頁。

〔註32〕 〔清〕王先謙著，沈嘯寰、王星賢點校：《荀子集解》上冊，北京：中華書局，1988 年版，第 163 頁。

先生致力闡述「個體主義」的天下觀，他以個體良知和公共良知爲民族國家和世界秩序的內在基礎，這一詮釋路徑實際上來自於孟子。趙汀陽、姚中秋、干春松諸先生致力闡發「整體主義」的天下觀，後者還可以區分爲趙汀陽和干春松的制度性「整體主義」的研究和姚中秋的歷史性「整體主義」的研究，他們的著眼點均是通過「託古改制」來闡發「天下」思想，這種範式是接續荀子的路徑。同時，需要指出的是，李洪衛老師在闡述孟子的「天民」觀時指出，孟子的「天民」從他的意思理解就是「士」，並通過對於「士君子」的理解，強調「士君子」在全球治理中所應具有的引領作用。但是，在筆者看來，孟子所提出的「天民」其性質與「士」同類，然其思想所指不是要實現「士治社會」而是「共治社會」。筆者認爲，在當代中國的政治運行中，處理好「士治」與「共治」是核心，禮治和法治實際上是「君子」和「天民」共同努力的結果。在「士治」與「共治」的關係，孔子主張「士人」要實現對「庶民」的有效引導，這種思想在當代睜著哲學的表述是「精英引導下的全民共治」。孔、孟、荀在先秦時期對「天下」之「主體」的闡發開啓了當代「天下主義」的論爭，也內涵著化解「天下主義」論爭的思想資源。

三、「內聖」與「外王」：「天下主義」論爭的分歧

在幾千年的歷史演進中，天下思想作用於國民生活、政治經濟等多個方面，體現了中國古人對自身和世界的獨特理解與解讀。探究天下思想的源起，就是古人對「天」的認知，在該認知不斷加深的基礎上，隨之演變與發展。古人對「天」的認識經歷了一個發展變化過程，在商朝，「天」這一名詞尚未出現，那時將「天」稱作「帝」，商周時期出現了「天」這一稱呼，周朝對「天」的思想在沿襲前代的基礎上進行了拓展和延伸，使得「天」披上了宗教性和政治性的外衣。旨在進一步鞏固自身統治，周人極力宣揚「受命於天」的思想，借助這一權威彰顯統治的合理性和合法性，如此一來，天下觀就此形成，並發展成爲古代政治思想的基本理念，滲透到社會哲學之中。《詩經・小雅・北山》的「溥天之下，莫非王土；率土之濱，莫非王臣」對王土與王臣的觀念予以集中體現，這一觀念宣揚的是天下所有的土地都爲天子所有，作爲子民，應該聽命和服從於天子。在當時，君臣關係和宗法意義上的父子關係是天下秩序得以維持的重要基石。另外，天下觀念認爲人具有主觀能動性，同時在「天」的思想中加入「德」，認爲王權就應該掌握在德者和賢人手中，這樣統治階級的政治合法性就得到了相當程度的維護，統治階級與被統治階級

的對立關係就演變爲臣民向天子的主動靠攏與歸順，是一種自覺的臣服。「天命有德」「以德配天」的「德政」，成爲王權政治的根本原則，也集中反映了王權統治的核心理念。長久以來，「天」被置於至上神的崇高地位，但是時至春秋戰國時期，「天」的地位漸趨弱化，以儒、道等爲代表的諸子百家紛紛發表了對「天道」的主張和看法，彼此作用與影響。源起於前秦時期的天下觀念，在百家爭鳴中內涵得以豐富，在隨後的發展中漸趨被思想家架構成爲一種意識形態。而在近代中國民族國家建構的歷程和古今中西之辨的「現代化」中國的建構過程中，「天下主義」又呈現出「百家爭鳴」的狀態。根據筆者的貫徹，當代中國學界的「天下主義」論爭主要有兩派之爭，一派的呈現方式是以「內聖」爲軸，強調心性的發用，呈現「天下主義」的制度建構；另一派是以「外王」爲軸，主張復歸王道，重建禮制。以下分而論之。

在大陸儒學中，「內聖」派的代表人物之一是李洪衛先生。李洪衛先生的學術根底在孟學與王學，對現代新儒家代表人物牟宗三的「良知坎陷說」頗有心得。在《良知與正義──正義的儒學道德基礎初探》一書中，他旗幟鮮明地反對蔣慶先生的「內聖與外王兩行的結論」〔註33〕。蔣慶先生堅稱：「當代儒學必須轉向，即必須從『心性儒學』轉向『政治儒學』，因『政治儒學』有儒家特有之『外王儒學』、『制度儒學』、『實踐儒學』、『希望儒學』。」〔註34〕然而李洪衛先生堅信「內聖」與「外王」是心性儒學的核心命題，二者不可割裂，做爲心性的道德基礎──良知──「能夠爲構建全球社會的道德秩序和法律秩序提供最底層的基石」〔註35〕。李洪衛先生認爲，蔣慶先生在學理上的失誤，主要是「他嫌惡當代新儒家的政治西化傾向，反過來甚至不承認新儒家有自己的外王的努力，認爲它們只是變成極端的內傾、極端的自我、極端的思辨，而不能在社會制度建構上有所建樹」〔註36〕。李洪衛先生對蔣慶先生的批評可謂「入木三分」，這一觀點實際上也揭示了天下主義「內聖」派和「外王」派的本質區別，「內聖」派的基本政治立場是現代的，

〔註33〕 李洪衛著：《良知與正義──正義的儒學道德基礎初探》，上海：上海三聯書店，2014 年版，第 185 頁。

〔註34〕 蔣慶著：《政治儒學──當代儒學的轉向、特質與發展》，北京：生活・讀書・新知三聯書店，2003 年版，第 2 頁。

〔註35〕 李洪衛著：《良知與正義──正義的儒學道德基礎初探》，上海：上海三聯書店，2014 年版，第 6 頁。

〔註36〕 李洪衛著：《良知與正義──正義的儒學道德基礎初探》，上海：上海三聯書店，2014 年版，第 190 頁。

強調「返本開新」；而「外王」派的政治立場是古代的，強調重回王道。爲了更清楚地分析這一區別，以下對當代「天下主義」論爭的「外王」派做一分析。

「天下主義」論爭的「外王」派以趙汀陽、姚中秋、干春松諸先生爲代表，這一派是當代大儒政治儒學的主流。「外王」派的「天下主義」思想有兩個突出的特徵，第一是強調制度建設而弱化心性建設。趙汀陽先生在《天下體系：世界制度哲學導論》中指出：「現代新儒家團體在理解中國思想上視野過於狹隘，幾乎就是『獨尊儒術』，甚至獨尊心性之學，雖然也表達了中國文化的某些特點，但顯然不能表達中國思想的完整性。」〔註37〕「外王」派對於「天下主義」的學術立場實際上是對20世紀現代新儒家所闡發的「心性儒學」在中國民族國家的建構中「失勢」的反省，這種反省走向了「內聖」的另一面「外王」，由此形成了二者的分裂，正如趙汀陽先生所說：「如果說中國的政治哲學具有優勢的話，它只是方法論上的純粹理論優勢，而與道德水平無關。」〔註38〕「外王」派的第二個特徵是復歸王道，強調中國古代禮制對於「天下主義」的作用。姚中秋先生創作《華夏治理秩序史》第一卷《天下》的目的就是「縷述堯舜以降之治理秩序演變的歷史，並因史而求道，從演變著的治理秩序之中探尋華夏——中國治理之道。」〔註39〕而干春松先生則在《重回王道——儒家與世界秩序》一書中則提到，與其說「儒家的世界秩序」是「天下主義」，毋寧說是「王道仁政和禮教」。〔註40〕筆者認爲，姚中秋先生的學術努力力圖構建「天下主義」的歷史時間之軸，而干春松先生則致力闡發「天下主義」的王道空間之軸。較之「心性」派，「外王」派在學術研究中夾雜著更多的政治態度，他們致力於化解「現代化」的危機，承續著近代古今中西之辨中的中華民族的「富強」之思，在觀點上呈現出強烈的復古傾向。

「內聖」派與「外王」派在學術立場上的分歧有其時代原因，也有其思

〔註37〕趙汀陽著：《天下體系：世界制度哲學導論》，北京：中國人民大學出版社，2011年版，第5頁。

〔註38〕趙汀陽著：《天下體系：世界制度哲學導論》，北京：中國人民大學出版社，2011年版，第16頁。

〔註39〕姚中秋著：《華夏治理秩序史》第一卷，海口：海南出版社，2012年版，第3頁。

〔註40〕干春松著：《重回王道——儒家與世界秩序》，華東師範大學出版社，2012年版，第37頁。

想史原因。自儒學確立以來，中國儒學思想史就存在著宋學和漢學之爭，二者的內在區別就是仁學與禮學之爭。在思想史的立場上來分判二者，「內聖」派與「外王」派皆存在內在的不足。「內聖」派的不足，在學理上重視心性研究而弱於制度建構。胡適先生「我這個『小我』不是獨立存在的，是和無量小我有直接或間接的交互關係的；是和社會的全體和世界的全體都有互為影響的關係的；是和社會世界的過去和未來都有因果關係的。……我這個現在的『小我』，對於那永遠不朽的『大我』的無窮過去，須負重大的責任；對於那永遠不朽的『大我』的無窮未來，也須負重大的責任。」〔註41〕由於「內聖」派將更多的學術著力點放在良知發用上，他實際上陷入了牟宗三「良知坎陷說」的內在糾纏，當「良知」需要「逆轉」才能開出「外王」方能成立時，「內聖」派將更多的學術精力用在了心性詮釋和邏輯演繹之上。反觀「外王」派，他們的學術建構就不需要太多性理詮釋，而是直指政治，正如趙汀陽先生所指趙汀陽先生「任意一個政治制度的合法性的問題就是政治形而上學問題。」〔註42〕當然，「外王」派的不足也顯而易見，那就是在思想上趨於復歸古代而遠於現代國家。筆者認為，如果不能在學術立場上承繼中國近代古今中西之辨的大背景，忽視近代新儒家對政治儒學所做出的努力，其研究成果無異於割裂歷史，其結局必然是不合時宜。

當代「天下主義」論爭中的「內聖」派與「外王」派在儒學思想史的視野中是一種必然，而二者的融通也是一個必然的趨勢。「內聖外王」本為一體，這是任何一個儒家學者所不能否認的，正如許紀霖先生指出：「天下在古代中國有兩個密切相關的含義：一個是普遍的宇宙價值秩序，類似於西方的上帝意志，與天命、天道、天理等同，是宇宙與自然最高之價值，也是人類社會和自我的至善所在；另一個含義是從小康到大同的禮治，是人類社會符合天道的普遍秩序。」〔註43〕因此，筆者認為，從「內聖外王」的學理把握上「內聖」派高居一籌。「天下主義」的論爭具有強烈的當代價值，許紀霖先生指出「到了五四，傳統的自我蛻變為現代具有本真性的自由個人，而原來具有天

〔註41〕歐陽哲生編：《胡適文集》第 2 卷，北京：北京大學出版社，1998 年版，第529～532 頁。

〔註42〕趙汀陽著：《天下體系：世界制度哲學導論》，北京：中國人民大學出版社，2011 年版，第 14 頁。

〔註43〕許紀霖著：《家國天下——現代中國的個人、國家與世界認同》，上海：上海人民出版社，2016 年版，第 4 頁。

道神魅性的提阿尼啊則轉型爲人類中心主義的世界。」〔註 44〕在中國「現代化」的進程中，我們必須處理好古代和當代的關係，認清「天下主義」（和平主義）與「社會達爾文主義」的關係，處理好「禮樂文明」和「人類中心主義」的關係。在這一歷程中，中國的政治哲學家必須提出「現代化」中國的建設方案，也有義務對於世界政治哲學發出自己的聲音。在這一學術論爭中，我們要研究現代，也不能忽視古代，「外王」派的學術立場的意義就在於發現古代，挖掘中國政治哲學的有益價值。在下文中，筆者也將事業回溯到先秦時期，力圖詮釋當代「天下主義」論爭的古代思想殊途。

上世紀 90 年代，盛洪先生在其著作《爲萬世開太平：一個經濟學家對文明問題的思考》中首先提出了「天下主義」〔註 45〕這一概念，由此開啓了學界對於「天下主義」的關注與討論。盛洪先生做爲一個經濟學家能敏銳地把握住中國政治哲學的核心問題──「天下主義」──有其獨特的時代原因。「五四」以來，「物競天擇，適者生存」的救亡觀念已然成爲國人思考社會、國家、世界的主要方式，在這一歷史進程中，人際關係的「競爭化」、國家建設的「市場化」、國際交往的「鬥爭化」成爲了 20 世紀的主題。在這種背景下，中國的「現代化」已然是「西方化」，我們逐漸在接受西方先進的經濟理念、政治觀念，遠離中華優秀傳統文化中的有益價值。然而，「物競天擇，適者生存」的救亡觀念在中國「現代化」的進程中，展現出的不是「和平主義」的文化，而是「社會達爾文主義」的野蠻規則。近代以來，古今中西之辨成爲了中國哲學研究的大背景，它是每一個中國人都身臨其中的大問題，「天下主義」所追求的和平藍圖不僅屬於飽受憂患的中國，也屬於風雲詭譎的世界。「天下主義」是中國學人對中國古代政治哲學的重新探討，是中國由一個大國走向強國的過程中與世界的一次關於政治哲學的切磋。本文從當代「天下主義」論爭說起，探討「天下主義」在「內聖」與「外王」的兩種路徑分歧，溯源其思想淵源，闡發孟、荀的「天下」觀，呈現孔、孟、荀「天下」思想的「主體」審思，以就教於各位方家。

「誰之天下」是先秦儒家代表人物孔子、孟子和荀子「天下」思想的核心問題之一，三者「天下」思想的「主體」之思既開啓了古代先哲對於「天

〔註44〕許紀霖著：《家國天下──現代中國的個人、國家與世界認同》，上海：上海人民出版社，2016 年版，第 9 頁。

〔註45〕盛洪著：《爲萬世開太平：一個經濟學家對文明問題的思考》，北京：北京大學出版社，2001 年版，第 6 頁。

下」的思考，也奠定了當代學者的「天下主義」論爭。孔子以「君子」爲「天下」思想的「主體」，給後世儒者在定位「天下」「主體」以極大的空間，孟子復歸心性，塑造「天民」，以期「內聖」而後「外王」；荀子倡導「禮制」，將「天地」、「先祖」與「君師」都納入「禮制」的範圍，重構「王道」，以期實現「外王」。孔、孟、荀在「治亂」的政治問題下，闡釋出三種「天下」「主體」——君子、天民與禮制。思想的承續帶來思想的巧合，孔、孟、荀的「天下」「主體」恰恰構成了「治亂」的三種政治資源，而復歸心性的「天民」與重回王道的「禮制」又在 2000 多年後的當代形成了「天下主義」論爭的思想資源。值得注意的是，李洪衛先生在近來的研究中，更多地關注「士大夫」對於「天下主義」制度建構的作用，這一路徑實際上更趨近於孔子的「天下」思想。向孔子回歸，也是是「天下主義」在疏途上的必然方向。趙汀陽先生在《天下體系：世界制度哲學導論》中對「最嚴格也是最完美的政治公正標準」做出三個命題的分析，最後，他將這一標準定性爲「一個制度是合法的，當且僅當（iff），它是多數人都同意的制度，並且，多數人中至少包含了多數精英。」〔註 46〕在筆者看來，這裡所謂的精英與孔子所謂的「君子」具有相似性，趙汀陽先生的「天下體系」對孔子的思想也是默許的。在筆者看來，當代「天下主義」的論爭在顯題上是「孟荀之爭」，在隱題上是「認同孔子」。「天下主義」的論爭是「孟荀之爭」、「仁禮之爭」、「漢宋之爭」在中國政治哲學興起當代的延續，而「認同孔子」體現了爭論雙方的一致，是「內聖」派與「外王」派的同質性所在。「天下主義」必將成爲中國古代政治哲學對中國政治和世界政治的貢獻，他所追求的是「人類命運共同體」，而不是「社會達爾文主義」的「弱肉強食」，孔子、孟子、荀子從「君子」、「天民」、「禮制」三個維度的「天下」思想的審思恰恰構成了當代「天下主義」制度建構的三種必不可少的思想資源，「天下主義」不應該講「內聖外王」的哲學命題予以割裂，而應該是「天民」與「禮制」的合一，「治之人」與「治之法」應該統一，「心性」與「禮制」應該統一，而精英就是推動「內聖外王」的思想引領者、實踐探索者和理論總結者。

〔註46〕趙汀陽著：《天下體系：世界制度哲學導論》，北京：中國人民大學出版社，2011 年版，第 19 頁。

第六章　君子之師：孔子的政治性教化實踐

　　「君子」是孔子天下思想的「主體」，教化君子是孔子在「子奚不爲政」章中的核心理念。在孔子看來，以「道統」引導「政統」絕不是教化主體的單方面行爲，而是掌握「道統」的儒家團體的集體行爲。在儒家團體中，有教化的施行者——儒師，有教化的接受者——儒生，亦有實踐「道統」的儒家士大夫——大臣。儒師、儒生、大臣雖然角色不同，但他們具有相同的「道統」認知，由此形成了一股強大的力量，形成對於君權的制衡。而在「道統」與「政統」的互動中，儒師（君子之師）做爲「道統」的發端，孔子的政治性教化實踐對於儒家團體和現實政治具有舉足輕重的作用。

一、孔子仁學的時代背景及其眞實意蘊

　　在《論語》中，孔子直接回答弟子「問仁」的章句共有 7 處，其中 3 處具有定義的性質，通過這三處定義，我們可以把握孔子「仁學」的基本內涵。仁的定義之一是「克己復禮」，顏淵向孔子「問仁」時，孔子的回答是：「克己復禮爲仁。一日克己復禮，天下歸仁焉。爲仁由己，而由人乎哉？」顏淵再問：「請問其目？」子曰：「非禮勿視，非禮勿聽，非禮勿言，非禮勿動。」[註1] 在孔子看來，要做到仁，就必須反求諸己、踐行禮制，通過融入外在的禮制，提升內在的仁德。仁的定義之二是「己所不欲，勿施於人」，孔子在回答仲弓「問仁」時，指出：「出門如見大賓，使民如承大祭。己所不欲，勿施

〔註 1〕程樹德撰，程俊英、蔣見元點校：《論語集釋》第 3 冊，北京：中華書局，1990年版，第 817～821 頁。

於人。在邦無怨，在家無怨。」〔註2〕孔子的仁學是一種利他的哲學，它將自己與他人視爲一個整體。仁的定義之三是「愛人」，面對樊遲問仁，孔子的回答是：「愛人。」〔註3〕歷代學者大多使用「愛人」來指稱「仁」的定義，所以有「仁者愛人」的說法，例如黃懷信認爲：「孔子仁學的實質內涵，就是『愛人』——關愛他人。」〔註4〕這種詮釋重在闡釋「仁」的「愛人」，而弱化了「仁」的「立己」。《論語·雍也》載子曰：「夫仁者，己欲立而立人，己欲達而達人。」〔註5〕「仁者」在《論語》中共有三種用法，第一種爲對「仁」的好惡，〔註6〕第二種爲形容具有仁德的人，〔註7〕第三種是對「仁」的直接定義，即是上述提到的「己欲立而立人，己欲達而達人。」從此處引文，我們可以判斷，孔子的「仁學」內涵是「立己愛人」，「立己」是「愛人」的前提和條件。在人踐行「仁德」的過程中，「立己」和「愛人」是並存且同等重要的，沒有「立己」的「愛人」，失去了「仁」的修身性；沒有「愛人」的「立己」，只是老子式的自在修行。通過《論語》，我們可以總結出孔子「仁學」的兩個重要屬性，即「內發性」和「推擴性」，這兩個屬性可以輔證筆者的上述論點。

首論孔子「仁學」的「內發性」。《論語·先進》篇載有關於「四科十哲」的論述，顏回是首科「德行」〔註8〕的第一人，足見他在孔門弟子中的德行之冠。然而「德」在孔子的思想中是一個涵蓋眾多德目的「類名」，它既包括至德「中庸」〔註9〕，也包括仁〔註10〕、知、勇等德行，顏回之「德」具體是哪

〔註2〕 程樹德撰，程俊英、蔣見元點校：《論語集釋》第3冊，北京：中華書局，1990年版，第824頁。

〔註3〕 程樹德撰，程俊英、蔣見元點校：《論語集釋》第3冊，北京：中華書局，1990年版，第873頁。

〔註4〕 黃懷信：《〈論語〉中的「仁」與孔子仁學的內涵》，載《齊魯學刊》，2007年第1期，第8頁。

〔註5〕 程樹德撰，程俊英、蔣見元點校：《論語集釋》第2冊，北京：中華書局，1990年版，第428頁。

〔註6〕 子曰：「我未見好仁者，惡不仁者。好仁者，無以尚之；惡不仁者，其爲仁矣，不使不仁者加乎其身。有能一日用其力於仁矣乎？我未見力不足者。蓋有之矣，我未之見也。」

〔註7〕 司馬牛問仁。子曰：「仁者其言也訒。」曰：「其言也訒，斯謂之仁已乎？」子曰：「爲之難，言之得無訒乎？」

〔註8〕 德行：顏淵、閔子騫、冉伯牛、仲弓。言語：宰我、子貢。政事：冉有、季路。文學：子游、子夏。」

〔註9〕 子曰：「中庸之爲德也，其至矣乎！民鮮久矣。」

個「私名」，這是我們需要辨析的。《淮南子·人間訓》中記載了一則孔子稱顏回爲「仁人」〔註11〕的語錄，而《論語·雍也》載子曰：「回也，其心三月不違仁，其餘則日月至焉而已矣。」〔註12〕由此我們可以斷定，顏回之「德」就是「仁」。孔子將「心」與「違仁」相聯繫，使我們有理由相信孔子「仁學」的踐行首先是一種心性的修行。

許愼在《說文解字》中指出「仁」在古文中有三種字形，第一種是「從人二」（𠔼），第二種是「從千心」（忎），第三種是「從尸」（𡰥）〔註13〕。因此，「仁」的本字本義有一個發生、發展和演進的過程。而《郭店楚墓竹簡》出土的孔孟之間的儒家經典中，凡是「仁」的地方，都書寫爲上「身」下「心」，它是《說文解字》「仁」字第二義上「千」下「心」的變形。因此，我們有理由斷定，孔子時代對「仁」的書寫仍是上「身」下「心」，孔子對「仁」的闡發具有強烈的「內發性」，即「仁」在踐行的過程中首先是一種心性的修養，心性的「修」「仁」是「仁德」得以實現之人的內在基礎。

次論孔子「仁學」的「推擴性」。《論語·學而》載有子曰：「其爲人也孝悌，而好犯上者，鮮矣；不好犯上，而好作亂者，未之有也。君子務本，本立而道生。孝悌也者，其爲仁之本與！」〔註14〕孔門後學，將有子在此處所論述的「孝悌」與「仁」的關係編入《論語》，暗示著有子的這一思想與孔子的「仁學」思想是吻合的。「孝悌」之德是「仁德」的根本，「孝悌」之行是「仁行」的開始。因此，《論語·學而》載子曰：「弟子入則孝，出則悌，謹而信，泛愛眾而親仁，行有餘力，則以學文。」〔註15〕在這裡，孔子通過宗法社會倫際關係的層層外擴，勾勒了「仁德」生活世界中的層層推擴。「推擴

〔註10〕 子曰：「志於道，據於德，依於仁，游於藝。」

〔註11〕 人或問孔子曰：「顏回何如人也？」曰：「仁人也。丘弗如也。」「子貢何如人也？」曰：「辯人也。丘弗如也。」「子路何如人也？」曰：「勇人也。丘弗如也。」賓曰：「三人皆賢夫子，而爲夫子役。何也？」孔子曰：「丘能仁且忍，辯且訥，勇且怯。以三子之能，易丘一道，丘弗爲也。」孔子知所施之也。

〔註12〕 程樹德撰，程俊英、蔣見元點校：《論語集釋》第2冊，北京：中華書局，1990年版，第378頁。

〔註13〕 〔漢〕許愼撰，〔清〕段玉裁注：《說文解字注》，上海：上海古籍出版社，1981年版，第365頁。

〔註14〕 程樹德撰，程俊英、蔣見元點校：《論語集釋》第1冊，北京：中華書局，1990年版，第10～13頁。

〔註15〕 程樹德撰，程俊英、蔣見元點校：《論語集釋》第1冊，北京：中華書局，1990年版，第27頁。

性」是「仁學」在禮樂文明中所必然具備的屬性，孔子說：「能近取譬，可謂仁之方也已」〔註16〕，因此，孔子要求爲仁要從自己做起，從身邊做起，從對親人的孝悌之道推擴到對眾生的親仁之道。

《荀子‧子道》有如下記載：

> 子路入。子曰：「由！知者若何？仁者若何？」子路對曰：「知者使人知己，仁者使人愛己。」子曰：「可謂士矣。」
>
> 子貢入。子曰：「賜！知者若何？仁者若何。」子貢對曰：「知者知人，仁者愛人。」子曰：「可謂士君子矣。」
>
> 顏淵入。子曰：「回！知者若何？仁者若何？」顏淵對曰：「知者自知，仁者自愛。」子曰：「可謂明君子矣。」〔註17〕

這個故事告訴我們，在孔子看來，光愛己和光愛人都算不上眞正的「仁者」，只有把二者結合起來，自愛而愛人，才稱得上掌握了「仁」的眞正含義的「明君子」。

通過上述對孔子「仁學」的兩個重要屬性的分析，我們可以得出孔子「仁學」的要旨是德與行的合一，換言之是「立己」與「愛人」的合一。既往用「仁者愛人」的闡釋過分重視「仁學」的「愛人」，而弱化了「仁學」的「立己」。「立己」和「愛人」同等重要，內存於孔子的「仁學」，爲孔子門人所踐行，亦是孔子和孔門後學辨析「仁者」的根據。

二、孔子「仁學」教化的內涵

「仁學」是孔子的原創性思想，是儒學最核心最基礎的範疇。在《論語》中，「仁」字共出現 110 次（含《里仁》篇名），除 3 處指「仁人」之外，其他107 次都是對於「仁」概念的闡發。孔子的「仁學」，與其「禮學」一樣，其發生背景就是孔子所生活的「禮崩樂壞」的時代。孔子說：「人而不仁，如禮何？人而不仁，如樂何？」〔註18〕由此可見，孔子從外在社會秩序的重建轉入內在道德秩序的思考，從而創造性地提出了自己的「仁學」思想。在既往

〔註16〕 程樹德撰，程俊英、蔣見元點校：《論語集釋》第 2 冊，北京：中華書局，1990年版，第 428 頁。

〔註17〕 〔清〕王先謙撰，沈嘯寰、王星賢點校：《荀子集解》上冊，北京：中華書局，1988 年版，第 533 頁。

〔註18〕 程樹德撰，程俊英、蔣見元點校：《論語集釋》第 1 冊，北京：中華書局，1990年版，第 142 頁。

的研究中，學人習慣將孔子的「仁學」思想定性爲「仁者愛人」，從而凸顯孔子「仁學」思想的利他性。而筆者在本文的核心觀點是，孔子的「仁學」兼具利他和立己兩個面向，一下具體論述。

（一）「立己」之學：明哲保身與親親相隱

孔子「仁學」的內涵是「立己愛人」，二者同樣重要，相即不離。然而，當我們用「仁學」去分析孔孟儒學中的兩個事例時，往往會自陷於「立己」與「愛人」的矛盾之中。在「顏回不仕」的事例中，我們可以發現「行政」與「修身」的衝突；在「帝舜竊父」的事例中，我們可以發現國與家的倫理衝突。對這兩組衝突的分析和化解有助於我們更好地理解孔子「仁學」「立己愛人」的內涵。

1、政、身衝突中的「顏回不仕」

在本文第一部分中，筆者借孔子對顏回之「心三月不違仁」的評語，闡述了孔子「仁學」的「內發」屬性。人通過心性的修養，培養「仁德」，並踐行「仁德」。孔子所開創的儒家十分強調入世，孔子對弟子德行的教化之目的，不限於培養一個道德人，更重於成爲一個有德有位的「君子」﹝註 19﹞。在孔子看來，德爲位的前提，德與位應該是統一的，我們也可以用身與政的統一來形容之。眾所周知，孔子在世時曾推薦﹝註 20﹞並資助﹝註 21﹞他的眾多弟子出仕爲官。耐人尋味的是，顏回作爲孔子最得意的門生，他卻沒有出仕。我們可以說，顏回的一生是身與政分離的一生，然而即便如此，孔子仍稱其爲「仁人」。由此，「顏回不仕」的問題成了孔子「仁學」一個繞不過去

﹝註 19﹞黎紅雷老師提出，「君子」一詞在《論語》中出現 107 次，所有 20 篇中均有出現。開篇第一章和末篇最後一章中都提到了「君子」，是《論語》中惟一一個貫穿始終的概念，可見其地位之重要。實際上，孔子當年辦學，辦的就是培養「君子」的學校，孔子就是「君子之師」，孔子之學就是「君子之學」。參見黎紅雷：《孔子「君子學」發微》，載《中山大學學報》（社會科學版），2011 年第 1 期，第 132 頁。

﹝註 20﹞季康子問：「仲由可使從政也與？」子曰：「由也果，於從政乎何有？」曰：「賜也，可使從政也與？」曰：「賜也達，於從政乎何有？」曰：「求也，可使從政也與？」曰：「求也藝，於從政乎何有？」

﹝註 21﹞子華使於齊，冉子爲其母請粟。子曰：「與之釜。」請益。曰：「與之庾。」冉子與之粟五秉。子曰：「赤之適齊也，乘肥馬，衣輕裘。吾聞之也，君子周急不繼富。」原思爲之宰，與之粟九百，辭。子曰：「毋！以與爾鄰里鄉黨乎！」

的難題。

　　在諸多闡釋「顏回不仕」的學術成品中，林克慶和衛東海合撰的《論顏回「外王」實踐的人格壯美》一文中的分析是較爲全面的。文中用「蒼涼的壯美」來形容顏回在「天下無道」的時代背景下選擇「獨善其身」的人格，作者指出：「儒學的維護傳統禮法、強調個人道德修養的主張便與發展著的新的權力結構產生了無法克服的矛盾。然而又由於孔顏人格中那種對政治的忠實信仰，所以明知在不可爲的情形下等待、尋找機緣。」〔註22〕尤需注意的是，作者將顏回與孔子合論，認爲他們都是「明知在不可爲的情形下等待、尋找機緣」，文中指出顏回的不仕主要是因爲他的早夭，顏回並非不願出仕，而是在「等待、尋找機緣」。然而，如果如文中所述，顏回是理想政治的忠實信仰者，他就永遠無法化解禮樂文明和現實社會的衝突，即便他年祚長久，他也永遠不會出仕，甚至連出仕的念頭都不會有。

　　在既往的研究中，我們往往會因爲顏回的不仕而將他定性爲一個不黯世道的苦學究，實際上顏回對現世的政治有極大的關懷。《論語・衛靈公》載顏淵問爲邦。子曰：「行夏之時，乘殷之輅，服周之冕，樂則韶舞。放鄭聲，遠佞人。鄭聲淫，佞人殆。」〔註23〕由此可見，顏回雖然不仕，但他對理想的政治模式是關注的。換言之，顏回不僅在「立己」，他也在思考如何「愛人」。如上文所述，《論語・顏淵》記載了孔子回答顏淵的語錄：「克己復禮爲仁。一日克己復禮，天下歸仁焉。爲仁由己，而由人乎哉？」〔註24〕孔子用「克己復禮」來回答顏回問仁，道出了仁是內在性（克己）和外在性（復禮）的統一，也促發了我們化解「顏回不仕」問題的靈感。顏回的不仕，並不妨礙他立己之仁德，並踐行禮制。顏回並不是一個存在於一屋之內的學者，他也是一個禮制的踐行者。這種踐行不同於有政者的安民愛人，它是一種維護禮樂文明並在宗法倫際關係中履行自己義務的踐禮愛人。筆者以爲，後者正是顏回「愛人」的方式。顏回將「立己」與「愛人」內化於自己的禮制生活中，因此孔子以「仁人」稱之。正是在這一意義上，顏回「政」與「身」的分離

〔註22〕林克慶，衛東海：《論顏回「外王」實踐的人格壯美》，載《蘭州學刊》，2008年第 1 期，第 2 頁。

〔註23〕程樹德撰，程俊英、蔣見元點校：《論語集釋》第 4 冊，北京：中華書局，1990年版，第 1077～1087 頁。

〔註24〕程樹德撰，程俊英、蔣見元點校：《論語集釋》第 3 冊，北京：中華書局，1990年版，第 817 頁。

並不妨礙他成爲一個「仁者」。

2、國、家衝突中的「帝舜竊父」

「帝舜竊父」是孟子在與其弟子桃應問答過程中提出的一個著名的假設案例，其中內蘊著國與家的倫理衝突。舜被先秦儒家視爲古代的聖王，稱他爲「仁者」應無不當，孟子認爲，作爲「仁者」的舜爲了保護自己的父親，甘願以身試法，竊父而逃，孟子的論述隨著當代學界對「親親相隱」問題的討論，成了學者們評價儒家倫理〔註 25〕的核心問題之一。爲方便討論，我們先將《孟子》中關於「帝舜竊父」問題的討論錄入於下：

> 桃應問曰：「舜爲天子，皋陶爲士，瞽瞍殺人，則如之何？」
>
> 孟子曰：「執之而已矣。」
>
> 「然則舜不禁與？」
>
> 曰：「夫舜惡得而禁之？夫有所受之也。」
>
> 「然則舜如之何？」
>
> 曰：「舜視棄天下猶棄敝蹝也。竊負而逃，遵海濱而處，終身訴
>
> 然，樂而忘天下。」〔註 26〕

在支持儒家倫理的學者看來，「舜」的「竊父而逃」體現了儒家的「情理主義」，它「合情合理、通情達理便成爲儒家情理主義道德哲學形態的終極目標，並且在這種『情』與『理』的交融中化解情感與理性的衝突，最終形成具有中國特色的情理主義道德哲學形態，並對中國傳統文化理念以及中華民族精神品格的塑造產生著深遠影響。」〔註 27〕而那些批判儒家倫理的學者，則站在政治的立場來審判「舜」對天下的不負責，並由此可能帶來的政治腐敗。那些批判儒家倫理的學者實際上並沒有眞正理解古代的政治世界，如前所述，「仁學」的「推擴性」時提出「孝道」是孔子「仁學」的根本。在這一思想基點上，我們可以更好地理解作爲天子的舜爲什麼要做出「竊父而逃」的舉動，並在做出這一選擇後「樂而忘天下」。在《論語‧爲政》中載子曰：

〔註 25〕 本世紀開始，武漢大學的鄧曉芒和郭齊勇以「親親相隱」爲論題展開論戰，鄧曉芒編著：《倫家倫理新批判》一書，郭齊勇編著《〈儒家倫理新批判〉之批判》一書。

〔註 26〕 〔清〕焦循撰，沈文倬點校：《孟子正義》下冊，北京：中華書局，1987 年版，第 930～931 頁。

〔註 27〕 郭衛華：《論儒家情理主義道德哲學形態的建構原理與基本精神》，載《懷化學院學報》2010 年第 1 期，第 40 頁。

「爲政以德，譬如北辰居其所而眾星共之」〔註28〕，孔子認爲一個爲政之人必須具有高尚的德性，而孟子則把爲政之德用「仁德」來涵蓋，並提出了「仁政」的學說。在孟子看來，一個統治者必須踐行「仁德」，在德性上爲萬民做出表率。而具體到「舜」的例子，如果他任由執刑官判決自己的「父親」，他就沒有做到「仁德」的根本——孝道，他也就失去了爲政者所必須具有的德性。無「德」之君就不配繼續成爲天子。因此，「竊父而逃」是「舜」所能選擇的唯一的方式，「父」幸免於刑，「舜」仍然是一個「孝子」；「父」遭受刑法，「舜」非但不是一個「孝子」，他也失去了爲政的合法性。「舜」守住了「仁德」的根本，在踐行「仁德」的過程中，立住了己，也立住了人（父），因此他仍然不失爲一個「仁者」。

綜上所述，孔子「仁學」的內涵是「立己」和「愛人」的統一，通過這一內涵可以從新的角度理解「顏回不仕」和「帝舜竊父」的問題。先秦儒家在闡述「仁學」思想時，其重點不僅在「愛人」，也在「立己」，二者相輔相成，相即不離。

（二）「立人」之學：君子之志

「君子理想」是孔子確立儒家學派的宗旨，孔子所開設的學堂是一個「君子學校」。孔子從 30 歲之後開始開壇設教，歷史上稱其弟子達三千之數，據朱彝德之《孔子弟子考》，孔子可考的弟子凡 102 人〔註29〕。徐冠鑭在《先秦兩漢名字中「子*」式字探微》中寫到：「名字中的字用『子*』式在先秦兩漢是司空見慣的」。《春秋名字解詁》中一半以上是這種格式的字，《史記》記載了一百六十多個「子*」式的字。然而，值得注意的是，在這一百六十多個「子*」式字中，接近一半是孔子弟子的字。這是一個有趣的現象。」〔註30〕據筆者統計，孔子可考字的弟子有 87 人，而其中字爲「子*」式字的弟子有 80 人之多，所佔比例爲 91.9%，詳細情況見下表：

〔註28〕 程樹德撰，程俊英、蔣見元點校：《論語集釋》第 1 冊，北京：中華書局，1990 年版，第 61 頁。

〔註29〕 朱彝尊：《孔子弟子考》，載朱彝尊等：《孔子門人考　孔子弟子考　孟子弟子考》，北京：商務印書館，1960 年版。

〔註30〕 徐冠鑭：《先秦兩漢名字中「子*」式字探微》，載安慶師範學院學報（社會科學版），2010 年第 1 期，第 115 頁。

孔子門人字

序　號	姓　　名	字
1	秦商	子丕
2	顏無繇	季路
3	冉耕	伯牛
4	仲由	子路
5	卞仲由	子由
6	漆雕開	子若
7	閔損	子騫
8	商瞿	子木
9	梁鱣	叔魚
10	冉雍	仲弓
11	冉求	子有
12	高柴	子羔
13	巫馬施	子期
14	端木賜	子貢
15	有若	子有
16	言偃	子游
17	原憲	子思
18	樊須	子遲
19	顏回	子淵
20	澹臺滅明	子羽
21	宓不齊	子賤
22	陳亢	子禽
23	公西赤	子華
24	卜商	子夏
25	曾參	子輿
26	顏幸	子柳
27	顓孫師	子張

28	冉孺	子魯
29	曹恤	子循
30	伯虔	子析
31	顏高	子驕
32	叔仲會	子期
33	公孫龍	子石
34	宰予	子我
35	公良孺	子正
36	公西輿如	子上
37	公夏守	子乘
38	公祖句茲	子之
39	句井疆	子疆
40	邽巽	子斂
41	孔忠	子蔑
42	南宮括	子容
43	漆雕哆	子斂
44	漆雕徒父	子文
45	申續	子周
46	后處	子里
47	石子蜀	子明
48	司馬耕	子牛
49	奚容箴	子皙
50	榮旗	子祺
51	顏相	子襄
52	原亢	子籍
53	罕父黑	子索
54	壤駟赤	子徒
55	薛邦	子從
56	顏何	子冉
57	顏之僕	子叔
58	燕伋	子思

59	狄黑	子皙
60	任不齊	子選
61	廉絜	子庸
62	公冶長	子長
63	施之常	子恒
64	商澤	子秀
65	公肩定	子中
66	左人郢	子行
67	公皙哀	季次
68	曾點	子皙
69	公伯繚	子周
70	冉季	子產
71	秦祖	子南
72	秦冉	子開
73	鄡單	子家
74	秦非	子之
75	顏噲	子聲
76	少叔乘	子車
77	樂欬	子聲
78	公西輿如	十上
79	縣亶	子象
80	琴牢	子張
81	宰（或作罕）父黑	子素
82	公西蔵	子尚
83	鄭國	子徒
84	申棠	周
85	申根	子續
86	縣成	子祺
87	秦冉	子開
88	廉瑀	不可考
89	孺悲	不可考

90	公罔之裘	不可考
91	仲孫何忌	不可考
92	仲孫說	不可考
93	孔璿	不可考
94	惠叔蘭	不可考
95	左丘明	不可考
96	林放	不可考
97	牧皮	不可考
98	常季	不可考
99	子服景伯	不可考
100	賓牟賈	不可考
101	鞠語	不可考
102	顏涿聚	不可考

　　徐冠鑭根據許倬雲在《中國古代社會史論——春秋戰國時期的社會流動》之統計——「從公元前 722 年至公元前 464 年，公子的數量從 53%下降至 4%，卿大夫的數量從 44%上升爲 55%，士的人數由 0%上升爲 22%」〔註31〕，認爲春秋時期「子*」式的字出現了高潮，「這一現象與伴隨著權力下移的文化下移有關，且「子*」式的字也承襲了商周時期「子*」式稱呼的文化屬性」〔註32〕。正是春秋時期之社會變局，使具有「權貴之子」〔註33〕的文化屬性之「子*」式字爲廣大士人所接受。從孔門弟子普遍具有「子*」式字來看，孔子和孔門弟子具有一致的「君子理想」。

　　要培養君子，作爲老師的孔子首先要是一個君子。孔子始終以一個「君子」的標準要求自己，並且自信自己是一個「君子」。《論語・子罕》中有載：「子欲居九夷。或曰：『陋，如之何？』子曰：『君子居之，何陋之有？』」

〔註31〕 許倬雲著：《中國古代社會史論——春秋戰國時期的社會流動》，桂林，西師範大學出版社，2006 年版，第 29 頁。

〔註32〕 徐冠鑭：《先秦兩漢名字中「子*」式字探微》，載《安慶師範學院學報（社會科學版）》，2010 年第 1 期，第 117 頁。

〔註33〕 「『子*』是「王子*」的簡稱，即『子*』指商周王室之子」，見丁山：《甲骨文所見氏族及其制度》，見《殷商氏族方國志》，北京，中華書局，1988 年版，第 74 頁。「『子*』是指卿大夫等大臣之子」，見饒宗頤：《殷代貞卜人物通考》，香港：香港大學出版社，1959 年版，第 1197～1198 頁。

〔註34〕孔子曾說：「道不行，乘桴浮於海」〔註35〕，面對華夏禮樂漸崩，孔子佈道列國，卻不遇明主，故怨歎大道不行，欲水路而入東方夷地。有人問孔子，東夷非禮樂之邦，您去了怎麼受到了？孔子自信爲君子，認爲通過自己的教化，可以使那裡成爲禮樂之邦。孔子視自己爲君子，當時之有識之士亦視孔子爲君子。《論語・八佾》有載：「儀封人請見，曰：『君子之至於斯也，吾未嘗不得見也。』從者見之。出曰：『二三子何患於喪乎？天下之無道也久矣，天將以夫子爲木鐸。』」〔註36〕儀地掌管封疆之官聽說孔子在此地，想一睹「君子」的風采，在會見孔子之後，他對孔子大加讚賞，認爲當今天下無道，孔子定能行「君子」之道，傳道救世。其人對孔子的贊許或許過渡，然而孔子行「君子」之道、傳「君子」之道卻是事實。

三、孔子「仁學」教化的政治性

孔子教化哲學的特色在於，他不僅強調對執政者的德性教化，也非常強調對執政者的政事教化。孔子培養弟子的目標，是德才兼備的治國人才。筆者通過孔門弟子「問仁」與孔子的回答發現，孔子的「答仁」每每與爲政有著密切的關係。孔子對弟子施以「仁」教，不僅是一種道德教化，也是一種政事的教化。茲將《論語》中涉及「問仁」的語錄列表如下：

弟子	篇目	內　　容
顏回	《顏淵》	顏淵問仁。子曰：「克己復禮爲仁。一日克己復禮，天下歸仁焉。爲仁由己，而由人乎哉？」顏淵曰：「請問其目。」子曰：「非禮勿視，非禮勿聽，非禮勿言，非禮勿動。」顏淵曰：「回雖不敏，請事斯語矣。」
樊遲	《雍也》	樊遲問知。子曰：「務民之義，敬鬼神而遠之，可謂知矣。」問仁。曰：「仁者先難而後獲，可謂仁矣。」
樊遲	《顏淵》	樊遲問仁。子曰：「愛人。」問知。子曰：「知人。」樊遲未達。子曰：「舉直錯諸枉，能使枉者直。」樊遲退，見子夏。曰：「鄉也吾見於夫子而問知，子曰，『舉直錯諸枉，能使枉者直』，何謂也？」子夏曰：「富哉言乎！舜有天下，選於眾，舉皋陶，不仁者遠矣。湯有天下，選於眾，舉伊尹，不仁者遠矣。」

〔註34〕程樹德撰，程俊英、蔣見元點校：《論語集釋》第 2 冊，北京，中華書局，1990年版，第 604～605 頁。

〔註35〕程樹德撰，程俊英、蔣見元點校：《論語集釋》第 1 冊，北京，中華書局，1990年版，第 299 頁。

〔註36〕程樹德撰，程俊英、蔣見元點校：《論語集釋》第 1 冊，北京，中華書局，1990年版，第 219 頁。

樊遲	《子路》	樊遲問仁。子曰：「居處恭，執事敬，與人忠。雖之夷狄，不可棄也。」
仲弓	《顏淵》	子夏為莒父宰，問政。子曰：「無欲速，無見小利。欲速則不達，見小利則大事不成。」
司馬牛	《顏淵》	司馬牛問仁。子曰：「仁者其言也訒。」曰：「其言也訒，斯謂之仁已乎？」子曰：「為之難，言之得無訒乎？」
子張	《陽貨》	子張問仁於孔子。孔子曰：「能行五者於天下，為仁矣。」請問之。曰：「恭、寬、信、敏、惠。恭則不侮，寬則得眾，信則人任焉，敏則有功，惠則足以使人。」

透過上表可以看出，孔門弟子的「問仁」大體可以分為三類，第一類是顏淵「問仁」，第二類是樊遲「問仁」，第三類是其他弟子「問仁」。下面，筆者將分類論證三類弟子「問仁」與政治的密切關係。

第一，顏淵「問仁」。

列表中的第二則對話是「顏淵問仁」，孔子的回答是「克己復禮為仁。一日克己復禮，天下歸仁焉。為仁由己，而由人乎哉？」顏淵曰：「請問其目。」子曰：「非禮勿視，非禮勿聽，非禮勿言，非禮勿動。」顏淵曰：「回雖不敏，請事斯語矣。」〔註37〕從孔子教誨顏回「一日克己復禮，天下歸仁焉」可以看出，孔子賦予顏子的是一種平治天下的抱負，而絕不是修身為己的要求。朱熹曾說：「為仁者，所以全其心之德也。蓋心之全德，莫非天理，而亦不能不壞於人欲。故為仁者必有以勝私欲而復於禮，則事皆天理，而本心之德復全於我矣。」〔註38〕宋明先哲重在儒家心性理論的闡發，在他們的視閾中，不仕的顏子，窮居陋巷而不改其樂，顏子一定是一個不欲入仕、一心修身的儒者。然而，通覽《論語》，我們可以發現，顏回並不是一個只求反躬自省的學者，他同時是一個有意平治天下的君子。《論語·衛靈公》載有顏淵問為邦，孔子的回答是：「行夏之時，乘殷之輅，服周之冕，樂則韶舞。放鄭聲，遠佞人。鄭聲淫，佞人殆。」由此可見，顏淵在此思考的政治制度的建構問題。王應麟在《困學紀聞》中指出：「孔門獨顏子為好學，所問曰『為仁』，曰『為邦』，成己成物，體用本末備矣」〔註39〕，在孔子的仁學思想中，道德是體，政事是用，二者相即不離。孔子以此要求自己，亦以此與顏回共勉。根據《孔

〔註37〕 程樹德撰，程俊英、蔣見元點校：《論語集釋》第 3 冊，北京：中華書局，1990年版，第 817～821 頁。

〔註38〕 〔宋〕朱熹撰：《四書章句集注》，北京：中華書局，1983 年版，第 131 頁。

〔註39〕 〔宋〕王應麟撰，〔清〕翁元圻等注，樂保群、田松青、呂宗力校點：《困學紀聞》中冊，上海：上海古籍出版社，2008 年版，第 972 頁。

子家語・顏回》的記載：

> 魯哀公問於顏回曰：「子亦聞東野畢之善御乎？」對曰：「善則
> 善矣，雖然，其馬必佚。」……顏回對曰：「以政知之，昔者，帝舜
> 巧於使農，造父巧於使馬，舜不窮其民力，造父不窮其馬力，是以
> 舜無佚民，造父無佚馬，今東野畢之御也，升馬執轡，銜體正矣，
> 步驟馳騁，朝禮畢矣，歷險致遠，馬力盡矣，然而猶求馬不已。臣
> 聞之，鳥窮則啄，獸窮則攫，人窮則詐，馬窮則佚，自古及今，未
> 有窮其天下而能天危者也。」〔註40〕

這是記載顏回為仕能力最具體的一則材料，通過東野畢之御馬，顏回就
能看出其馬必佚的原因，從而聯想到一系列為政之措施，得出要善御天下不
能過渡地勞役人民，作為君王要推己及人，行仁德的政治，這樣天下才會定
於安一。顏淵從一匹馬的狀態而能興發為政之本質，可見其對政治的理解極
為深刻。此外，在《論語・公冶長》中記載：

> 顏淵、季路侍。子曰：「盍各言爾志？」子路曰：「願車馬、衣
> 輕裘，與朋友共。敝之而無憾。」顏淵曰：「願無伐善，無施勞。」
> 子路曰：「願聞子之志。」子曰：「老者安之，朋友信之，少者懷
> 之。」〔註41〕

黃紹祖先生認為：「願無施勞，安人之志也。既無伐善，又無施勞；內以
修己，外以安人，成己成物之道，不可偏廢也。〔註42〕其無伐善，是內以修
己之道；無施勞，是外以安人之道。顏淵的這一觀念秉持了儒家思想的為仕
之方法，由此可見顏子政治抱負的博大。而《孔子家語・致思》的記載讓我
們再次領略了顏回的為政抱負：

> 孔子北遊於農山，子路，子貢，顏淵侍側。孔子四望，喟然歎
> 曰：「於斯致思，無所不至矣。二三子各言爾志，吾將擇焉。」……
> 顏回對曰：「回聞薰猶不同器而藏，堯桀不共國而治，以其類異也。
> 回願得明王聖主輔相之，敷其五教，導之以禮樂，使民城郭不修，

〔註40〕楊朝明、宋立林主編：《孔子家語通解》，濟南：齊魯書社，2013 年版，第 222
頁。

〔註41〕程樹德撰，程俊英、蔣見元點校：《論語集釋》第 2 冊，北京：中華書局，1990
年版，第 353～354 頁。

〔註42〕黃紹祖著：《復聖顏子思想研究》，臺北：文史哲出版社，1982 年版，第 58～
59 頁。

溝池不越，鑄劍戟以爲農器，放牛馬於原藪，室家無離曠之思，千歲無戰鬥之患。」〔註43〕

　　顏迴心慕理想的政治，願輔相明王聖主，他的努力治學並不只是求得內心的安頓，亦是在爲自己的出仕打好基礎。可惜顏淵過於勤奮苦學，以致英年早逝，其出仕之理想也付諸東流。根據《論衡・效力》的記載：「顏氏之子，已曾馳過孔子於塗矣，劣倦罷極，髮白齒落。夫以庶幾之材，猶有僕頓之禍，孔子力憂，顏淵不任也。」〔註44〕顏淵是孔門弟子中最好學的，孔子甚至說弟子中只有顏回是好學的，然而顏子不懼疲倦地學習最終早喪，孔子曾這樣評價他：「惜乎！吾見其進也，未見其止也。」〔註45〕顏淵居「德性」科之首，他是孔子最得意的弟子，孔子稱只有顏回和自己做到了「用之則行，捨之則藏」〔註46〕。基於上述分析，我們有理由相信顏淵此處的「問仁」不僅是對道德修煉的恪守，同時也內蘊著他對天下實現禮制，天下歸仁的政治理想。

　　第二，樊遲「問仁」。

　　列表中的第一則對話是《論語》「樊遲問知」章。孔子的回答是：「務民之義，敬鬼神而遠之，可謂知矣。」樊遲問仁。孔子又說：「仁者先難而後獲，可謂仁矣。」〔註47〕董仲舒在《春秋繁露・仁義法》中指出：「孔子謂冉子曰：『治民者，先富之而後加教。』語樊遲曰：『治身者，先難後獲。』以此之謂治身之與治民所先後者不同焉矣。」〔註48〕在董仲舒看來，孔子對於樊遲問仁的回答旨在要樊遲做好修身。筆者不同意董仲舒的觀點，孔子在培養弟子的過程中，通過提高弟子的德性，使他們成爲合格的爲政者。因此，孔子與弟子關於「仁」的問答，都存在著背後的教學目的，即「修德以取位」。在孔子的哲學思想中，修身與爲政是一個統一體，修身是爲政的前提，爲政是修

〔註43〕楊朝明、宋立林主編：《孔子家語通解》，濟南：齊魯書社，2013年版，第73～74頁。

〔註44〕黃暉撰：《論衡校釋（附劉盼遂集解）》第2冊，北京：中華書局，1990年版，第583頁。

〔註45〕程樹德撰，程俊英、蔣見元點校：《論語集釋》第2冊，北京：中華書局，1990年版，第614頁。

〔註46〕程樹德撰，程俊英、蔣見元點校：《論語集釋》第2冊，北京：中華書局，1990年版，第450頁。

〔註47〕程樹德撰，程俊英、蔣見元點校：《論語集釋》第2冊，北京：中華書局，1990年版，第406頁。

〔註48〕〔清〕蘇輿撰，鍾哲點校：《春秋繁露義證》，北京：中華書局，1992年版，第254頁。按，個別標點略有校改。

身的目的。王闓運在《論語訓》中反駁了董仲舒關於孔子答樊遲問仁旨在修身的觀點：「此問爲政之知仁，故以務民不惑爲知，言不以姑息爲仁。先令民爲其難，乃後得其效。董仲舒言治身，非也。」〔註49〕王闓運的觀點與筆者是一致的，在「樊遲問知」章中，樊遲的「問知」與「問仁」是在爲政話題中展開的，孔子的回答是根據樊遲的特點給予的爲政的解答，在這一章中，「知」與「仁」都具有深刻的政治內涵。

列表的第五則對話同樣涉及到樊遲的「問仁」與「問知」，與第一則對話不同，此處樊遲先「問仁」再「問知」。朱熹《論語集注》有言：「愛人，仁之施。知人，知之務。曾氏曰：『遲之意，蓋以愛欲其周，而知有所擇，故疑二者之相悖爾。舉直錯枉者，知也。使枉者直，則仁矣。如此，則二者不惟不相悖，而反相爲用矣。』」〔註50〕在朱熹看來，樊遲的未達並不是對孔子的「答知」的疑惑，而是對如何聯繫「答仁」與「答知」的困惑。孔子面對樊遲的困惑，繼續引導他到：「舉直錯諸枉，能使枉者直。」〔註51〕孔子的這番陳述在《論語・爲政》中也出現過，哀公問曰：「何爲則民服？」孔子對曰：「舉直錯諸枉，則民服；舉枉錯諸直，則民不服。」〔註52〕孔子的意思是要舉用正直的人爲官，使不正的爲政者步入正途，這毫無疑問是對具體政事的指導。任用正直的人爲官必然達到「愛人」的目的，基於此，樊遲在此章的「問仁」與「問知」並行不悖，都是對於爲政的闡發。

列表的第六則對話再次出現樊遲問仁，孔子答以「居處恭，執事敬，與人忠。雖之夷狄，不可棄也。」〔註53〕《龜山集》記載胡德輝發現此章與子張問行章「其義甚類」，「或說『問仁』乃『問行』爾，字之誤也？」楊時是這樣回答的：「學者求仁而已，行則由是而之焉之者也。其語相似，無足疑者。」〔註54〕在楊時看來，此章與《論語・衛靈公》的「子張問行」章語意

〔註49〕〔清〕王闓運撰，黃巽齋點校：《論語訓・春秋公羊傳箋》，長沙：嶽麓書社，2009年版，第43頁。
〔註50〕〔宋〕朱熹撰：《四書章句集注》，北京：中華書局，1983年版，第139頁。
〔註51〕程樹德撰，程俊英、蔣見元點校：《論語集釋》第3冊，北京：中華書局，1990年版，第873頁。
〔註52〕程樹德撰，程俊英、蔣見元點校：《論語集釋》第1冊，北京：中華書局，1990年版，第117頁。
〔註53〕程樹德撰，程俊英、蔣見元點校：《論語集釋》第3冊，北京：中華書局，1990年版，第926頁。
〔註54〕〔宋〕楊時撰：《龜山集》，收入〔清〕乾隆敕輯：《景印文淵閣四庫全書》第

重合，因此此章的「問仁」就是「問行」。這又印證了在孔子的思想中仁德與踐行是一致的。在「子張問行」篇中，孔子告訴子張：「言忠信，行篤敬，雖蠻貊之邦行矣；言不忠信，行不篤敬，雖州里行乎哉？立，則見其參於前也；在輿，則見其倚於衡也。夫然後行。」〔註 55〕子張深以爲然，將其寫在了書帛之上。孔子辦學是培養有志爲官的君子，孔子的弟子都有積極入仕之心，因此弟子的問行不純粹是日常之生活行事，行更深刻的內涵則是政事。所以樊遲在此處的「問仁」亦與政事息息相關。

第三，其他弟子「問仁」。

列表的最後一則對話中，子張問仁於孔子。孔子曰：「能行五者於天下，爲仁矣。」請問之。曰：「恭、寬、信、敏、惠。恭則不侮，寬則得眾，信則人任焉，敏則有功，惠則足以使人。」〔註 56〕對於這章孔子的回答，與其說是在回答「仁」，不如說是在回答「仁行」。孔子這裡所凸顯的恭、寬、信、敏、惠五種德行與上一部分結尾的「子張問行」有重合之處。錢穆先生曾指出：「此章孔子答語乃似答問政，與答問仁不類。或說此乃問仁政，然亦不當單云問仁。」〔註57〕因此，這一章的子張「問仁」，實際上就是在「問政」。

列表中的「仲弓問仁」一章，《史記・仲尼弟子列傳》載有「仲弓問政」〔註58〕，其後的孔子曰：「出門如見大賓，使民如承大祭。在邦無怨，在家無怨」，與《論語》的記載有重合之處，當是同一次對話的不同記載。這裡的「仁」與「政」可以相互置換，體現了孔子仁學與爲政思想的相交之處。孔子的教學並不是純粹的道德宣喻，在道德宣喻的背後是孔子對弟子積極出仕，鐵肩擔道的熱切批判。在這則對話中，我們捕捉到了一個關鍵詞——「邦」。我們可以說，在《論語》對話中，凡是出現「邦」字的，都體現了孔

1125 冊，臺北：臺灣商務印書館，1982～1986 年版，第 252 頁下欄。按，標點符號爲引者所加。

〔註55〕 程樹德撰，程俊英、蔣見元點校：《論語集釋》第 4 冊，北京：中華書局，1990 年版，第 1065 頁。

〔註56〕 程樹德撰，程俊英、蔣見元點校：《論語集釋》第 4 冊，北京：中華書局，1990 年版，第 1199 頁。

〔註57〕 錢穆著：《論語新解》，北京：生活・讀書・新知三聯書店，2002 年版，第 448 頁。

〔註58〕 〔漢〕司馬遷撰，〔宋〕裴駰集解，〔唐〕司馬貞索引，〔唐〕張守節正義：《史記》第 7 冊，北京：中華書局，1959 年版，第 2190 頁。

子對國家治理的深切關懷。在《論語・衛靈公》中載有子貢問爲仁一章，孔子的回答是：「工欲善其事，必先利其器。居是邦也，事其大夫之賢者，友其士之仁者。」〔註59〕子貢的問話是很明確的，如何做到仁？而孔子的回答則是在國家之內，努力配合大夫中之賢者的工作，並與士人中的仁者交朋友。做到了這些正是踐行仁的基本行爲。

綜上所述，《論語》中涉及孔門弟子「問仁」的對話，除司馬牛「問仁」不能做出確切判斷之外（體現「問仁」即是「問行」），其餘幾則都揭示了「仁」與政治的密切關係。筆者在此並不是有意要忽略「仁」的德行意，毫無疑問，德行是「仁」最本質的內涵，然而孔子的仁學並不只是形上學意義上的抽象道德概念，而且兼具了豐富的政治實踐意義。孔門弟子的「問仁」實際上就是在「問政」，孔子的教化實踐不僅成全的自身的政治實踐，也將政治實踐的方式傳遞給他的弟子。

〔註59〕程樹德撰，程俊英、蔣見元點校：《論語集釋》第 4 冊，北京：中華書局，1990年版，第 1075 頁。

第七章　選賢與能：孔子政治哲學思想的旨歸

　　以孔子為代表的先秦儒家的教化實踐是一種政治性教化，其目的是培養君子，其隱蘊著先秦儒家政治哲學的旨歸——選賢與能。在「子奚不為政」章中孔子在直接意義上將自己的政治性教化視作一種政治實踐，而其間接意義則將培養君子做為其政治實踐的延續。在孔子的思想中蘊含著豐富的尚賢理念，其構成了先秦儒家乃至儒家思想史上「賢能政治」的思想雛形。「賢能政治」所蘊含的「民心與政治合法性」問題有別於西方政治哲學的元問題——民主與政治合法性，儒家「賢能政治」的政治哲學智慧對當今世界亦有重要意義。

一、孔子的尚賢思想

　　尚賢是孔子思想的重要內容，尚賢的第一義是政治良性運行的重要基礎和關鍵就在於在位者的德行。孔子強調：「政者，正也」〔註 1〕，執政者的道德，決定著政治體的道德。而在另一方面，孔子將「禮崩樂壞」歸因於在位者僭越禮制、缺失德行。孔子生活在社會失序、戰亂頻仍的時代，因為認同「鬱鬱乎文哉」的禮樂傳統，反觀自身所處的現實境域，孔子由此認定自己身處「禮崩樂壞」之亂世。僭越禮制在當時的社會大行其道，即使如魯國這般周文保存完整的國家亦亂象叢生，如「三家以雍徹」〔註 2〕、「八佾舞於

〔註 1〕　程樹德撰，程俊英、蔣見元點校：《論語集釋》第 3 冊，北京：中華書局，1990
　　　　　年版，第 864 頁。
〔註 2〕　程樹德撰，程俊英、蔣見元點校：《論語集釋》第 1 冊，北京：中華書局，1990

庭」〔註3〕、「季氏旅於泰山」〔註4〕等。其他諸侯國的情況大抵如陳文子所見「至於他邦，則曰：『猶吾大夫崔子也。』違之。之一邦，則又曰：『猶吾大夫崔子也。』」〔註5〕，無怪乎司馬遷言孔子所處之世是「春秋之中，弒君三十六亡國五十二，諸侯奔走不得保其社稷者，不可稱數」〔註6〕的時代。在禮樂崩壞的時代窘境面前，孔子既不祈祝宗教鬼神，寄希望於神靈，「未能事人，焉能事鬼」〔註7〕，亦未同隱者般選擇逃避隱遁，「乘桴浮於海」〔註8〕，而是將弘道作爲志向在列國間櫛風沐雨、不辭辛勞，「以賢對於從政者加以要求」，針對當政者德行缺失的現狀及由此衍生出來的諸多問題，孔子認爲教導時君「正其身」從而「爲政以德」〔註9〕是亟待解決的現實問題。

孔子以賢要求在位者，認爲在位者應該注重自身「修德」，強化道德修養。在孔子的意識中，「修德」是「賢」的重要屬性和表徵。「德政」對爲政者的要求是「賢」，想要對百姓施以「德政」，爲政者就需要從加強個人道德修養入手。在位者的道德修養會作用於政治秩序，並對其產生影響，在具體的事物中，孔子同樣對在位者道德修養影響政治的情況進行了強調。在孔子看來，政治秩序的重要基礎就是在位者的道德修養。

舉賢才是孔子尚賢思想的另一重要部分，孔子認爲，爲政者賢明的一個重要表現就是舉賢才，因此孔子對爲政者知賢不舉的做法持批判態度，「子曰：『臧文仲其竊位者與？知柳下惠之賢，而不與立也。』」〔註10〕對爲政者

年版，第 140 頁。

〔註3〕 程樹德撰，程俊英、蔣見元點校：《論語集釋》第 1 冊，北京：中華書局，1990年版，第 136 頁。

〔註4〕 程樹德撰，程俊英、蔣見元點校：《論語集釋》第 1 冊，北京：中華書局，1990年版，第 151 頁。

〔註5〕 程樹德撰，程俊英、蔣見元點校：《論語集釋》第 1 冊，北京：中華書局，1990年版，第 335 頁。

〔註6〕 〔漢〕司馬遷撰，〔宋〕裴駰集解，〔唐〕司馬貞索引，〔唐〕張守節正義：《史記》第 7 冊，北京：中華書局，1959 年版，第 3297 頁。

〔註7〕 程樹德撰，程俊英、蔣見元點校：《論語集釋》第 3 冊，北京：中華書局，1990年版，第 760 頁。

〔註8〕 程樹德撰，程俊英、蔣見元點校：《論語集釋》第 1 冊，北京：中華書局，1990年版，第 299 頁。

〔註9〕 程樹德撰，程俊英、蔣見元點校：《論語集釋》第 1 冊，北京：中華書局，1990年版，第 61 頁。

〔註10〕 程樹德撰，程俊英、蔣見元點校：《論語集釋》第 4 冊，北京：中華書局，1990年版，第 1094 頁。

知賢而舉的做法大加讚賞，「公叔文子之臣大夫僎，與文子同升諸公。子聞之曰：『可以爲文矣』」〔註11〕。通過孔子的思想論述，我們可知，孔子認爲舉賢才應是爲政者的第一要務。子游任武城宰之時，孔子首問即是「女得人焉爾乎」〔註12〕。孔子視舉賢才是爲政者的第一要務，《論語》仲弓問政，子曰：「先有司，赦小過，舉賢才。」〔註13〕在孔子看來，政治良性運轉的重要基石就是賢才的輔佐。

孔子所推舉和崇尚之人，通常都擁有良好的道德和高尚的才能。因此，孔子通常借助讚美之詞來表達自己對賢人賢士的認可度。孔子的這一舉動就像韋政通所說的那樣：「他能對古代和同時代的賢人，衷心讚賞，如稱管仲之功、柳下惠之賢、史魚之直，稱子產則謂『有君子之道』，稱晏嬰則謂其『善與人交』，稱伯夷、叔齊能『不降其志，不辱其身』」〔註14〕在推崇賢人方面，孔子不僅僅只依靠讚美來表達其認可度，而更多的是以實際行動來對賢人進行推崇，將「賢人」作爲榜樣，「子曰：『見賢思齊焉，見不賢而內自省也』」〔註15〕。由此可見，孔子不僅將「賢人」作爲自身發展標準，而且還耐心的啓發和開導自己的弟子們也將賢人作爲其發展目標，希望他們能夠通過學習最終成爲一名賢人。

楊亮功先生對《論語》中所出現「學」字的部分進行了詳細的統計，併發現在整部《論語》中，出現「學」字的部分一共有 42 處（總計有 63 處出現「學」字），並且有孔子本人所提及的「學」字就達到了 32 處。在《論語》所包含的二十篇古文中，出現「學」字的顧問就有十五篇（並且出現次數均大於一次），並且發現，僅僅只有五篇古文中沒有「學」字的出現，即《八佾》、《里仁》、《鄉黨》、《季氏》、《堯曰》（但並非未討論此問題）」〔註16〕，因此，在孔子的思維框架內，「學」所描述的內容和目標到底是怎樣的？王博對此給

〔註11〕 程樹德撰，程俊英、蔣見元點校：《論語集釋》第 3 冊，北京：中華書局，1990年版，第 266 頁。
〔註12〕 程樹德撰，程俊英、蔣見元點校：《論語集釋》第 2 冊，北京：中華書局，1990年版，第 391 頁。
〔註13〕 程樹德撰，程俊英、蔣見元點校：《論語集釋》第 3 冊，北京：中華書局，1990年版，第 882 頁。
〔註14〕 韋政通著：《中國思想史》，長春：吉林出版集團，2009 年，第 58 頁。
〔註15〕 程樹德撰，程俊英、蔣見元點校：《論語集釋》第 1 冊，北京：中華書局，1990年版，第 269 頁。
〔註16〕 轉引自李明輝：《儒家視野下的政治思想》，北京：北京大學出版社，2005 年，第 2 頁。

出了回應，「《論語》始於《學而》終於《堯曰》」背後所體現的義理結構是「由學以致聖的思想路徑」〔註17〕。「學」是一個持續不斷的歷程，其更新變化隨時間而進行。因此，孔子與上進者的價值目標則不盡相同，都將學以成賢作爲其目標。但更關鍵的一點在於，學以成賢這一思想觀點中蘊含了巨大的政治功能，其所預期的目標則是將「天下無道」中的「無」朝著「有」的方向發展。

二、「賢能政治」的政治哲學價值

孔子的「尚賢」思想引導著先秦儒家「賢能政治」的思想走向，所謂「賢能政治」，意爲政治體的執政者爲賢能之士，其內在理路是只有賢能之士執政才能帶使政治良性運轉。從某種程度上來說，古代社會的治理手段主要爲人治，任人唯賢，才能國泰民安，若任人不當，則會給國家帶來許多弊端。賢能不僅是對官吏的評價標準，同時也是對君主的必然要求，能否禮賢下士，任賢使能，對於國家和社會的治理至關重要『故爲政在人』〔註18〕。孟子在孔子「舉賢」思想的基礎之上又提出「尊賢使能，俊傑在位」〔註19〕，這一思想在治理國家的過程中至關重要。荀子也對這一思想給予了認可，主張賢者治國，並提出「賢能不待次而舉，罷不能不待須而廢」〔註20〕，換句話說，如果治理者是一名賢能之人，那麼就可以獲得破格提拔的權利，反之則隨時都可能罷免其治理者的職位，「故尊聖者王，貴賢者霸，敬賢者存，慢賢者亡，古今一也」〔註21〕因此，「選賢與能」則是君主主要的職務和責任，從本質上講，賢能之士則能更好的體現民心、民意之所在，獲得賢能之稱的治理者要對百姓承擔相應的義務和責任，真正爲民眾的利益著想，這也爲統治者獲得百姓認同提供一定的依據。在實際的政治生活當中，區分精英與大眾是永恆不變的定理，精英要想得到大眾對其本人以及所在職位的認可，就必須要具

〔註17〕 王博：《論〈勸學篇〉在〈荀子〉及儒家中的意義》，載《哲學研究》，2008年第5期，第58頁。

〔註18〕 〔漢〕鄭玄注，〔唐〕孔穎達疏，龔抗云整理，王文錦審定：《禮記正義》第3冊，北京：北京大學出版社，1999年版，第1440頁。

〔註19〕 〔清〕焦循撰，沈文倬點校：《孟子正義》上冊，北京：中華書局，1987年版，第226頁。

〔註20〕 〔清〕王先謙撰，沈嘯寰、王星賢點校：《荀子集解》上冊，北京：中華書局，1988年版，第148頁。

〔註21〕 〔清〕王先謙撰，沈嘯寰、王星賢點校：《荀子集解》上冊，北京：中華書局，1988年版，第453頁。

備一定的能力，而這一能力的關鍵之處就在於兩點，即賢能和民意，這二者之間缺一不可，最終將「天下爲公，選賢與能」作爲各朝各代治理治國理政的依據。

（一）「賢能政治」的邏輯起點：民爲邦本

以人爲本是選賢用能的核心。《尙書・皋陶謨》中的「九德」說，《太公六韜・文韜》中有「六守」說，《管子・立政》亦有「曰德不當其位，二曰功不當其祿，三曰能不當其官，此三本者，治亂之源也。」〔註22〕「德才兼備」這一詞中的德與才，二者缺一不可，兩者之間存在緊密聯繫。光有德而無才，空有德之皮囊，仍不能爲社會作出貢獻；光有才而無德，對社會來說只有百害而無一利。在此基礎之上可看出，古代以「以德治國」作爲統治社會的依據，春秋時期，孔子以德治思想爲前提，給出「以政爲德」的治國之道。「爲政以德」這一思想，主要從兩點展開討論：第一點是「修己」，第二點是「治人」，這兩者的共同之處都在於以正確的民本觀念爲根本點。「道德具有超越一切的無形力量，爲政者具有了這一道德稟賦，便擁有了政治人格和權力權威，也就擁有了爲政治國、安人安百姓的資質。」〔註23〕因此，治理者要想做出一番大事業，那就必須「正其身」，時刻秉持「民者，萬世之本，不可欺』〔註24〕這一良好的政令理念。

「進賢」思想立足於以民爲本的政治觀念。孔子從「進賢」這一視角進行闡述，得出管仲、子皮與鮑叔牙、子皮相比，後者之賢大於前者。因爲管仲、子產具有的是治國才能，但並沒有推薦出代替自己的人才，而鮑叔牙讓位於管仲，子皮讓相於子產，既有超人的眼力，又有高尙的品德，所以堪稱「賢」〔註25〕。進賢的制度來源，是由殷周時期一直所採用的「以世舉賢」而來，其對「世官世祿」制度進行完善修正最終制定出進賢爲賢制度，這將「不恤親疏，不恤貴賤，唯誠能之求」〔註26〕這一百姓政治力量的歷史情況表現出來。

眾生都有成爲賢能人士的可能性，這爲賢能政治給予了良好的民眾基

〔註22〕李山譯注：《管子》，北京：中華書局，2009 年版，第 36 頁。

〔註23〕王杰著：《先秦儒家政治思想論稿》，北京：人民出版社 2011 年版，第 129 頁。

〔註24〕〔漢〕賈誼：《賈誼集》，上海：人民出版社，1976 年版，第 152 頁。

〔註25〕劉向著：《說苑校正》第 2 冊，北京：中華書局，1987 年版，第 42 頁。

〔註26〕〔清〕王先謙著，沈嘯寰、王星賢點校：《荀子集解》上冊，北京：中華書局，1988 年版，第 209 頁。

石。從本質上來說，任賢使能就是打破血緣關係下的宗法等級制度，並按照其實際賢能程度對其進行選舉提拔。這種選舉方式在當時那個年代來說，是一項十分開明的政治選賢舉措，具有很大的進步性。我國著名教育學家孔子提出「有教無類」的主張，而後的孟荀也對人性進行了深入的研究討論，最終大家的想法都落到了一點上，就是人的道德品行都可以通過自身進行提升，特別是在後天努力與吸取優良美德上。孔子曾說過：「有能一日用其力於仁矣乎？我未見力不足者」〔註27〕，這也就是說在君子品格當中，最重要的就是仁，而這一點每個人都有實踐的能力，沒有無此能力者。孟子曾直率的說道「聖人之於民，亦類也」〔註28〕，即「聖人與我同類者」〔註29〕，那為什麼聖人與一般人之間還是存在區別呢？孟子給出了答案：「聖人先得我心之所同然耳」〔註30〕，也就是說聖人首先就做到的就是仁，因此一般人又能為成為聖人的可能性呢？毋庸置疑：「人皆可以為堯舜」〔註31〕，荀子也曾說過「聖人者，人之所積而致也」。〔註32〕一般人只要像聖人學習，勤能補拙，將其本性不斷昇華，便有可能將自身提升最終達到堯舜那般境界「學而優則仕」〔註33〕，從古至今文人都堅定不移地奉行著這條信仰與準則，不僅將賢能之人引進到官員群體內，還是得廣大民眾對政權產生了認同感並清楚的認識到自己所處的角色，從而使一個朝代的統治能夠保持相對平穩的水平。

（二）「賢能政治」的思想立場：表達民意

秦穆公在臨終之前，提出讓三賢為其殉葬，秦朝百姓皆為其長哀悼之歌，其中有一段「彼蒼者天，殲我良人，如可贖兮，人百其身。」從這可以看出，

〔註27〕 程樹德撰，程俊英、蔣見元點校：《論語集釋》第 1 冊，北京：中華書局，1990年版，第 238 頁。

〔註28〕 〔清〕焦循撰，沈文倬點校：《孟子正義》上冊，北京：中華書局，1987年版，第 218 頁。

〔註29〕 〔清〕焦循撰，沈文倬點校：《孟子正義》下冊，北京：中華書局，1987年版，第 763 頁。

〔註30〕 〔清〕焦循撰，沈文倬點校：《孟子正義》下冊，北京：中華書局，1987年版，第 765 頁。

〔註31〕 〔清〕焦循撰，沈文倬點校：《孟子正義》下冊，北京：中華書局，1987年版，第 810 頁。

〔註32〕 〔清〕王先謙著，沈嘯寰、王星賢點校，《荀子集解》下冊，北京：中華書局，1988年版，第 443 頁。

〔註33〕 程樹德撰，程俊英、蔣見元點校：《論語集釋》第 4 冊，北京：中華書局，1990年版，第 1324 頁。

賢士對於平民百姓來說，象徵著自身利益，因此他們寧願用一百人的性命也想要留住其一人的性命。民眾之所以對賢能者懷揣敬仰之情，就是因爲他們代表著百姓的民意。因此從權利這個層面來看，我們通常講賢能者分爲兩類，一類是在朝群體，另一類是在野群體。

從在朝賢能者的視角來說，其都是民本思想下的產物，因此民眾要想進行利益表達時，其就成爲唯一的途徑。民本思想最大的特徵就在於渴望獲得明君，由聖賢之士治理國家，而在朝賢能者正好充當了社會利益的這個角色，以「天下之父母」的名義爲民眾提供社會服務，從根本保障民眾利益，例如提出不竭民力、教民明理等重視民眾這類政策，這些政策通過君道、臣道的間接手段，將廣大民眾的願望和要求從根本上表現出來，並且不管以哪種政治制度爲背景，治理者都能夠以民眾利益代表的身份出現在大眾視野當中。司馬遷曾經著有《循吏列傳》一書，因此在後世循吏傳也由此產生。循吏也稱爲秉公辦事的官員，簡單來說，就是百姓口中的清廉好官。《漢書·循吏傳》師古注：「盾，順也，上順公法，下順人情也」，〔註34〕這一傳記中所提及的「人情」即民情。循吏爲官清廉，具有較強的能力，並且以民眾爲主，能夠眞正爲民眾服務，並且將體察民情列入治理政務之中，能夠爲民眾排憂解難，從古至今，循吏在民眾心目中的形象非同一般。在《循吏傳》中，班固曾對循吏做出過評價：『所居民富，所去見思，生有榮號，死見奉祀，此廩廩庶幾德讓君子之遺風矣。」〔註35〕循吏去世後，當地百姓爲了對其功勞業績進行追念，故自發組織起來爲他們搭建祠堂並對其進行祭祀，還有些地區將循吏當作神來看待，儘管這與地區生產是否落後有著重要聯繫，但是從這也可以看出以循吏爲代表的在朝賢能者在民眾心目中的形象，從某個層面來說，其更能表達民眾利益的訴求，眞正爲民眾辦實事。與此同時，循吏作爲社會榜樣，儘管爲數極少，但是也無形之中能夠對一些「俗吏」以及「貪污受賄的官吏」生成影響，從而糾正官場作風，爲民眾謀福利，提升統治者在民眾心目中的形象，最終實現政權穩定。

從在野賢能者的視角來說，其通常以鄉紳鄉賢的身份出現在大眾面前，並代表其表達民眾的訴求。因此，他們不僅是「在野之官」，『居鄉之士』，也

〔註34〕〔漢〕班固撰，〔唐〕顏師古注，《漢書》第 11 冊，北京：中華書局，1962
　　　　年版，第 3623 頁。
〔註35〕〔漢〕班固撰，〔唐〕顏師古注，《漢書》第 11 冊，北京：中華書局，1962
　　　　年版，第 3624 頁。

是「一特殊的會讀書的人物」，〔註36〕因爲與當地鄉親百姓有著血濃於水的親情以及居住的親近，而且其與鄉親百姓都有著共同的利益追求，共同維護宗族等利益，因此通常被當親鄉親百姓愛戴，使其成爲代表，爲民眾表達訴求、傳達意願以及控訴。此外，還有些人用「鄉紳之治」來概括古代鄉村治理制度，從而使官與紳在各類環境下都能夠隨意切換其所擔任的角色。因爲「官僚、士大夫、紳士、知識分子，這四者實在是一個東西。雖然在不同的場合，同一個人可能具有幾種身份，然而，在本質上，到底還是一個。」〔註37〕因此，封建統治制度下，大多數鄉紳都採取支持態度，所以如果鄉紳民心所向，帶領群眾與統治者反抗，那麼這個王朝的時間也就到頭了。鄉紳同時也是「惟一能合法地代表當地社群與官吏共商地方事務參與政治過程的集團」，並且「這一特權從未擴展到其他任何社群和組織。」〔註38〕這種獨特的權利與條件使得鄉紳理所當然的爲民眾扛起了民意的大旗。所以著名學者費孝通說到：「雖鄉紳沒有影響決策的真正的政治權力，並且在任何時候都不可能和政治有直接的聯繫，但他們試圖影響朝廷，並且免於政治壓迫。統治者愈可怕，愈像老虎，紳士的保護外衣就愈有價值。」〔註39〕這種保護民意的方法，即費孝通所提及的「紳權」，當其與皇權共同承擔政治治理時，紳權就會從最底層逐步向上搭建出一條「非正式權利」的政治路徑，將民意通過這條路徑通向上層，例如聯名請願等，也有直通最高層的可能性，因此減少了平民百姓與貴族之間的衝突，使得民眾在表達訴求時不會採取過激手段。鄉紳之所以在平民百姓中擁有較高的形象，不僅僅是因爲雙方有著共同的利益，更關鍵的一點在於其身份也象徵著百姓對其所賦予的期望，因此這些賢能者往往也象徵著仁和禮。

回歸到現實來看，這裡有一個值得關注的實際問題，即什麼是民意，還有民意是否能夠真正得到傳達，如果不能，上述立論則不成立。西方通常將個人主義放在最前端，將其看作是民主，有著較強認同的一種觀念，提出「一

〔註36〕費孝通著，惠海鳴譯：《中國紳士》，北京：中國社會科學出版社，2006年版，第41頁。

〔註37〕吳晗，費孝通等：《皇權與紳權》，天津：天津人民出版社1988年版，第66頁。

〔註38〕瞿同祖著，范忠信，晏鋒譯：《清代地方政府》，北京：法律出版社2003年版，第282頁。

〔註39〕費孝通著，惠海鳴譯：《中國紳士》，北京：中國社會科學出版社，2006年版，第5～6頁。

人一票」才能夠將民主展現出來，直到現在還有部分香港人士仍堅持這一觀念。暫且不說是否每一張投票都具有相同的價值，就單從民粹主義的政治經濟理念來看，其破壞力遠遠超出想像，況且「一人一票」也不能確保維護到所有在場投票者（後代、環保等）的利益訴求。因此，民意不僅僅只是將全部民主的意願混雜在一起，更多的是以民主最迫切的利益爲主。就民粹主義而言，從數量上來講，正能缺表每個人都表達出自己的觀點，但是其所代表的民意是否眞正代表的是民仍是個未知數，更多側重的是其所表達的觀點是否借民意這兩個字的含義展現出來。就像瀛臺交談時，習近平總書記與原美國總統奧巴馬所說的「我們講究的民主未必僅僅體現在『一人一票』直選上，我們在追求民意方面，不僅不比西方國家少，甚至還要更多」。那又怎樣才能做到將民心民意民情都更好的融合在一起呢？與西方不同，儒家的出發點是以「人相互通感的同情同理和同意，所以如何連結民心民意民情於爲政治理則委諸於居位者自身行使推己及人的揣摩之道。」〔註 40〕亦即賢者通過推己及人，順而治之即可，這也是儒家的忠恕之道，所謂「己欲立而立人，己欲達而達人。能近取譬，可謂仁之方也已」〔註 41〕這就成爲賢能者將民心民意民情聯繫在一起的關鍵點，做到「民之所好好之，民之所惡惡之」，達成了這項目標，那麼「仁」也就實現了。

（三）「賢能政治」的獨特優勢：調節君民

當明君在進行重大決策時，通常都要將百姓放在首位，考慮是否符合百姓利益訴求，是否能夠滿足百姓意願，越過具體實施方案，光從理論、言論方面講，也主要是以民爲本。制定的政策是否對百姓有利，這與民心直接掛鈎。因此，明主在進行中到決策時，主要側重於如何安民、利民、惠民、富民、恤民、親民等「得其民，斯得天下矣。」〔註 42〕誠如《呂氏春秋・適威》所言：「古之君民者，仁義以治之，愛利以安之，忠信以導之，務除其災，思至其福。」〔註 43〕可見，愛民、利民是其長治久安的根本「國將興，聽於民；

〔註 40〕　許雅棠著：《民本治理學》，臺北：臺灣商務印書館 2005 年版，第 60 頁。
〔註 41〕　程樹德撰，程俊英、蔣見元點校：《論語集釋》第 2 冊，北京：中華書局，1990年版，第 428 頁。
〔註 42〕　〔清〕焦循撰，沈文倬點校：《孟子正義》上冊，北京：中華書局，1987 年版，第 503 頁。
〔註 43〕　〔戰國〕呂不韋著，陳奇猷校釋，《呂氏春秋》下冊，上海：古籍出版社，2002年版，第 1290 頁。

將亡，聽於神」〔註44〕如果上層階級決策失誤，那麼就有可能出現民心向背現象，造成百姓不滿，最終「誹謗」突起。出現這種現象不足爲奇，因爲不是沒一項決策都能讓社會各階層人民滿意。但是對於民聲的及時聆聽還是十分有必要的，依照實際情況修改政策，將輿論降低到最低值，減緩社會矛盾，實現民主政治。

在做出決策的過程中，賢能者往往更願意聆聽民意，但並不是說盲目跟從民意。孔子說：「眾惡之必察焉，眾好之必察焉。」〔註45〕孟子也主張：「國人皆曰賢，然後察之；見賢焉，然後用之。〔註46〕也就是說，即使是民意，也必須要對其進行思考和調查，只有這樣，才能制定出眞正有利於百姓的決策。「夫聽察者，乃存亡之門戶，安危之機要也。若人主聽察不博，偏受所信，則謀有所漏，不盡良策；若博其觀聽，納受無方，考察不精，則數有所亂矣。」〔註47〕因此，統治者要學會從各個方面進行聆聽和考察，對政策做出適當調整，這也是國泰民安的核心要素。蘇東坡先生曾提到：「天下治亂，出於下情之通塞。至治之極，小民皆能自通；迨於大亂，雖近臣不能自達。」〔註48〕意思就是，上層與下層相互交流溝通則能夠國泰民安，上層與下層無法溝通交流則會導致國家動盪。由此可見，聽察在治國過程中佔據著至關重要的地位。

爲了能夠集思廣益，確保制定出最合時宜的政策，明主通常都會設立特定的部門或機構進行探討。傳聞在堯治理國家的時候，當時就設立了三個特定機構，通過其與百姓進行交流，並且一個機構都設有旗、木、鼓各一個作爲其標誌。想向統治者提出觀點的人士則可以站在旗下，統治者就會即可前往聆聽其觀點；對統治者有不滿或想要指出其不足之處的人士，便可將建議寫在木上；如果想要對統治者進行勸諫的人士可以進行擊鼓，官吏聞聲後隨即要來想起請求指教。這些方法能夠讓統治者更好的收到民意，並根據實際

〔註44〕楊伯峻，《春秋左傳注》，北京：中華書局，1981 年版，第 252 頁。

〔註45〕程樹德撰，程俊英、蔣見元點校：《論語集釋》第 4 冊，北京：中華書局，1990 年版，第 1115 頁。

〔註46〕〔清〕焦循撰，沈文倬點校：《孟子正義》上冊，北京：中華書局，1987 年版，第 144 頁。

〔註47〕〔唐〕魏徵、〔唐〕褚亮、〔唐〕虞世南等著，《群書治要譯注》第 27 冊，北京：中國書店，2012 年版，第 174 頁。

〔註48〕〔元〕脫脫等撰，《宋史》第 31 冊，北京：中華書局，1977 年版，第 10815 頁。

情況對政策及時作出調整。歷經百年後，這種方法已經不再符合政治需要，因此從《周禮》起，統治者設立了專門的官職予以替代，使其聆聽民意，做到與民眾的直接交流，從而是君主也能夠深獲民心。

三、民心與政治合法性

　　在傳統文獻中，對於民心並沒有詳細的解釋，雖然有許多歷史文獻都提到了以政治話語形式存在得民心。但是，這一名詞中包含兩種構成部分，即民、心，這在中國傳統文化中有著重要意義，他能夠將傳統文化的本質展現在大眾面前。「民」和「心」是我們瞭解民心的基礎，由此也可以看出，只有做到「民」，才能夠實現統治。「民」以民心的形式存在，而「心」則以民心的內涵而存在。在中國傳統文化中，「民」和「心」具有重要含義。「民」反映了我國民本思想，只有良好的民眾基礎才能夠更好地實現統治，才能夠獲得民眾的支持和信任。民本思想的出現，在《尚書》中早有記載「民唯邦本，本固邦寧」〔註49〕。我國著名教育學家孔孟荀都曾對其進行過專門的闡述。對於民，孔子主要強調其在國家佔據怎樣地位以及有何作用。據《禮記‧緇衣》記載，子曰：「民以君爲心，君以民爲體。心莊則體舒，心肅則容敬。心好之，身必安之。君好之，民必欲之。心以體全，亦以體傷。君以民存，亦以民亡。」〔註50〕《論語》中，孔子對民本思想進行了詳細的闡述，「博施於民而能濟眾」〔註51〕（《論語‧雍也》），「修己以安百姓」〔註52〕（《論語‧憲問》），這爲儒家的民本思想在後世獲得良好發展提供了前景。眾所周知的「民貴君輕」這一詞，則是出自於孟子，他更注重其在政治統治中佔據何種地位，提出「民爲貴，社稷次之，君爲輕」〔註53〕（《孟子‧盡心下》）。荀子與前兩者一樣，注重價值，「天之生民，非爲君也；天之立君，以爲民也」〔註54〕（《荀

〔註49〕　〔漢〕孔安國傳，〔唐〕孔穎達正義，黃懷信整理：《尚書正義》，上海：上海古籍出版社，2007年版，第264頁。
〔註50〕　〔漢〕鄭玄注，〔唐〕孔穎達疏，龔抗云整理，王文錦審定：《禮記正義》中冊，北京：北京大學出版社，1999年版，第1514頁。
〔註51〕　程樹德撰，程俊英、蔣見元點校：《論語集釋》第2冊，北京：中華書局，1990年版，第427頁。
〔註52〕　程樹德撰，程俊英、蔣見元點校：《論語集釋》第3冊，北京：中華書局，1990年版，第1041頁。
〔註53〕　〔清〕焦循撰，沈文倬點校：《孟子正義》下冊，北京：中華書局，1987年版，第973頁。
〔註54〕　〔清〕王先謙著，沈嘯寰、王星賢點校：《荀子集解》下冊，北京：中華書局，

子‧大略》)。在君民這兩者關係方面，荀子對其進行了比較：「君者，舟也；庶人者，水也。水則載舟，水則覆舟。」〔註55〕（《荀子‧王制》)「民心」主要強調民眾意志和意願，他將民眾的心理更好的展現出來，由此可以反映出民眾對當前統治的認可程度，從概念表達方面來說，也體現了中國傳統思維。在中國傳統政治文化中，民心與合法政治最能夠融為一體的，即「得民心者，得天下」。通過獲取「民心」最終得到「天下」，這在中國傳統整理里程當中具有較強的合法性。民心最終能夠促成天下的獲得，這也使得政權統治擁有了一定的正當權利。「得民心者，得天下」這句俗語也反映了獲取政權的正確方式，統治者要想獲得政權，就必須要獲得民眾支持，只有這樣，政權才能夠順利獲得。儘管民心這一名詞擁有著很強的中國本土色彩，但是西方思想與之又有著截然不同的觀點。

（一）「天人合一」視域下的「民心」

在傳統語境內，獲得「民心」和「天下」有著一貫性。在天人合一的傳統思維模式下，民心都可以與天下畫上等號。天人合一是指人和天不是單單以主體與對象的形式存在，而是將其視為一個整體，以映像的方式還原原像，最終完成天人合一。季羨林先生曾經一思維模式為框架，將「天人合一」放入其中進行分析，認為，東方的思維模式是綜合的，是「合二而一」的，西方的思維模式是分析的，是「一分為二」的。「天人合一」這個命題「正是東方綜合思維模式的最高最完整的表現」。〔註56〕天象徵著本體，也反映了最高的社會價值。

古人認為要「觀天之道，執天之行」。天自身無法實現其意志，天的意志最終要靠人來完成。所以，雖然中國哲學是圍繞天人之際展開的，但是天人之際的核心不是天，而是人。統治者只要順應了民心，也就把握了天意。「中國古代思想，其形質則神權也；其精神則民權也」。〔註57〕「古之天意政治即是民意政治，民之地位實已提升至神天的地位，而君王只不過是一個執行民意的權力機關而已」。〔註58〕在「天人合一」思維的影響下，傳統政治中的

1988 年版，第 504 頁。

〔註55〕〔清〕王先謙著，沈嘯寰、王星賢點校：《荀子集解》上冊，北京：中華書局，1988 年版，第 152～153 頁。

〔註56〕季羨林研究所：《季羨林說國學》，北京：中國書店，2007 年版，第 35 頁。

〔註57〕金耀基：《中國民本思想史》，北京：法律出版社，2008 年版，第 31 頁。

〔註58〕金耀基：《中國民本思想史》，北京：法律出版社，2008 年版，第 35 頁。

「民」、「天」有著緊密的聯繫，談到「天」即爲「民」。「民意」也就是「天意」的反映。「得民心者，得天下」則是對天人合一思維最好的詮釋。

在天人合一背景下，除了天下、民心相一致外，「得民心者，得天下」還需要兩個條件：第一點要使民心牢牢掌握政治合法性的核心命脈。現代合法性理論認爲，任何政權的存在、政治統治的穩固都依賴於人們內心對它的認同，只有人們同意了的統治才是正當、有效的。民心反映的是人們對於現實政治生活的內在情感，表現的是人們對於政治統治的認可、同意、支持、依賴。因此，民心正是切入了政治合法性的關鍵點。「得天下意味著擁有社會承認，意味著代表了社會公共選擇，所以得天下和得民心是一致的」。〔註59〕獲得民心那麼也就是得到了民眾的認同，因此民心向背與政治統治是否合法有著緊密聯繫。

（二）政治心理視域下的「民心」

就社會民眾而言，「民心」是一種政治心理現象。民心中的「心」，其實只要指的是人的政治心理。「是社會成員對社會政治生活的各個方面的自發的、潛在的、不系統的、相對穩定的心理反應，表現爲人們對政治生活的某一特定方面的認知、情感、態度、情緒、興趣、願望和信念等等，構成了人們政治性格的基本特徵」〔註60〕。當人們的全部政治活動都以政治心理爲主時，其態度與穩定合法的政治統治成正比關係。當民眾的心理上對一個政權產生依賴和信任時，那麼他們就會擁護這項政權。但如果民眾對這一政權的信任程度降低甚至出現牴觸心理時，他們就會採取反抗手段來發洩不滿，甚至會摧毀這一政權，最終推翻統治。

從內涵這個層面來說，民心體現在民眾對政權的認可程度。無論何種政權，只有民眾支持才能夠使其政治秩序更爲合法、全力更有效的執行和實施。如果一個政權沒有得到民眾的認同，那麼其滅亡的可能性也就增大。現代合法性理論提出，「合法性……更主要的是指『統治的心理權力』，現有的合法性意指人們內心的一種態度，這種態度認爲政府的統治是合法的和公正的」，〔註61〕其基礎是「對統治的同意」〔註62〕。當政權產生合法性危機時，其主

〔註59〕趙汀陽著：《天下體系──世界制度哲學導論》，南京：江蘇教育出版社，2005年版，第46頁。

〔註60〕燕繼榮著：《政治學十五講》，北京：北京大學出版社，2005年版，第125頁。

〔註61〕（美）羅斯金著，林震等譯：《政治科學》，北京，華夏出版社，2001年版，

要表現爲民眾對當前政治統治的認可程度降低。「如果一個社會彌漫著強烈的不滿和怨憤情緒並由此衍生出群體抗議行動，那就是政治合法性危機的明顯前兆」。〔註63〕「心」不只是局限於心理領域當中，還有著較強的情感價值，反映出民眾對政治統治的認可程度。基於此，中國傳統社會中的政治合法性資源也由此產生，即民心。因此，失民心，則失認同。

中國傳統語境中，人們往往將民心作爲政治合法性資源，並在此基礎之上對其展開論證，由此得出其與政治統治兩者間的聯繫，這不單只是來自於心理和認同，還來自於中國傳統思想上的認知觀念。古人的思考方式主要是依靠直覺來瞭解和認知這個世界。我國學者張岱年曾經對中國文化基本精神進行了分析，並將其概括爲四小點，「剛健有爲」「和與中」「崇德利用」及「天人協調」，〔註64〕這四點都有著很強的直覺性和體驗感。李澤厚先生提出「樂感文化」，以其代表中國傳統文化，並與西方「罪感文化」相呼應並產生對比。他認爲，中國傳統文化中所凝聚的智慧「表現在思維模式和智力結構上，更重視整體性的模糊的直觀把握、領悟和體驗，而不重分析型的知識邏輯的清晰。總起來說，這種智慧是審美型的」。〔註65〕因此中國古代文化中的「樂感」和「審美」就反映了傳統文化的情感本質。基於認知形式和合法問題，我們口更容易理解「民心」在人們心中爲何以直覺、感性的形式存在了。

（三）政治統治視下的「民心」

以政治話語形式存在的民心，在傳統中國與政治統治有著密不可分的聯繫。其作爲一個獨立政治話語，有著較強的政治含義，從而形成帶有濃厚本土意義的合法資源。一個社會是否穩定，民心是評判其的重要標準，國家是否正常運行、社會是否穩定都取決於民心。因此統治者要想長久且正當的把握政權，那麼抓住民心就成了關鍵。在中國傳統政治文化當中，「得民心者，的天下」成爲民心與政治良好融合的關鍵。民心的作用就是「得天下」，從而

第 5 頁。
〔註62〕（美）羅斯金著，林震等譯：《政治科學》，北京，華夏出版社，2001 年版，第 5 頁。
〔註63〕張鳳陽等著：《政治哲學關鍵詞》，南京：江蘇人民出版社，2005 年版，第 338頁。
〔註64〕張岱年、方克立著：《中國文化概論（修訂版）》：北京：北京師範大學出版社，2004 年版，第 6 頁。
〔註65〕李澤厚著：《中國古代思想史論》，北京：人民出版社，1986 年版，第 311 頁。

實現政權統治的正當性。

在「得天下」這一方面，人類政治文明史主要遵循以下規律，即合法的政治統治必須要受到民眾的認同，如果光憑暴力，人心向背，那麼這個政權遲早會滅亡。在西方思想史中，盧梭曾提及：「強力並不構成權力，而人們只是對合法的權力才有服從的義務。」〔註66〕對他而言，政治合法的唯一前提，即人民公意。開拓創建美國的人們則將這一規律暴露無遺，「人類社會是眞正能夠通過深思熟慮和自由選擇來建立一個良好的政府，還是他們注定要靠機遇和強力來決定他們的組織」。〔註67〕在中國傳統的政治環境下，這一問題又轉移到了「馬上」、「馬下」兩者間的聯繫，即「馬上打天下」、「馬下治天下」。「得天下」中的「德」一字，不單單只是擁有政權即可，而是要讓自己所建立的證券能夠得到民眾的支持和認可。因此「得天下」的前提不止是「打天下」這麼簡單，更關鍵的是要學會「治天下」。

從歷史的角度來說，在中國語境中，民心存在於兩種話語系統當中：即日常和政治。民心以日常話語形式出現在人們日常生活中廣泛存在時，其與民意呈等值，這也是一種常識性用語。以政治形勢出現的民心，更多的體現爲人民與政治統治這兩者間的聯繫，其具有很強的合法本土性，因此存在於各類政治文獻內。本篇論文所探討的民心就是即政治話語。《禮記》是記載民心最早的儒家書籍。《禮記・樂記篇》：「禮節民心，樂和民聲。」〔註68〕意思就是，通過禮來控制民心，通過樂來融合民氣，這裡最關鍵的核心就在於人性，其需要通過「禮」來進行規範，不斷完善自我，最終達到「王道」。《管子・牧民第一》一書中，將政治統治與民心兩者的關係暴露無遺，「政之所興，在順民心；政之所廢，在逆民心」，〔註69〕從這可以看出政權能否存在與順應民心有著很大的聯繫，正所謂「得民心者，得天下；失民心者，失天下」。

〔註66〕（法）盧梭著：《社會契約論》，北京：商務印書館，1982年版，第8頁。
〔註67〕（美）漢密爾頓著：《聯邦黨人文集》，北京：商務印書館，2005年版，第56頁。
〔註68〕〔漢〕鄭玄注，〔唐〕孔穎達疏，龔抗云整理，王文錦審定：《禮記正義》中冊，北京：北京大學出版社，1999年版，第1085頁。
〔註69〕李山譯注：《管子》北京：中華書局，2009年版，第5頁。

第八章　夫子何爲：重新認識以孔子爲
　　　　　代表的先秦儒家

　　「子奚不爲政」章中所包含的孔子「教化即爲政」的思想爲孔門後學設立了一個標榜。孔門後學面臨周道的衰敗，他們大都踐行著教化的事業，致力於引導執政者。在本章中，筆者將先對《論語》「女爲君子儒」章進行新詮，論證「君子儒」就是孔子在「子奚不爲政」章中所提出的「爲政」之師。子夏接受了孔子的教誨，親身踐行著「君子儒」的角色。

一、「女爲君子儒」章解釋類析

　　歷代注家對「女爲君子儒」章的解釋不盡相同，但對於「君子儒」的詞性認定是一致的，即「君子」（名詞）活用爲形容詞，指「君子式的」，儒爲名詞。「君子儒」即爲「君子式的儒」，同理，「小人儒」即爲「小人式的儒」。注疏者認爲，孔子教誨子夏要做「君子式的儒」，不要做「小人式的儒」。通過類歸，筆者將此章的主要解釋分爲六種類型。

　　第一，學者求道不求名。

　　朱子認爲「女爲君子儒」章中的「儒」是「學者之稱」，他引程子之言曰：「君子儒爲己，小人儒爲人。」〔註1〕在朱子看來，君子式的學者求的是爲己之學，小人式的學者做的是爲人之學。《論語·憲問》載子曰：「古之學者爲己，今之學者爲人。」〔註2〕朱子引程子之言曰：「爲己，欲得知於己也。爲

〔註 1〕　〔宋〕朱熹撰：《四書章句集注》，北京：中華書局，1983 年版，第 88 頁。
〔註 2〕　程樹德撰，程俊英、蔣見元點校：《論語集釋》第 3 冊，北京：中華書局，1990

人，欲見知於人也。」〔註3〕在朱子的思想世界中，君子與小人在道德上有截然的分別，君子求學是增長自己的知識，小人求學是助長自己的名氣。《論語・衛靈公》載子曰：「君子求諸己，小人求諸人。」〔註4〕朱子引楊時之言曰：「雖疾沒世而名不稱，然所以求者亦反諸己而已。小人求諸人，故違道干譽無所不至。」〔註5〕換言之，君子雖然憂患直至老死而無名，但君子爲學的本質目的是改變自己；小人則不然，他們的爲學在於獲得他人的美譽，爲了求名而不斷做違背道義的事。因此，孔子在「女爲君子儒」章對子夏的教誨，是希望他做一個求道爲己的學者，而不要做一個求名爲人的學者。

　　劉逢祿對「女爲君子儒」章的理解，受到朱子觀點的影響。《論語述何》指出：「『君子儒』，所謂『賢者識其大』者；『小人儒』，所謂『不賢者識其小』者。識大者，方能明道，識小者，易於矜名。子游譏子夏之門人小子是也。孫卿亦以爲子夏氏之陋儒矣。」〔註6〕劉逢祿認爲，「君子儒」是賢者，「賢者識其大」，故能明道；「小人儒」是不賢者，「不賢者識其小」，容易被求名所累。在《論語・子張》篇中衛公孫朝問於子貢曰：「仲尼焉學？」子貢曰：「文武之道，未墜於地，在人。賢者識其大者，不賢者識其小者，莫不有文武之道焉。夫子焉不學？而亦何常師之有？」〔註7〕劉氏引用「賢者識其大」和「不肖者識其小」來分別詮釋「君子儒」和「小人儒」，是以學者來理解「儒」，並在這個理解下詮釋「君子儒」與「小人儒」。劉氏繼而用子游譏諷子夏的門人是「小子」以及荀子評論子夏氏之儒是「陋儒」來證明孔門的一些後學亦以「小人儒」稱呼子夏。

　　通過朱子和劉逢祿對「女爲君子儒」章的理解，我們可以明確，用「學者求道不求名」來詮釋此章的解釋者認爲，孔子教誨子夏作爲一個學者，應該志向遠大，求道不倦，做爲己之學；而不應該爲名所所困，做爲人之學。

　　　　年版，第 1004 頁。
〔註 3〕〔宋〕朱熹撰：《四書章句集注》，北京：中華書局，1983 年版，第 155 頁。
〔註 4〕程樹德撰，程俊英、蔣見元點校：《論語集釋》第 4 冊，北京：中華書局，1990
　　　　年版，第 1103 頁。
〔註 5〕〔宋〕朱熹撰：《四書章句集注》，北京：中華書局，1983 年版，第 165 頁。
〔註 6〕〔清〕劉逢祿撰：《論語述何》，收入陳建華、曹淳亮主編：《廣州大典》第十
　　　　五輯・經部總類第 21 冊，廣州：廣州出版社，2008 年版，第 227 頁下欄。按，
　　　　標點符號爲引者所加。
〔註 7〕程樹德撰，程俊英、蔣見元點校：《論語集釋》第 4 冊，北京：中華書局，1990
　　　　年版，第 1335 頁。

但是，面對「子夏」的形象問題，朱、劉的解釋沒有任何文獻支持。相反，有不少解釋者認爲子夏開創西河學派，專研和傳授儒家《六經》，器局過小，太過爲己，例如錢穆說：「孔子之誡子夏，蓋逆知其所長，而預防其所短。推孔子之所謂小人儒者，不出兩義：一則溺情典籍，而心忘世道。一則專務章句訓詁，而忽於義理。」〔註8〕在錢穆看來，孔子所謂的「小人儒」應具兩義，一爲沉溺典籍而忘道，一爲專務章句而忽略義理。錢氏的觀點正凸顯著子夏的求道爲己，不禁與朱、劉所謂求名爲人兩相抵牾，思想史上的不同解釋正爲我們開啓《論語》「女爲君子儒」章的解釋提出了辨析的必要。

第二，為士之大者。

不同於朱子認爲的「儒」是「學者之稱」，清焦循以爲「儒，猶士也」，其《論語補疏》指出：「『言必信，行必果，硜硜然小人哉』，小人儒正指此爾。」〔註9〕士，在孔子之時逐漸成爲一個階層，他們的一個共性是有志於參與政治，在孔子之時越來越多的「士」已開始從政。在《論語・子路》中子貢問孔子怎樣才可以稱爲「士」？通過孔子與子貢的問答，我們可以將士分爲上、中、下三等。孔子稱上等的「士」是「行己有恥，使於四方，不辱君命」，中等的「士」是「宗族稱孝焉，鄉黨稱弟焉」，下等的「士」是「言必信，行必果」，並認爲下等的「士」是「硜硜然小人哉」〔註10〕。焦循以對下等「士」的定性依據，認爲孔子所謂的「小人儒」就是下等的「士」，他們雖然守住了「士」的底線，但在心志和才華上屬於末流。

清黃式三在《論語後案》中的觀點與焦循有一致之處，他指出：「金氏（金履祥）考證亦據王會之說，謂子夏『細密謹嚴，病於促狹』，此君子小人以度量規模言，其言小人對大人君子而言，特有大小之分耳。李安溪曰：『此小人猶言硜硜然小人哉，褊陋之稱也。』」〔註11〕黃式三結合前人對子夏的評論，

〔註8〕 錢穆著：《論語新解》，上海：生活・讀書・新知三聯書店，2002年版，第151～152頁。

〔註9〕 〔清〕焦循撰：《論語補疏》，收入陳建華、曹淳亮主編：《廣州大典》第十五輯・經部總類第19冊，廣州：廣州出版社，2008年版，第6頁下欄。按，標點符號爲引者所加。

〔註10〕 程樹德撰，程俊英、蔣見元點校：《論語集釋》第3冊，北京：中華書局，1990年版，第927頁。

〔註11〕 〔清〕黃式三撰：《論語後案》，收入《續修四庫全書》編委會編：《續修四庫全書》第155冊，上海：上海古籍出版社，1996～2003年版，第475頁下欄。按，標點符號爲引者所加。

認爲他不懷遠大之志向，在學問上細密而偏於局促，因此以度量規模言當屬
「小人儒」。

在焦循與黃式三看來，孔子對子夏「女爲君子儒」的教誨正是要糾子夏
子心志和度量上偏於局限，而望子夏能成爲志向遠大、規模宏闊的士君子。
焦、黃解釋的一個共同點是都引用了《論語・子路》中「言必信，行必果，
硜硜然小人哉」〔註12〕，試圖通過《論語》章句互證來解釋子夏爲「小人儒」。
然而並不是所有的章句都指向同一個人、事或物，筆者無法理解的是，子貢
對孔子的提問，爲何會引出孔子對子夏的隱射？究其原因，還是後世的解釋
者根據自己的理解所做出闡釋，而子夏亦莫名的被冠以「言必信，行必果」
的頭銜。

第三，勿爲章句訓詁之師儒。

《周禮・地官・大司徒》有言：「四曰聯師儒。」東漢鄭玄注到：「師儒，
鄉里教以道藝者。」〔註13〕程樹德據此認爲「儒爲教民者之稱」，「君子儒」
當指「君子式的師儒」。他指出：「子夏於時設教西河，傳《詩》傳《禮》，以
文學著於聖門，謂之儒則誠儒矣。然苟專務章句訓詁之學，則褊淺卑狹，成
就者小。夫子教之爲君子儒，蓋勉其進於廣大高明之域也。此君子小人以度
量規模之大小言。」〔註14〕程樹德認爲，「女爲君子儒」章對話發生之時，子
夏已在西河設教，教授經典，是十分優秀之教師。然而子夏爲教師卻專門從
事章句訓詁之學，器居狹窄，成就不大。因此，孔子教誨子夏要爲「君子儒」，
進入教師廣大高明的境域。

在思想史上，諸多學者將子夏專務章句訓詁和「小人儒」之稱聯繫起來，
而很少有學者提及子夏專務章句訓詁的目的和結果。梁啓超在《孔子》中有
如下觀點：

> 漢儒所傳《六經》，大半溯源子夏。……所以，漢以後的儒學，
> 簡直可稱爲子夏氏之儒了。子夏在孔門，算是規模最狹的人。孔子
> 生時已曾警戒他道：「女爲君子儒，無爲小人儒。」……孔門各派都

〔註12〕 程樹德撰，程俊英、蔣見元點校：《論語集釋》第3冊，北京：中華書局，1990
年版，第927頁。

〔註13〕 〔漢〕鄭玄注，〔唐〕賈公彥疏，趙伯雄整理，王文錦審定：《周禮注疏》第1
冊，北京：北京大學出版社，2000年版，第310～311頁。

〔註14〕 程樹德撰，程俊英、蔣見元點校：《論語集釋》第2冊，北京：中華書局，1990
年版，第390頁。

中絕，惟此派獨盛，眞算孔子大大的不幸。〔註15〕

筆者以爲，梁啓超的言論十分不當。子夏是孔子弟子中致力於整理和研究儒家經典的重要人物，孔子傳授的《六經》得以在後世流傳，子夏功不可沒。而子夏的傳經與其刻苦專研，專務章句訓詁息息相關。在經典的流傳中，自然需要義理的闡發，但是如果沒有考據，任何經典都將成爲空中樓閣，特別在經典傳授之初，訓詁章句的意義就更爲重大。程樹德和梁啓超只看到考據之弊端，而不見考據之意義，更不見子夏之功績，他們的解釋著實令人失望。

第四，爲道德高尚之老師。

胡適在 1934 年發表《說儒》長文，引起了近代學界對於「原儒」問題廣泛而深刻的討論。胡適認爲：「其實一切儒，無論君子儒與小人儒，品格雖有高低，生活路子是一樣的。他們都靠他們的禮教知識爲衣食之端，他們都是殷民族的祖先教的教士，行的是殷禮，穿的是殷衣冠。」〔註16〕胡適將孔子時的「儒」定性爲教師，是對程樹德所謂的「師儒」的白話文翻譯。在他看來，「君子儒」與「小人儒」的生活路子一樣，都是不耕而食的教師，然而「君子儒」在品格上高過「小人儒」。

用品格的高低來區分「君子儒」和「小人儒」是學界比較流行的一種範式。例如，顧立雅在《孔子與中國之道》中指出：「子夏確有某種學究氣質。比如，他認爲：『只要一個人不越過大的道德問題的界限，就可以在小的道德問題上有所出入。』這顯然證明，他以命令式的言辭把道德準則認作是某種僵硬而固定的規則，而不是像孔子那樣，把道德準則看成是達到某種目標的實際進程。可能正是這些傾向，促使孔子提醒子夏，一定要以『君子的而不是小人的方式』行事。」〔註17〕顧立雅的解讀建立在《論語・子張》中記載的子夏的言論：「大德不逾閑，小德出入可也。」〔註18〕他認爲子夏只是把道德準則視爲規則而非爲學的目標，如此容易在德性上有所偏頗，成爲「小人

〔註15〕梁啓超著：《孔子》，收入氏著：《飮冰室合集・專集之三十六》，北京：中華書局，1989 年版，第 63 頁。按，標點符號爲引者所加。

〔註16〕胡適著：《說儒》，桂林：灕江出版社，2013 年版，第 34 頁。

〔註17〕（美）顧立雅著：《孔子與中國之道》，鄭州：大象出版社，2000 年版，第 87 頁。

〔註18〕程樹德撰，程俊英、蔣見元點校：《論語集釋》第 4 冊，北京：中華書局，1990 年版，第 1316 頁。

儒」，而不是追求德性的不斷完善，成爲孔子那樣的「君子儒」。

胡適和顧立雅的解釋是對「女爲君子儒」章的「君子」和「小人」做價值高低的判斷，從而對「君子儒」和「小人儒」做價值的判斷。然而事實上，在孔子的思維世界中，「君子」和「小人」的區別主要是地位的不同。在孔子以前的時代，「君子」指當時的統治者，「小人」即「小民」，則指當時的被統治者。《尙書・無逸》有曰：「嗚呼，君子所，其無逸。先知稼穡之艱難，乃逸，則知小人之依。」〔註 19〕「君子」和「小人」本來只有「位」的區別，分別是「上位者」和「下位者」的稱謂。而到了春秋末年以後，「君子」與「小人」逐漸具有了「德」的區別，也作爲「有德者」和「無德者」的稱謂。黎紅雷指出，《論語》中「君子」與「小人」的對舉，共有 19 處，其中有 4 處明確指向地位差異，有 4 處明確指向品德差異，另外 11 處大致可分爲三類，分別是地位所帶來的眼界差異、地位所導致的能力差異和地位所引起的修養差異。〔註 20〕可以說，孔子對「君子」與「小人」的理解主要強調的是二者位置的不同所帶來的差異。明晰了這一點，我們在詮釋「女爲君子儒」章時應該對「君子」和「小人」進行充分的辨析，而不是人云亦云。

第五，做致力生產的「食客陪臣」。

郭沫若曾作《駁說儒》一文，對胡適《說儒》中的觀點做出了部分反駁，他認爲：「儒，在初是一種高等游民，無拳無勇，不稼不穡，只曉得擺個臭架子而爲社會上的寄生蟲。孔子所說『小人儒』當指這一類……既騰達的暴發戶可以豢養儒者以爲食客陪臣，而未騰達的暴發戶也可以豢養儒者以爲西賓以教導其子若弟，期望其騰達。到這樣，儒便由不生產的變而爲生產的。這大約也就是孔子說的『君子儒』了。」〔註 21〕在郭沫若看來，「小人儒」是不務生產的「社會上的寄生蟲」，而「君子儒」在被「豢養」後，成爲了致力生產的「食客陪臣」。由於郭氏在言辭上的偏激，一般認爲，他的論斷「脫離學術論證的範疇」，「是意識形態的堅持阻斷了郭沫若理性自由判斷的

〔註 19〕 〔漢〕孔安國傳，〔唐〕孔穎達正義，黃懷信整理：《尚書正義》，上海：上海古籍出版社，2007 年版，第 628～629 頁。

〔註 20〕 黎紅雷：《「位」與「德」之間——從〈周易・解卦〉看孔子「君子小人」說的糾結》，載《孔子研究》，2012 年第 1 期，第 11 頁。

〔註 21〕 郭沫若著：《中國古代社會研究》，石家莊：河北教育出版社，2004 年版，第354～355 頁。

能力」〔註22〕。

第六，爲「以道事君」的「大臣」。

高培華對「女爲君子儒」章的研究別出新意，他首先確定了「君子」、「小人」和「儒」的內涵。高氏認爲，就已然性而言，「君子」包括身份君子、道德君子和既有德又有位的君子；從應然性而言，「君子」是孔門弟子應該成爲的對象，內涵著孔子對弟子勸勉。而「小人」的概念與「君子」的概念相對，指無位且無德之人。〔註 23〕對於「儒」的內涵，高培華贊同錢穆等所述「儒在孔子時，本屬一種行業」，但是，他指出「這一行業不僅是教職，也包括承繼了巫、史、祝、卜等王官知識技藝，而以治喪、相禮、占卜、祭祀、祈雨等爲業的所有術士，或曰儒士。」〔註 24〕在明確了三者的內涵後，高氏認爲學界在研究「女爲君子儒」章時，很少有人將其與子夏的姓氏和家庭出生相聯繫，由此失去了研究此章的一個重要線索。他借鑒孔祥驊對子夏姓氏與家庭背景的考察〔註25〕，指出：「子夏作爲卜氏後裔、卜偃後人，出身於由貴族淪爲民間術士而世代爲人占卦決疑的貧寒之家。『女爲君子儒，無爲小人儒』，是孔子針對子夏的出身，對其進行入學教育的要點。」〔註 26〕在高氏看來，孔子對子夏的入學教育是希望他成爲「既爲王者臣、又爲王者師，『以道事君』的『大臣』」〔註27〕，同時針對子夏爲民間占卜術士出生的家庭背景，教誨他不要成爲占卜的術士。高培華的解釋是目前研究「女爲君子儒」章最新的解釋，然而其中的也存在一定問題，即高氏在解釋此章中，實際上將「君子儒」與「小人儒」放置在了不同的時代背景下，由此「君子儒」之儒指「王者臣、王者師」，「小人儒」之「儒」指前孔子時代的「術士」。雖然說，在《論語》

〔註22〕朱高正：《論儒——從〈周易〉古經論證「儒」的本義》，載《社會科學戰線》，1997 年第 1 期，第 179 頁。

〔註23〕高培華認爲：「在孔子看來，在其位則謀其政，也才能有其德；（小人）不在其位，不謀其政，也很難有其德。」見高培華：《「君子儒」與「小人儒」新詮》，載《河南大學學報（社會科學版）》，2012 年第 4 期，第 34 頁。

〔註24〕高培華：《「君子儒」與「小人儒」新詮》，載《河南大學學報（社會科學版）》，2012 年第 4 期，第 37 頁。

〔註25〕孔祥驊：《子夏氏「西河學派」再探》，載《學術月刊》，1987 年第 7 期，第 75～77 頁。

〔註26〕高培華：《「君子儒」與「小人儒」新詮》，載《河南大學學報（社會科學版）》，2012 年第 4 期，第 33 頁。

〔註27〕高培華：《「君子儒」與「小人儒」新詮》，載《河南大學學報（社會科學版）》，2012 年第 4 期，第 39 頁。

中同一範疇存在諸多種解釋，然而在一章中出現的同一範疇，會出現不同的內涵嗎？如果我們承認孔子在教化過程中，在一句話內所使用的範疇是一致的，高培華的觀點自然不能成立。

上述六類對「女爲君子儒」章的解釋，是學界對此章研究的六種主要觀點。透過筆者的分析，可以看到前輩們對此章研究還存在種種不足。多元的解釋爲筆者的解釋提供了借鑒和重新解釋的可能。筆者認爲，章句的解釋應有明確的範疇內涵，上述六類觀點，在「儒」的解釋上，或釋其爲「學者」，或釋爲「士人」，或釋爲「教師」，或釋爲「食客陪臣」，或釋爲「王者師」，或釋爲「術士」。不同內涵的「儒」在與「君子」、「小人」的組合過程中，形成了內涵不同的「君子式的儒」和「小人式的儒」。而詮釋者對「君子」和「小人」內涵的不同界定，又產生了內涵更爲豐富的「君子式的儒」和「小人式的儒」。因此，要對「女爲君子儒」做出正確的解釋，首先要弄清楚什麼是「儒」？或者說，孔子在「女爲君子儒」章所謂的「儒」指的是什麼？

二、「儒」與「君子儒」

《左傳·哀公二十一年》說過：「唯其儒書，以爲二國憂。」〔註28〕《左傳》書中，「儒」字只此一見，亦僅具備普通含義：儒書即禮書。魯哀公二十一年是公元前474年，而孔子已於魯哀公十六年亦即公元前479年去世。因此，一般認爲「儒」字最早出現於《論語》「女爲君子儒」章中。爲了釐清「君子儒」的內涵，必須對此章的「儒」進行定性。

章太炎在《國故論衡》中作有《原儒》一篇，文中提出：「儒有三科，關達、類、私之名。」我們不妨以此爲據，通過排除的方式，試圖定性此章之「儒」，章太炎指出：

> 達名爲儒，儒者，術士也。……類名爲儒，儒者，知禮樂射御書數。《天官》曰：儒以道得民。說曰：儒，諸侯保氏，有六藝以教民者。《地官》曰：聯師儒。說曰：師儒，鄉里教以道藝者。此則躬備德行爲師，效其材藝爲儒。……私名爲儒。《七略》曰：「儒家者流，蓋出於司徒之官，祝人君順陰陽明教化者也。遊文於六經之中，留意於仁義之際，祖述堯、舜，憲章文、武，宗師仲尼，以重其言，

〔註28〕劉勳著：《春秋左傳精讀》第4冊，北京：新世界出版社，2014年版，第1908頁。

於道爲最高。」〔註29〕

　　根據章太炎的論述，我們大致可以推測「儒」之演變經歷了從術士到教師、再到研習六經的知識分子的演變過程。〔註30〕如果我們相信孔子在「女爲君子儒」章中所使用的兩個「儒」字的概念是一致的〔註31〕，章太炎將「儒」名三分可以作爲我們定義此章之「儒」的憑藉。首先可以判定的是，此章之「儒」必然不是「私名之儒」，「私名之儒」指孔子所開創的「儒家」。而此章中的「儒」包含著「君子儒」和「小人儒」，此章之「儒」的外延太大，絕不是「儒家」意義上的「儒」。其次，此章之「儒」也不是章太炎所說的「達名之儒」，「達名之儒」指術士。孔子思維世界中的「儒」應當已經不再是「原儒」時期「術士」意義上的「儒」，孔子教化弟子爲「君子」，在他的思維世界中已然已經形成了「儒家」概念的潛在意識。那麼，此章中的「儒」極有可能是「類名之儒」，即章太炎所說的教授禮、樂、射、御、書、數之六藝的師儒。

　　在明晰了「女爲君子儒」章的「儒」之內涵後，我們再來分析「君子儒」的內涵。在此章中「君子儒」和「小人儒」相對，「君子」與「小人」的區別是理解「君子儒」和「小人儒」的關鍵。從目前已有的解釋來看，學界往往將此章的「君子」和「小人」做道德高低的判斷。然而正如筆者上文所說，在孔子的思維世界中，「君子」和「小人」的主要區別是地位的差別。孔子在闡釋「君子」時，注意德與位的統一。

　　孔子的理想政治模式是有德之君子執政下的德性政治，因此，孔子強調「爲政以德」。然而他所生活的時代，作爲上位者的君子屢屢破壞著禮樂制度，德性政治不復存在。在這種情況下，孔子首設私學，以之前只面對貴族子弟的官學教化弟子，他的教學目的是培養「德位一致」的執政者，促成德

〔註29〕章太炎著，陳平原導讀：《國故論衡》，上海：上海古籍出版社，2003年版，第104～105頁。

〔註30〕章太炎所作《原儒》的目的在於斷定「儒」是子家，「經」在經部。如此一來，經學與孔子區別開來，孔子不是經學的開創者，而只是經學的傳承者，並且經學只是歷史的實錄。在這種邏輯中，孔子的刪削述作事業鑄就的是一個「史學家」。見陳壁生：《「孔子」形象的現代轉折——章太炎的孔子觀》，載《中國人民大學學報》，2015年第3期。筆者此處借章氏《原儒》，只是借其來描述「儒」之發展脈絡，釐清《論語》「女爲君子儒」章「儒」的意思。

〔註31〕《論語》是記錄孔子及其弟子言論的語錄體散文集，因《論語》的口語性，孔子在同一句話所使用的概念應當一致。

性政治的重新確立。因此，「德位一致」是孔子培養弟子的目標，也是孔子界定的新型「君子」。〔註32〕而孔子對「小人」的界定以地位為出發，由於「小人」未經君子式的教化，他們在道德修養、胸懷境界和政治功用上自然無法與「君子」相匹。

在「女為君子儒」的解釋史上，學人過分重視「君子」與「小人」在「德」上的區別，而忽視了二者在「位」上的不同。筆者認為，此章的「君子」和「小人」凸顯的是「位」的差別，「小人」實際上是指無位之「小民」。孔子對子夏的教誨，是希望他成為教化君子的教師，而不要成為教化小民的教師。在此章中，「君子」和「儒」皆作名詞，它們中間省略了「之」字；「小人」和「儒」也作名詞，它們中間也省略了「之」字。同樣的詞性搭配在《論語·子路》篇中所載的「子夏為莒父宰」也出現過，作名詞的「莒父」和「宰」之間也省略了「之」字。因此，「君子儒」指君子之教師，「小人儒」指小民之教師，「君子儒」和「小人儒」指代了的針對「君子」和「小人」兩種對象的教師。

論述至此，需要澄清一個問題，即在孔子的思維世界中為什麼要區分「君子儒」和「小人儒」？實際上，在西周「王官有序」的時代，就存在著「君子儒」和「小人儒」的區別。在西周的平治時期，「君子儒」和「小人儒」皆是王官，而其教化的對象和內容有別。「君子儒」是針對君主和君主孩子的教師，《周禮》中提及的「師氏」和「保氏」即承擔著這一責任，他們的教授內容我們可以從《國語·楚語》中楚國大夫申叔時談論如何教育太子的一段話得以管窺：「教之《春秋》，而為之聳善而抑惡焉，以戒勸其心；教之《世》，而為之昭明德而廢幽昏焉，以休懼其動；教之《詩》，而為之導廣顯德，以耀明其志；教之《禮》，使知上下之則；教之《樂》，以疏其穢，而鎮其浮；教之《令》，使訪物官；教之《語》，使明其德，而知先王之務用明德於民也；教之《故志》，使知廢興者而戒懼焉；教之《訓典》，使知族類，行比義焉。」〔註33〕申叔時談論「太子」教育的內容實際上就是王官之學，王官之學以經書為內容，針對有位之君子進行從政的教誨。孔子開設私學，正是以王官之學來教化弟子。《禮記·經解》中記載了孔子的一則言語：「入其國，其教可

〔註32〕黎紅雷：《「位」與「德」之間──從〈周易·解卦〉看孔子「君子小人」說的糾結》，載《孔子研究》，2012年第1期，第13頁。
〔註33〕〔清〕徐元誥撰，王樹民、沈長雲點校：《國語集解》（修訂本），北京：中華書局，2002年版，第485頁。

知也。其爲人也，溫柔敦厚，《詩》教也；疏通知遠，《書》教也；廣博易良，《樂》教也；絜靜精微，《易》教也；恭儉莊嚴，《禮》教也；屬辭比事，《春秋》教也」〔註34〕這則言語中的「人」當指「官人」，即從政者。在孔子的時代，以經書爲內容的教誨只針對貴族子弟，因此孔子對一個國家從政者狀態的體知，就可以對這個國家的王官教學有直觀的把握。

　　而「小人儒」則是負責風化「小民」的教師，承擔這一職能的主要是官府中具有相關教化職務的執政者。《周禮・地官・大司徒》介紹了面向「小民」的十二教：「一曰以祀禮教敬，則民不苟；二曰以陽利教讓，則民不爭；三曰以陰禮教親，則民不怨；四曰以樂禮教和，則民不乖。五曰以儀辨等，則民不越；六曰以俗教安，則民不愉；七曰以刑教中，則民不虣；八曰以誓教恤，則民不怠；九曰以度教節，則民知足；十曰以世事教能，則民不失職；十有一曰以賢制爵，則民愼德；十有二曰以庸制祿，則民興功。以庸制祿即以功制祿。」〔註35〕面向「小民」十二教中的前六教，即禮樂教化，它的教化方式主要是通過禮樂儀式，而非傳授經典。「小民」在踐行禮樂儀式的過程中，感受禮樂文明的經義，由此起到移風易俗的政治教化作用。而十二教中的後六教，主要是通過典章制度使「小民」具有規範意識，在制度中踐行德性，有序生活。孔門的一些在位的弟子——例如子游、宓子賤——即從事著風化庶民的工作。通過《國語》和《周禮》的記載，我們可以明晰「君子」的教師和「小人」的教師在教化內容上的差別，二者在教化內容的差異，也直接導致了培養目標的不同。「君子」的教師對弟子的培養目標是使他們成爲治國理政的有位者，而「小人」的教師是要讓小民浸潤在禮樂文明中，獲得秩序感，保證國家的穩定。

　　孔子所生活的時代，已沒有西周平治時代的教化模式。孔子開設私學，在很大程度上彌補了「王官失守」、教化不行的時代困境。馮友蘭對孔子開設私學大有贊辭，他認爲「孔子是中國第一個使學術民眾化的」〔註36〕，具有極高的思想史意義。馮友蘭對孔子開設私學的意義所言不虛，然而這一論述

〔註34〕〔漢〕鄭玄注，〔唐〕孔穎達疏，龔抗云整理，王文錦審定：《禮記正義》第3冊，北京：北京大學出版社，2000年版，第1368頁。

〔註35〕〔漢〕鄭玄注，〔唐〕賈公彥疏，趙伯雄整理，王文錦審定：《周禮注疏》第1冊，北京：北京大學出版社，2000年版，第290頁。

〔註36〕馮友蘭著：《中國哲學史》上冊，上海：華東師範大學出版社，2000年版，第45頁。

亦會對學界造成一個誤解，即孔子的教化完全面向小民，無有「君子儒」和「小人儒」之分。筆者認爲，在孔子的教師實踐中，亦具有清晰的「君子儒」和「小人儒」區別。二者的區別可以從「弟子志向的不同」和「教化方式的不同」來做分辨。

　　首先，弟子志向的不同。孔子的教化理念是「有教無類」〔註37〕，他說：「自行束脩以上，吾未嘗無誨焉。」〔註38〕因此，從學生來源來看，在孔門中既有「君子」，也有小民。但是，拜學孔子的弟子均是有從政之志向的，他們學習的內容是孔子以前僅面向貴族子弟的「官學」，孔子以「官學」經典教化弟子，其教學目標是將弟子們培養爲從政之君子。因此，以教化目標而言，每一位拜學孔子的弟子均爲「修德以取位」的君子，而非「小民」。在這一意義上，拜師孔子的弟子都是有志從政的「君子」，而孔子則是教化君子的教師——「君子儒」。

　　其次，教化內容的不同。面向「君子」和「小民」的教化內容是截然不同的。《論語·陽貨》記載了孔子到武城，聞絃歌之聲。夫子莞爾而笑，曰：「割雞焉用牛刀？」子游對曰：「昔者偃也聞諸夫子曰：『君子學道則愛人，小人學道則易使也。』」子曰：「二三子！偃之言是也。前言戲之耳。」〔註39〕在這則記載中，孔子雖然肯定了子游教化小民的方法，但是從他「割雞焉用牛刀」的論述可以看出，夫子認爲教化君子和教化小民的教化內容是不同的。在孔子看來，教化「君子」的方式是用經典進行教化，而教化「小民」的方式除了禮樂制度的風化外，還有君子德性的上行下效。孔子曾說：「君子之德風，小人之德草。草上之風，必偃。」〔註40〕孔子十分重視政治體中上行下效的教化效果，因此孔子將教化的重點放在「君子」身上，讓「君子」成爲德性的先覺者，孔子「使先覺覺後覺」〔註41〕，這種教化方式在效果上是事

〔註37〕程樹德撰，程俊英、蔣見元點校：《論語集釋》第4冊，北京：中華書局，1990年版，第1126頁。

〔註38〕程樹德撰，程俊英、蔣見元點校：《論語集釋》第2冊，北京：中華書局，1990年版，第454頁。

〔註39〕程樹德撰，程俊英、蔣見元點校：《論語集釋》第4冊，北京：中華書局，1990年版，第1188～1189頁。

〔註40〕程樹德撰，程俊英、蔣見元點校：《論語集釋》第3冊，北京：中華書局，1990年版，第866頁。

〔註41〕〔清〕焦循撰，沈文倬點校：《孟子正義》下冊，北京：中華書局，1987年版，第654頁。

半功倍的。

　　大體而言，「君子儒」是孔子對無位的師儒的角色定位，而「小人儒」是孔子對有位之執政者的政事要求。「女爲君子儒，勿爲小人儒」是孔子針對子夏的教誨，他希望子夏成爲教化君子的教師，培養國家的治國理政的有位者，繼承自己爲政之師的事業。需要注意的是，孔子希望子夏成爲君子之師，並不代表孔子漠視鄉野風化的價值。實際上，孔子十分重視庶民的教化，因爲庶民是政治體不可分割的一個重要部分，他們是否具有德性，在一定程度上可以促進邦國成爲一個具有德性的「共同體」。孔子周遊至衛國時，曾經提出對衛國「庶之」、「富之」、「教之」〔註 42〕的發展戰略，孔子絕不是一個堅持愚民的知識分子，而是一個提倡庶民教育的思想家。但是，我們需要分辨的是，孔子對於衛國庶民的治理策略首先是增加人口，其次是讓人富裕，最後才是教化人民。孔子把「教」列爲衛國發展戰略的最後一環，「教」是建立在一定的經濟基礎（「富」）之上的。換言之，對於庶民來說，「庶」和「富」比「教」更重要。然而，對於「君子」來說，由於其自身的定位是邦國的治理者，他們的精神需求就遠高於庶民。在孔子看來，追求財富是每個的生理本能〔註 43〕，但是，君子的首要追求應當是「義」而不是利〔註 44〕。甚至在窮困的時候，君子應當固守節操〔註 45〕，而不能放任自己。君子作爲邦國的執政者，他們若能「以德治國」，自然會起到「風行草偃」的效果，民風的好轉是順理成章的事。在孔子看來，相較於庶民教育，君子教育更爲重要且更爲迫切。以此，孔子對自身教化事業的定性一定是針對執政者的教化，而非針對庶民的教化。孔子晚年專行教化，他是以「君子儒」的標準要求自己，他亦以此標準來要求子夏。

〔註 42〕　根據《論語・子路》記載，子適衛，冉有僕。子曰：「庶矣哉！」冉有曰：「既庶矣，又何加焉？」曰「富之。」曰：「既富矣，又何加焉？」曰：「教之。」見程樹德撰，程俊英、蔣見元點校：《論語集釋》第 3 冊，北京：中華書局，1990 年版，第 905 頁。

〔註 43〕　《論語・里仁》載子曰：「富與貴是人之所欲也，不以其道得之，不處也。」見程樹德撰，程俊英、蔣見元點校：《論語集釋》第 1 冊，北京：中華書局，1990 年版，第 232 頁。

〔註 44〕　《論語・里仁》載子曰：「君子喻於義，小人喻於利。」見程樹德撰，程俊英、蔣見元點校：《論語集釋》第 1 冊，北京：中華書局，1990 年版，第 267 頁。

〔註 45〕　《論語・衛靈公》載子曰：「君子固窮，小人窮斯濫矣。」見程樹德撰，程俊英、蔣見元點校：《論語集釋》第 4 冊，北京：中華書局，1990 年版，第 1050 頁。

三、君子的化民之責

孔子提出的「君子儒」概念確立了孔子以來的儒家對於「儒」的特殊認知，它有別於孔子之前的「儒」在教君子和教小民的雙向功能，而專致於教化君子，以「道統」引導「政統」。不可否認的是，在孔子的思想中，有弱化教化小民的取向，但這並不等於孔子不重視小民的教化。在孔子看來，「化民」是必須的，也是必要的，而其主要承擔者是接受過儒師教化的「君子」。論述至此，我們又觸到了儒家思想史上的一個老問題——孔子是否是愚民論者？

（一）孔子非愚民論者——回歸孔子的生活世界

爲了獲得明確的答案，我們有必要對孔子的個人情況和言行進行考察和梳理。

首先，我們探究一下孔子的家世。孔子的祖先在春秋時期曾是宋國的貴族，曾祖父時期，受到國家內亂和遭人威逼的影響，被迫逃亡魯國。孔父叔梁紇曾在地方擔任過一官半職。孔子幼年失怙，生活貧賤。因此孔子有言：「吾少也賤，故多能鄙事。」〔註46〕爲了生計，孔子曾做過乘田和委吏之類的小官，角色類似於現在的牛羊管理者和會計。因爲生活在社會底層，故孔子對百姓的疾苦十分熟悉和瞭解。在不懈的努力之下，孔子的境遇才漸趨好轉。從其成長經歷來探究，孔子心存愚民思想的可能性並不大。出身社會底層、艱難求生，孔子必定深諳「民」不可「愚」、「民」不必「愚」之道。

其次，孔子首倡私學，並積極踐行，成爲我國歷史上開門辦學的第一人。因爲對人民渴求知識的狀況非常瞭解，因此孔子在開辦私學的同時，積極倡導「有教無類」，打破地位和地域藩籬，將教育推及至普通民眾。故曰：「自行束脩以上，吾未嘗無誨焉。」〔註47〕從這一層面來看，如此熱心興辦私學、奉獻教育事業之人，倡導愚民主義根本不可能。在孔子三千多的弟子中，源自人民大眾的不在少數。如果主張愚民主義，那麼孔子教育如此多的平民子弟又怎能解釋的通？由此可見，愚民主義與孔子根本不沾邊。

最後，孔子對民望高度重視的例子比比皆是。比如：「哀公問曰：何爲則

〔註46〕程樹德撰，程俊英、蔣見元點校：《論語集釋》第 2 冊，北京：中華書局，1990年版，第 583 頁。

〔註47〕程樹德撰，程俊英、蔣見元點校：《論語集釋》第 2 冊，北京：中華書局，1990年版，第 445 頁。

民服？孔子對曰：「舉直錯諸枉，則民服；舉枉錯諸直，則民不服。」〔註48〕諸如此類，都表明孔子認爲百姓不可愚。再如「子食於有喪者之側，未嘗飽也。」〔註49〕「子見齊衰者、冕衣裳者與瞽者，見之，雖少，必作；過之，必趨。」〔註50〕這些言論都表明孔子將關懷和體貼延及普通人民。還有「子曰：『道之以政，齊之以刑，民免而無恥；道之以德，齊之以禮，有恥且格。』」〔註51〕孔子認爲可以在人民中推行教育，同時其認爲教育人民意義重大。一言以蔽之，重視人民、關心民望、認識到教育人民重要性的思想家，主張愚民主義思想的可行性根本不存在。

　　所謂知人論世，只有從孔子的生活環境、言行出發才能夠判定其是否具有愚民主義思想。借助上文分析，我們可知孔子不存在愚民主義觀念。然而，在儒學思想史有論者以《論語》「民可使由之，不可使知之」一章向孔子發難，以此認定孔子必爲「愚民」論者，因此，爲了徹底澄清這一問題，我們還必須對《論語》「民可使由之」一章做全面的梳理。

（二）「民可使由之」章的真實旨歸

　　《論語・泰伯》有言：「民可使由之，不可使知之。」〔註52〕針對該句的理解，歷來說法不一。在所有的觀點中，比較有影響力的觀點有兩種：

　　第一種觀點集中體現在鄭玄的注上。鄭注認爲：「民，冥也。其見人道遠。由，從也。言王者設教，務使人從之。若皆知其本末，則愚者或輕而不行。」〔註53〕在鄭注看來，統治者制定王法、教化百姓的目的就在於讓百姓踐行。但是這一原因卻不能透露給百姓，因爲一旦百姓瞭解箇中緣由，愚昧者極可能會無視王法而導致統治者的目的無法實現。站在鄭注的角度來審視，孔子

〔註48〕程樹德撰，程俊英、蔣見元點校：《論語集釋》第 1 冊，北京：中華書局，1990年版，第 117 頁。

〔註49〕程樹德撰，程俊英、蔣見元點校：《論語集釋》第 2 冊，北京：中華書局，1990年版，第 449 頁。

〔註50〕程樹德撰，程俊英、蔣見元點校：《論語集釋》第 2 冊，北京：中華書局，1990年版，第 591 頁。

〔註51〕程樹德撰，程俊英、蔣見元點校：《論語集釋》第 1 冊，北京：中華書局，1990年版，第 68 頁。

〔註52〕程樹德撰，程俊英、蔣見元點校：《論語集釋》第 2 冊，北京：中華書局，1990年版，第 531 頁。

〔註53〕程樹德撰，程俊英、蔣見元點校：《論語集釋》第 2 冊，北京：中華書局，1990年版，第 531～532 頁。

的言論未免存「愚民」之嫌。對此，楊伯峻的觀點與鄭玄的觀點不謀而合，對於這兩句話，其的解釋是：「老百姓，可以讓他們照著我們的道路走去，不可以使他們知道那是爲什麼。」〔註54〕

第二種觀點的代表人物是何晏。在《論語集解》中，其指出：「由，用也。可使用而不可使知者，百姓能日用而不能知。」〔註55〕該注釋認爲，對於聖人之道，百姓只知如何去踐行，卻無從知曉踐行的原因。按照何注的理解，孔子認爲讓百姓瞭解聖人之道未嘗不可，但是採取何種方式讓百姓瞭解聖人之道卻是一個問題。在《四書章句集注》中，朱熹做了進一步闡釋：「民可使之，由於是理之當然，而不能使之知其所以然也。」〔註56〕又引用程頤話說：「聖人設教，非不欲人家喻戶曉也，然不能使之知，但能使之由之爾。若曰聖人不使民知，則是後世朝四暮三之術也，豈聖人之心乎？」〔註57〕基於此進行解讀，認爲孔子此言具有愚民思想毫無根據。

除了上述比較有影響力的兩種觀點之外，學界的其他理解也有一定的參考價值，現做一梳理：在引述凌鳴喈的《論語解義》的基礎上，清劉寶楠在《論語正義》中做出以下論斷：「此章承上章《詩》禮樂言，謂『《詩》禮樂可使民由之，不可使知之』。」不難看出，劉認同凌的說法，同時其又認爲：「愚謂上章是夫子教弟子之法，此『民』亦指弟子。」〔註58〕句中的「民」，劉將其理解爲「弟子」，兩個「之」則分別指《詩》和禮樂。毋庸置疑，這一說法具有創新性，但是卻無法得到一致的認同。楊伯峻即對此提出異議：「劉寶楠《正義》以爲『上章是夫子教弟子之法，此「民」字亦指弟子。』不知上章『興於詩』三句與此章旨意各別，自古以來亦未曾有以『民』代『弟子』者。」〔註59〕眾所周知，《論語》並非由一人獨立創作完成，而是語錄彙編。書內收集了大量孔子、孔門弟子及其再傳弟子的語錄，無論是篇章的排列還是章節之間都談不上什麼聯繫。從這一層面來看，劉寶楠將「民」解讀爲「弟子」實乃牽強。在《論語疏證》中，楊樹達引用了《呂氏春秋·樂成篇》中

〔註54〕楊伯峻著：《論語譯注》，北京：中華書局，2006 年版，第 93 頁。

〔註55〕程樹德撰，程俊英、蔣見元點校：《論語集釋》第 2 冊，北京：中華書局，1990 年版，第 532 頁。

〔註56〕〔宋〕朱熹撰：《四書章句集注》，北京：中華書局，1983 年版，第 105 頁。

〔註57〕〔宋〕朱熹撰：《四書章句集注》，北京：中華書局，1983 年版，第 105 頁。

〔註58〕〔清〕劉寶楠，高流水點校：《論語正義》上冊，北京：中華書局，1990 年版，第 299 頁。

〔註59〕楊伯峻著：《論語譯注》，北京：中華書局，2006 年版，第 93 頁。

的內容，即「大禹決水，民莫能知之」，與此同時，其還將《淮南子‧氾論訓》中語用鬼神機祥立禁而百姓不明緣由的事例引入其中，旨在對孔子此言是「民愚而不可教」進行論證。論證之餘，其又加按語批評道：「孔子此言似有輕視教育之病，若能盡心教育，民無不可知之。於是乃假手於鬼神以恐之，《淮南子》所云是也，此為民不可知必然之結論。即《淮南子》所舉四事言之，皆人所易知之事，民決無不可知之理也。」〔註60〕楊的觀點不能說毫無道理，但是其認為孔子存在輕教思想，對此實難苟同。作為一代「聖人」，孔子最為人稱道之處就在於其的教育思想深深影響後世。其窮極一生「誨人不倦」，為後世所尊崇，認為這樣一代「至聖先師」、中國私學教育的開創者有輕教思想實在是有失偏頗。

　　對於孔子此言，另有人重新做了句讀處理：「民可，使由之；不可，使知之。」或曰：「民可使，由之；不可使，知之。」針對前者，康有為猜測「民可使由之」句「或為劉歆傾孔子偽竄之言，當削附偽古文中」〔註61〕。但是康氏之言只是主觀臆測，並無任何文獻佐證。其弟子梁啓超在著述《孔子訟冤》中認為句讀應為：「民可，使由之；不可，使知之」〔註62〕。民國二年，《論語稽》提出了全新的解釋：「清按：言對於民，其可者，使其自由之；而所不可者，亦使其知之。或曰：輿論所可者，則使共由之；其不可者，亦使共知之。均可備一說。」〔註63〕《論語稽》原書並沒有句讀，但是考證該按語，這一句讀方式與梁啓超的句讀存在一致性。學者認為《論語稽》是宦懋庸的作品，據此將該句讀方式歸於宦懋庸，大概是對梁啓超之文並不瞭解的緣故。然細究原文「清按」二字，則會推知此解與宦無關，而應是宦子宦應清之言。《論語稽‧敘例》有言：「是書甫脫稿，先子嘗擬刪改乃出問世，年壽不待，齎志遂沒。應清不自揣其譾陋，謹承先志增飾之，其精美皆先子之舊，否者應清不文罪也。」〔註64〕據此可知，「愚按」乃為宦懋庸本人所著，而「清按」應為宦應清的解釋，因此不能夠貿然認為該句讀是宦懋庸的觀點。推究康有為、梁啓超、宦應清如此句讀的原因，蓋欲借孔子言論對各自倡導

〔註60〕 楊樹達著，《論語疏證》，上海：古籍出版社，1986年版，第193～195頁。
〔註61〕 康有為著：《論語注》，樓宇烈整理，北京，中華書局，1984年版，第114頁。
〔註62〕 梁啓超：《孔子訟冤》，載《新民叢報》第八號《雜俎》欄《小慧解頤錄》，1902年。
〔註63〕 〔清〕宦懋庸撰：《論語稽》，漢口：振華印書館刊印，1913年版，第7頁。
〔註64〕 〔清〕宦懋庸撰：《論語稽》，漢口：振華印書館刊印，1913年版，第1頁。

的觀點進行宣揚。康有爲推行變法革新，因此需要將孔子塑造成爲力主變革的素王形象，只要典籍文字不能夠爲其理念服務，則歸因於劉歆的篡改；身爲康氏弟子，梁啓超極力宣揚君主憲政之優勢，因此將句讀加以更改，以使之滿足個人政治需要；宧應清推崇共和理念，在《論語稽》按注中更改句讀，意在宣傳民主自由。上述三者均有所圖，因此從個人需要出發扭曲原文，不考慮經文原意則成爲三者共同的選擇。

　　學術研究自有其發展演變之軌跡，句讀改動之風一開，則跟進與拓廣之風必然盛行，下面幾例便是佐證：

　　　　句讀1：民可使由之不可使知之。

　　　　句讀2：民可使由之，不可使知之。

　　　　句讀3：民可，使由之；不可，使知之。

　　　　句讀4：民可使，由之；不可使，知之。

　　　　句讀5：民可使，由之不可；使知之。

　　　　句讀6：民可使由之？不。可使知之。

　　全新的句讀意味著全新的解讀，在這些新句讀出現後，學者們相繼發表言論予以支持或駁斥，這就導致後續的研究越發複雜。小學工夫是研治中國哲學的基本功，有鑒於此，確立一種正確的句讀是我們研究《論語》「民可使由之」章的開始。實際上，楊伯峻先生對「民可使由之」章的句讀已經做出了清晰的判斷。楊伯峻先生慧眼獨到，以「使」爲「句眼」展開了對此章的分析。楊伯峻先生指出，「使」有「使用、役使」之意，楊伯峻先生在《論語詞典》中對於該義的使用頻率曾做出統計。他指出在《論語》中其出現的次數爲9次，其中帶賓語的次數爲7次，具體來看有：(1)「使民以時」(《學而》)；(2)「君使民以禮，民事君以忠。」(《八佾》)；(3)「其使民也義」(《公冶長》)；(4)「仲由可使從政也與？」(《雍也》)；(5)「使民如承大祭」(《顏淵》)；(6)「及其使人也，器之。」(《子路》)；(7)「惠則足以使人。」(《陽貨》)。不帶賓語的2例情況出現在：(1)「上好禮，則民易使也」。(《憲問》)；(2)「小人學道則易使也」。(《陽貨》)。楊伯峻先生認爲，不帶賓語的2例與「民可使由之」章具有共通之處，即均在表假設關係的複句中出現，以「則」字和「也」字分別進行連接和煞尾。從複句關係來看，本句也表示假設關係，按照上面的句讀形式，本句也應該分別以「則」字和「也」字進行連接和結尾，也即本句的句讀應爲：「民可使，則由之也；不可使，則知之也。」唯有

如此，才能夠使表意更清晰明確，同時從《論語》用語習慣的角度才能夠說得通。

（三）「風行草偃」章的思想內核

依據句讀我們可以曉悟，孔子並沒有弱化對於民眾的教化，而是弱化了對於民中國教化的必然性和第一性。基於此，我們就能理解《論語》「樊遲請學稼」〔註65〕孔子答曰自己不如老農、老圃，並且用「小人哉，樊須也」嚴加斥責。在孔子看來，教化君子是儒師最需要用力的實踐，而成功教化君子後，君子之德必能引導民眾之德，最終促成「德性共同體」，這就是孔子在「風行草偃」章中所要表述的核心觀點。

《論語・顏淵》有言：「季康子問政於孔子曰：『如殺無道，以就有道，何如？』孔子對曰：『子爲政，焉用殺？子欲善而民善矣。君子之德風，小人之德草。草上之風，必偃。』」〔註66〕孔子提出的治世之道就是傳播政治領袖，借助「德」實現對「民」行爲的正確引導，進而確保社會秩序的和諧穩定。此言中「風」和」草「分別喻爲「君子」和」小人「的主體品質，「善」則可視作是價值觀念。孔子認爲，「君子」的價值觀念和思想意識會對「小人」的行爲產生直接影響，就如同「風」對「草」的影響，風吹向的方向就是草倒伏的方向。在孔子所認定的傳播關係中，有道德有品行之人因爲「德」的緣故而在傳播中身處上位，與之相對應的平民百姓或因道德品格缺失而在傳播中身處下位。同時，孔子還認爲上位對下位的傳播效力極大。《論語・顏淵》中的「君子之德風，小人之德草」是本文「風草」說的理論根據，筆者藉此對儒家傳播思想進行概括，對其傳播模式論進行闡釋。

「政教貫通、君師合一」是「風草」說的思想核心。從具體內容來看，這一傳播觀具有兩重關係：一是「政教貫通」；二是「君師合一」。「政教貫通、君師合一」的思想主張頻頻出現在《論語》中，孔子借助對「君師」資格的追問，開闢出「君子」從政治之「德」轉向文化之「德」的全新路徑，使政教合一從政治視域拓展開來，進入文化和傳播視域。孔子提出的教化傳播的路徑是自上而下的思想主張。如《論語・顏淵》：「季康子問政於孔子。孔子

〔註65〕程樹德撰，程俊英、蔣見元點校：《論語集釋》第 3 冊，北京：中華書局，1990
　　　　年版，第 896～898 頁。
〔註66〕程樹德撰，程俊英、蔣見元點校：《論語集釋》第 3 冊，北京：中華書局，1990
　　　　年版，第 866 頁。

對曰：『政者，正也。子帥以正，孰敢不正？』」〔註67〕《論語・子路》：「子曰：『其身正，不令而行；其身不正，雖令不從。』」〔註68〕在孔子看來，征戰刑法是重要的政治手段，除此之外，樹立具有崇高品德的人物形象進行價值觀傳播也是行之有效的政治舉措。在價值觀的導向作用下，百姓會轉變行爲，在思想觀念上趨近和朝向統治者的心理期望。朱熹將其理解爲「言人化而爲仁」。無論是從歷史還是從現實思想資源的視角來考慮，孔子所認爲的價值觀的核心都應該是人倫規範，因此就統治者而言，「修己」至關重要。《子路》中有言：「修己以安百姓」〔註69〕。《季氏》認爲：「遠人不服，則修文德以來之。既來之，則安之。」〔註70〕由此可見，政治治理與教化傳播的功能實現了深度疊合。

在政教貫通這一傳播路徑的作用下，傳播角色實現了疊加。在傳播關係中，原先單一的政治角色與教化傳播角色疊合在一起。在「風草」說中，「君師一體」不再拘泥於傳統意義上的政治關係，而是傳者和受者的角色同社會等級角色疊合在一起，社會等級關係和傳播關係疊合在一起。儘管存在諸多角色的疊加，但是毋庸置疑的是政治關係中的「位」對傳播關係中的「權」起決定性作用。孔子認爲獲得「權位」的方式是「修德」，因此「修德」至關重要，其可以幫助個體獲得社會地位的同時引領其進入文化價值世界。如果這一個體是具有人文價值內涵的「君子」，則可以在「德」的助力下成爲統治者。「君子」具有美好的德行與品性，則意味著符號化的過程已然完成。

四、作爲引導政治的儒師

孔子晚年的教化實踐，啓迪了先秦儒家的教化事業。對於儒者來說，他們所從事的教化活動的重點，是針對執政者和有志從政之人的教化。孔子希望他的後學能夠延續這種教化模式，通過教化君子來承擔引導政治的責任，這就是孔子教誨子夏「爲君子儒」的寓意。從子夏的生平經歷來看，子夏開創

〔註67〕 程樹德撰，程俊英、蔣見元點校：《論語集釋》第 3 冊，北京：中華書局，1990年版，第 864 頁。

〔註68〕 程樹德撰，程俊英、蔣見元點校：《論語集釋》第 3 冊，北京：中華書局，1990年版，第 901 頁。

〔註69〕 程樹德撰，程俊英、蔣見元點校：《論語集釋》第 3 冊，北京：中華書局，1990年版，第 1041 頁。

〔註70〕 程樹德撰，程俊英、蔣見元點校：《論語集釋》第 4 冊，北京：中華書局，1990年版，第 1137 頁。

西河學派，以《六經》教化魏文侯以下的執政者，可謂是對孔子教誨的踐行。實際上，「君子儒」並不是孔子培養弟子的第一目標，孔子更希望弟子能成爲從事具體政事的執政者。子夏給自己的職業定向也是以從政爲先的，根據《論語》記載，他曾爲莒父宰，而《韓詩外傳》則記載了子夏爲衛國的「行人」〔註71〕（外交官）。然而，子夏對自己的職業選擇，經歷了從出仕爲官到不仕而「布教西河」的轉變。《荀子・大略》中有關於子夏「不仕」的記載：

> 子夏貧，衣若縣鶉。人曰：「子何不仕？」曰：「諸侯之驕我者，吾不爲臣；大夫之驕我者，吾不復見。柳下惠與後門者同衣，而不見疑，非一日之聞也。爭利如蚤甲，而喪其掌。」〔註72〕

子夏放棄出仕是因爲他不願意進入不合禮制、爭利棄義的官場。相較於出仕，子夏願意效法「直道而事人」〔註73〕的柳下惠，以道自居，立於亂世之中。筆者認爲，子夏放棄「出仕」而「布教西河」就深受孔子晚年「專致教化」的行動感染。孔子的教誨化解了子夏的「仕、隱糾結」，確立了子夏爲君子的教師的志向。根據我們掌握的文獻，子夏的教化對象有兩類人，一類是在位的君主，另一類是修德以取位的君子。根據《史記・魏世家》的記載：「文侯受子夏經藝，由此得譽於諸侯。」〔註74〕子夏布教的地方在魏國的西河，魏文侯乘地利之便，受教於子夏。《禮記・樂記》中記載了一則魏文公向子夏請教「樂」的故事：

> 魏文侯問於子夏曰：「吾端冕而聽古樂，則唯恐臥；聽鄭、衛之音，則不知倦。敢問古樂之如彼何也？新樂之如此何也？」子夏對曰：「今夫古樂，進旅退旅，和正以廣，弦、匏、笙、簧，會守拊、鼓，始奏以文，復亂以武，治亂以相，訊疾以雅。君子於是語，於是道古，修身及家，平均天下，此古樂之發也。」〔註75〕

〔註71〕屈守元箋疏：《韓詩外傳箋疏》，成都：巴蜀書社，1996 年版，第 561 頁。

〔註72〕〔清〕王先謙撰，沈嘯寰、王星賢點校：《荀子集解》下冊，北京：中華書局，1988 年版，第 513～514 頁。

〔註73〕《論語・微子》記載柳下惠爲士師，三黜。人曰：「子未可以去乎？」曰：「直道而事人，焉往而不三黜？枉道而事人，何必去父母之邦。」見程樹德撰，程俊英、蔣見元點校：《論語集釋》第 4 冊，北京：中華書局，1990 年版，第 1254 頁。

〔註74〕〔漢〕司馬遷撰，〔宋〕裴駰集解，〔唐〕司馬貞索引，〔唐〕張守節正義：《史記》第 6 冊，北京：中華書局，1959 年版，第 1839 頁。

〔註75〕〔漢〕鄭玄注，〔唐〕孔穎達疏，龔抗云整理，王文錦審定：《禮記正義》第 3

　　魏文侯以感受古樂和新樂的區別爲問題請教於子夏，子夏通過對古樂形式與內容的介紹，繼而闡發「樂」與修、齊、治、平之聯繫。由此一例可見，子夏在魏國西河布教時，對魏國君主有政治上的引導，是爲執政者之師。而《史記・儒林傳》則記載：「如田子方、段干木、吳起、禽滑釐之屬，皆受業於子夏之倫，爲王者師。」〔註76〕田子方、段木干、吳起、禽滑釐四人雖然在仕、進、退、隱上的取捨不同〔註77〕，但是，他們都接受了子夏所傳授的內蘊政治要旨的《六經》之學，並繼承了孔子和子夏教化執政者的事業。「子夏在西河設教授徒的過程中，注意加強教材建設，繼孔子之後研究古代文獻，使《詩》、《書》、《禮》、《樂》、《易》、《春秋》得到進一步整理與傳授，初創詮釋儒家經典文獻的『章句』之學。」〔註78〕子夏以《六經》之學教化弟子，其教學目標是培養從政之君子，是爲君子之師。子夏既爲執政者之師，又爲君子之師，正是遵從乃師「爲君子儒」教導的實際體現。

　　「君子儒」是教師，是孔子晚年專致教化、身體力行的職業，也是他對弟子的又一期望。「君子儒」並不是臣下，但是他所面對的對象是在位的君主或有志於爲政的弟子，「君子儒」對他們進行德性或治理的引導，實際上是以「道」爲任、引導政治的另一種方式。因此，「君子儒」雖然無政治之權位，然而他的行爲並不在政治領域之外，而恰恰在政治領域之中。杜維明指出：「儒家學者在公眾形象和自我定位上兼具教士功能和哲學家作用，迫使我們認爲他們不僅是文人，而且還是知識分子。儒家知識分子是行動主義者，講求實效的考慮使其正視現實政治（realpolitik）的世界，並且從內部著手改變它。他相信，通過自我努力人性可得以完善，固有的美德存在於人類社會之中，天人有可能合一，使他能夠對握有權力、擁有影響的人保持批評態度。」〔註79〕所以，以孔子爲首的儒家所從事的教化事業，是在政治領域中對執政者的教化，他們通過對政治的理解，引導著政治朝著良性的方向發展。

　　　　冊，北京：北京大學出版社，2000年版，第1119～1120頁。

〔註76〕〔漢〕司馬遷撰，〔宋〕裴駰集解，〔唐〕司馬貞索引，〔唐〕張守節正義：《史記》第10冊，北京：中華書局，1959年版，第3116頁。

〔註77〕高培華在《卜子夏考論》中有詳細討論，見高培華著：《卜子夏考論》，北京：社會科學文獻出版社，2012年版，第196頁。

〔註78〕高培華著：《卜子夏考論》，北京：社會科學文獻出版社，2012年版，第255頁。

〔註79〕（美）杜維明著，錢文忠、盛勤譯：《道、學、政：論儒家知識分子》，上海：上海人民出版社，2000年版，第11頁。

　　孔子之後，不乏居位爲政之儒，例如冉有和子路，然而孔門的大多數弟子都選擇了教化執政者，踐行孔子「政治性教化」的思想，司馬遷在《儒林》傳中指出：

> 　　自孔子卒後，七十字之徒散遊諸侯，大者爲師傅卿相，小者友教士大夫，或隱而不見。故子路居衛，子張居陳，澹臺子羽居楚，子夏居西河，子貢終於齊。如田子方、段干木、吳起、禽滑釐之屬，皆受業於子夏之倫，爲王者師。是時獨魏文侯好學，後陵遲以至於始皇。天下並爭於戰國，儒術既絀焉，然齊魯之間，學者獨不廢也。於威、宣之際，孟子、荀卿之列，咸遵夫子之業而潤色之，以學顯於當世。〔註80〕

　　孔伋是孔子的嫡孫，《漢書·藝文志》記有《子思子》23篇，班固注謂子思「爲魯繆公師」〔註81〕，《郭店楚墓竹簡》中存有「魯穆公問於子思」〔註82〕的片段。關於孔伋從政的經歷，史無詳載，然而其爲魯穆公之師，以師道引導政道，當屬事實。子思爲執政者之師，是對孔子「教化即爲政」思想的繼承，他以「道」導君，延續著孔子政治性教化的事業。

　　筆者認爲，孔子將自己定性爲一種「爲政」之師，在很大程度上是受「原儒」政治性教化的影響。近代中國在內憂外患的局勢下，爆發了新文化運動，新文化運動的主旨可以概括爲12個字──批判傳統，引進西學，振興中華。在這種時代背景下，「儒家哲學會不會繼續存在於中國？或者說，儒家思想和新儒家思想會不會永遠從中國連根拔去」〔註83〕成爲了近代學者反覆思考的問題。近代學者的學術研究深受清代學術的影響，梁啓超《清代學術概論》中指出「綜觀二百餘年之學史，其影響於全思想界者，一言以蔽之，曰『以復古爲解放』。」〔註84〕因此，學者對儒家價值的「迷茫」，便採取研究「原儒」的方式去重新找回它的活力，由此引發了近代以來學界在「原儒」問題

〔註80〕　〔漢〕司馬遷撰，〔宋〕裴駰集解，〔唐〕司馬貞索引，〔唐〕張守節正義：《史記》第10冊，北京：中華書局，1959年版，第3116頁。

〔註81〕　〔漢〕班固撰，〔唐〕顏師古注：《漢書》第6冊，北京：中華書局，1962年版，第1724頁。

〔註82〕　李零著：《郭店楚簡校讀記》（增訂本），北京：中國人民大學出版社，2007年版，第109頁。

〔註83〕　黃克劍、吳小龍編：《當代新儒家把大家集·張君勱集》，北京：群言出版社，1993年版，第393頁。

〔註84〕　梁啓超著：《清代學術概論》，北京：東方出版社，1996年，第7頁。

上的爭鳴。

在傳統學術中，孔子不僅僅是一個歷史人物，而且是中華文明的代表，對孔子的不同評價，直接決定了對經學、儒學的不同看法。大體而言，兩漢今文經學認爲孔子作六經，立一王大法，所以孔子是立法的「素王」；漢唐之間古文經學抬高周公的地位，認爲孔子「述而不作」、「從周」，是聖王時代文獻的整理者，是「聖人」；宋明理學則認爲孔子是「道統」中的承前啓後者，傳六經以教人，因此，孔子是最後的「聖人」和「先師」。而在現代學術轉型中，對孔子的評價關鍵在於將孔子與《六經》分離，夷經爲史，夷孔子於諸子，孔子成爲「思想家」、「教育家」，成爲諸子中儒家的代表。於是，孔子走下「聖壇」，成爲《論語》中那個有教無類的老師。〔註85〕

這種研究背景，促成學人對孔子形象認知就是一個教師。馮友蘭在《中國哲學史》中指出：「孔子是中國第一個使學術民眾化的，以教育爲職業的，『教授老儒』；他開戰國講學游說之風；他創立，至少亦發揚光大，中國之非農非工非商非官僚之士治階級。」〔註86〕蔣伯潛則將孔子從政治領域抽離出來，對他的教育思想大加褒揚：「孔子與聞魯政，爲時至暫，周遊列國，不得志於諸侯，卒歸魯以布衣終老，故在當時政治上之關係甚小。但開私人講學，私家著述之風，而諸子承之，故其及於後世教育學術之影響則甚大也。」〔註87〕這種共同的認識在闡發孔子的教育事業時，將孔子的教化實踐與政治實踐漸漸絕緣。

近代學術的形成過程，則將孔子「打造」成了一個「先師」。在近代「以西釋中」的哲學研究範式下，孔子只有成爲像蘇格拉底那樣的「老師」〔註88〕，哲學這門學科才能被開啓。將孔子的教化實踐與他的政治實踐等同起來，難免引起當代學者的困惑。在學科分化的當代，「教化」是一個教育學的範疇，「爲政」是一個政治學的範疇，教育實踐與政治實踐似乎存在著天然的鴻溝。然而，如果我們回溯中國的先秦時期，落實到孔子在「子奚不爲政」章所揭

〔註85〕陳壁生：《「孔子」形象的現代轉折——章太炎的孔子觀》，載《中國人民大學學報》，2015 年第 3 期，第 148 頁。

〔註86〕馮友蘭著：《中國哲學史》上冊，上海：華東師範大學出版社，2000 年版，第 45 頁。

〔註87〕蔣伯潛著：《諸子通考》，杭州：浙江古籍出版社，1985 年版，第 37 頁。

〔註88〕馮友蘭說：「孔子的行爲及其在中國歷史上的影響，與蘇格拉底的行爲及其在西洋歷史上的影響相彷彿。」見馮友蘭著：《三松堂全集》第 11 冊，鄭州：河南人民出版社，2001 年版，第 143 頁。

示的義理，會發現教化與爲政在孔子的思維世界中是緊密聯繫的。在孔子看來，教師對於政治具有天然的引導性和批判力。杜維明指出：「儒家學者在公眾形象和自我定位上兼具教士功能和哲學家作用，迫使我們認爲他們不僅是文人，而且還是知識分子。儒家知識分子是行動主義者，講求實效的考慮使其正視現實政治（realpolitik）的世界，並且從內部著手改變它。他相信，通過自我努力人性可得以完善，固有的美德存在於人類社會之中，天人有可能合一，使他能夠對握有權力、擁有影響的人保持批評態度。」〔註89〕所以，以孔子爲首的儒家所從事的教化實踐，是在政治領域中對執政者的教化，他們通過對政治的理解，引導著政治朝著良性的方向發展。

孔子爲師是爲政之師，孔子之教是政治性教化。當代人在看待「孔子爲師」這一問題時，往往用現代學術的範式來純化孔子的教化，將孔子的教化與政治實踐隔絕。近代學術的形成過程，是將孔子「打造」成了一個「先師」。在近代「以西釋中」的哲學研究範式下，孔子只有成爲像蘇格拉底那樣的「老師」〔註90〕，哲學這門學科才能被開啓。這種研究背景，促成學人對孔子形象的認知僅僅是一個教師。馮友蘭在《中國哲學史》中指出：「孔子是中國第一個使學術民眾化的，以教育爲職業的，『教授老儒』；他開戰國講學游說之風；他創立，至少亦發揚光大，中國之非農非工非商非官僚之士治階級。」〔註91〕蔣伯潛則將孔子從政治領域抽離出來，對他的教育思想大加褒揚：「孔子與聞魯政，爲時至暫，周遊列國，不得志於諸侯，卒歸魯以布衣終老，故在當時政治上之關係甚小。但開私人講學，私家著述之風，而諸子承之，故其及於後世教育學術之影響則甚大也。」〔註92〕這種共同的認識在闡發孔子的教育事業時，將孔子的教化實踐與政治實踐漸漸絕緣。

實際上，孔子是將自己的教化實踐視作他政治實踐的另一種方式。孔子的這一主張是他對自己教化實踐的定性，筆者認爲，孔子的這一定性受到了西周平治時期「儒師」政治性教化實踐的影響。《周禮》中有一處單獨使用「儒」

〔註89〕 （美）杜維明著，錢文忠、盛勤譯：《道、學、政：論儒家知識分子》，上海：上海人民出版社，2000年版，第11頁。

〔註90〕 馮友蘭說：「孔子的行爲及其在中國歷史上的影響，與蘇格拉底的行爲及其在西洋歷史上的影響相彷彿。」見馮友蘭著：《三松堂全集》第11冊，鄭州：河南人民出版社，2001年版，第143頁。

〔註91〕 馮友蘭著：《中國哲學史》上冊，上海：華東師範大學出版社，2000年版，第45頁。

〔註92〕 蔣伯潛著：《諸子通考》，杭州：浙江古籍出版社，1985年版，第37頁。

字的材料，對筆者探賾孔子意識中的「儒師」大有裨益：

> 以九兩系邦之民：一曰牧，以地得民；二曰長，以貴得民；三
> 曰師，以賢得民；四曰儒，以道得民；五曰宗，以族得民；六曰主，
> 以利得民；七曰吏，以治得民；八曰友，以任得民；九曰藪，以富
> 得民。〔註93〕

這段引文介紹了「天官」之首「太宰」爲了安民佐政，在爲政過程中任用了九種職業。在這九種職業中，「牧」、「長」、「宗」、「主」和「吏」都是以其特權及管理身份使人民接受統治。唯「師」與「儒」，是以「賢」和「道」得到民眾的信賴。鄭玄在分疏「師」與「儒」時指出：「師，諸侯師氏，有德行以教民者。儒，諸侯保氏，有六藝以教民者。」〔註94〕鄭玄將上述引文中的「師」和「儒」分別對應「師氏」和「保氏」，認爲「師氏」和「保氏」分別以德行和六藝來教化民眾。但是，根據《周禮·地官》記載，「師氏」和「保氏」並非針對庶民的教師，而是針對「王」和「國子」（國家貴族）的教師：

> 師氏掌以媺王詔，以三德教國子，一曰至德，以爲道本；二曰
> 敏德，以爲行本；三曰孝德，以知逆惡。教三行，一曰孝行，以親
> 父母；二曰友行，以尊賢良；三曰順行，以事師長。……保氏掌諫
> 王惡，而養國子以道，乃教之六藝：一曰五禮，二曰六樂，三曰五
> 射，四曰五馭，五曰六書，六曰九數。乃教之六儀：一曰祭祀之容，
> 二曰賓客之容，三曰朝廷之容，四曰喪紀之容，五曰軍旅之容，六
> 曰車馬之容。〔註95〕

從「師氏掌以媺王詔」和「保氏掌諫王惡」來看，師氏主要通過道德宣喻來引導執政者的德行，而「保氏」主要通過六藝教化來批判執政者的行爲。「師氏」和「保氏」作爲「王」和「國子」的教師，承擔著引導政治、批判政治和培養執政者的重任，這與孔子對自己晚年教化執政者的實踐是一致的。《周禮·天官·大宰》中所謂的「得民」並非教民，而是「師氏」和「保

〔註93〕〔漢〕鄭玄注，〔唐〕賈公彥疏，趙伯雄整理，王文錦審定：《周禮注疏》第1
冊，北京：北京大學出版社，2000年版，第40頁。

〔註94〕〔漢〕鄭玄注，〔唐〕賈公彥疏，趙伯雄整理，王文錦審定：《周禮注疏》第1
冊，北京：北京大學出版社，2000年版，第40頁。

〔註95〕〔漢〕鄭玄注，〔唐〕賈公彥疏，趙伯雄整理，王文錦審定：《周禮注疏》第1
冊，北京：北京大學出版社，2000年版，第348～352頁。

氏」通過對執政者的教化，促成了德性政治，得到了民眾的擁護。筆者認爲，「師氏」和「保氏」共同構成了孔子對「儒師」的理解，並啓迪著孔子的教化實踐，影響著孔子以來的「儒家」對教化的認識。

孔子歿後，魯哀公在悼言中提到：「旻天不弔，不憖遺一老，俾屏餘一人以在位，煢煢余在疚。嗚呼哀哉！尼父，毋自律！」〔註96〕魯國失孔子，猶如失去了一個德性的約束，孔子行教對魯國之功由此可見。王夫之在《讀通鑑論》中提到：「天下所極重而不可竊者二：天子之位也，是謂『治統』；聖人之教也，是謂『道統』。」〔註97〕「道統」高於「治統」，孔子晚年在魯國專行教化，正是通過教化的方式引導政治。林存光先生指出，「孔門仍可說是作爲具有某種明顯而強烈的共同的特殊信念與行爲傾向的亞文化群體而發揮其影響力的。因而，可以這樣說，孔門在孔子的引導與教化下，誕生了一個以道自任、以身體道的學術政治合一的文化生命體。」〔註98〕以孔子爲代表的儒家教師以引導政治爲己任，他們的教化工作並不游離於政治域之外，而是內在於政治域。

透過《論語》「子奚不爲政」章可以看出，孔子的教化目的並不在於向庶民進行道德普及，而是通過對有位者或修德以取位的弟子的教化，實現自己對政治的批判與引導。錢穆於《政學私言》中有言：

> 中國傳統政制，一面雖注重政學之密切相融洽，而另一面則尤注重於政學之各盡厥職。所謂「作之君，作之師」，君主政，師主教。孔子以前其道統於君，所謂「王官學」；孔子以下，其道統於下，所謂「百家言」。孔子爲其轉折之樞紐。孔子賢於堯、舜，此則師統尊於王統。〔註99〕

孔子認爲「道」是高於政治的，因此他研習「道」、探尋「道」，通過自己掌握的政治要旨引導政治朝正確的方向發展。余英時在《道統與政統之間——中國知識分子的原始形態》一文中就十分強調「道統」對「政統」的引

〔註96〕〔漢〕司馬遷撰，〔宋〕裴駰集解，〔唐〕司馬貞索引，〔唐〕張守節正義：《史記》第6冊，北京：中華書局，1959年版，第1945頁。

〔註97〕〔明〕王夫之撰：《讀鑑通論》第4冊，北京：中華書局，1975年版，第925頁。

〔註98〕林存光著：《歷史上的孔子形象——政治與文化語境下的孔子和儒學》，濟南：齊魯書社，2004年版，第55頁。

〔註99〕錢穆著：《政學私言》，收入錢賓四先生全集編輯委員會編：《錢賓四先生全集》第40冊，臺北：聯經出版事業股份有限公司，1998年版，第88頁。

導作用，他說：「政統與道統顯然成爲兩個相涉而分立的系統。以政統言，王侯是主體；以道統言，則師儒是主體。」〔註100〕作者在書中提出：「從知識分子一方面說，道統與政統已分，而他們正是道的承擔著，因此握有比政治領袖更高的權威——道的權威。」〔註101〕余英時強調的「道統」高於「政統」，意味著掌握「道統」的儒家教師對政治具有引導作用。孔子在「子奚不爲政」章中正是揭示了自己爲師，以「道」自任，以「道統」引導「政統」的政治實踐。

〔註100〕（美）余英時著：《道統與政統之間——中國知識分子的原始形態》，收入氏著：《士與中國文化》，上海：上海人民出版社，2003 年版，第 92 頁。
〔註101〕（美）余英時著：《道統與政統之間——中國知識分子的原始形態》，收入氏著：《士與中國文化》，上海：上海人民出版社，2003 年版，第 89 頁。

結束語　哲學爲政治負責

　　在《論語》「子奚不爲政」章中，孔子將教化與爲政的關係闡釋爲「教化即爲政」。在孔子看來，他以「道統」引導「政統」，這就是他爲政的另一種方式。在當代政治哲學的視域中，「子奚不爲政」章內涵的儒家「道統」與「政統」的關係，實際上就是政治哲學中哲學與政治的關係。作爲人類生活的兩大場域，哲學與政治必然發生聯繫。哲學是政治的本質，哲學所追求的是終極的善，而政治是通往哲學之善的唯一平臺。正如亞里士多德（Aristotle）在《政治學》開篇所說的「我們見到每一個城邦（城市）各是某一種類的社會團體，一切社會團體的建立，其目的總是爲了完成某些善業——所有人類的每一種作爲，在他們自看來，其本意總是在求取某一善果」〔註1〕。而讓一個城邦通往向善之路的力量，不僅需要統治者和公民，更需要政治家。孔子在「子奚不爲政」章中所揭示的「教化即爲政」的思想，正是將自己視作一個引導政治的政治家。

　　施特勞斯是這樣詮釋哲學對政治的作用的：「爲什麼政治生活需要哲學？這一追問把哲學傳喚到政治共同體的法庭前：它要哲學在政治上負責。正如柏拉圖的完美城邦一旦建成，就不再允許哲人一心投身於沉思，這裡的問題一旦提出，就不再許可哲人完全無視政治生活。」〔註2〕哲學家必須對政治負責，因爲他們是最具有引導政治之能力的人，是開啓城邦之善的引路人。在

〔註1〕　〔古希臘〕亞里士多德著，吳壽彭譯：《政治學》，北京：商務印書館，1983年版，第3頁。

〔註2〕　（美）列奧‧施特勞斯著，潘戈編，郭振華等譯，葉然校：《古典政治理性主義的重生》，北京：華夏出版社，2011年，第112頁。

柏拉圖《理想國》的設計中，哲學家在城邦中的角色不僅是具有智識的老師，而且是現實政治的「王」。他說：「除非哲學家變成了我們國家中的國王，或者我們叫做國王或統治者的那些人能夠用嚴肅認真的態度去研究哲學，使得哲學和政治這兩件事情能夠結合起來，而把那些現在只搞政治而不研究哲學或者只研究哲學而不搞政治的人排斥出去，否則我們的國家就永遠不會得到安寧，全人類也不會免於災難。」〔註3〕柏拉圖認爲，「哲學王」將哲人與統治者結合在一起，才能實現城邦的理想構建。但是，哲學與政治卻構成了永恆的衝突。這種衝突表現在兩個方面，第一，是哲學理念對政治意見的超越；第二，是哲學家的「無用」無法作用於統治者的「有爲」。下面，分而述之。

眾所周知，「哲學總是企圖超越意見而趨向知識，大眾是不可能被哲學家說服的，……這是哲學與政權的一致之所以極不可能的真正原因；哲學與城邦的傾向是背道而馳的。」〔註4〕哲學代表著理想的國度，而政治代表著現實的國家。哲學與政治的衝突，表現爲理念與意見、哲人與大眾的牴牾。理念對意見的超越，決定了哲學家的理想很難被現實政治所採用。這一事實，造成了哲學家的「無用」。蘇格拉底（Socrates）說：「哲學家中的最優秀者對於世人無用，這話是對的；但是同時也要對他說清楚，最優秀的哲學家的無用其責任不在哲學本身，而在別人不用哲學家。」〔註5〕蘇格拉底在這裡指出了現實統治者對於哲學家的排斥，而這種排斥極易造成哲學家的墮落。蘇格拉底指出：「現行的政治制度我所以怨它們，正是因爲其中沒有一種適合哲學本性的。哲學的本性也正是由於這個緣故而墮落變質的。正如種子被播種在異鄉土地上，結果通常總是被當地水土所克服而失去本性那樣，哲學的生長也如此，在不合適的制度下保不住自己的本性，而敗壞變質了。哲學如果能找到如它本身一樣善的政治制度，那時可以看得很明白，哲學確實是神物，而其他的一切，無論天賦還是學習和工作，都不過是人事。」〔註6〕

〔註3〕〔古希臘〕柏拉圖著，郭斌和、張竹名譯：《理想國》，北京：商務印書館，1986年版，第214～215頁。

〔註4〕（美）列奧·施特勞斯著，李天然等譯：《政治哲學史》，石家莊：河北人民出版社，1993年版，第56頁。

〔註5〕〔古希臘〕柏拉圖著，郭斌和、張竹名譯：《理想國》，北京：商務印書館，1986年版，第236頁。

〔註6〕〔古希臘〕柏拉圖著，郭斌和、張竹名譯：《理想國》，北京：商務印書館，1986年版，第248頁。

　　所以，在哲學與政治的矛盾中，哲學家呼喚理想的哲學作用於世俗的政治。在孔子那裡，理想的實現的條件有且只有一個，那就是執政者對哲學家的「臣服」，接受哲學家的教化。誠如蘇格拉底所說：「只有在某種必然性碰巧迫使當前被稱爲無用的那些極少數的未腐敗的哲學家，出來主管城邦（無論他們出於自願與否），並使得公民服從他們管理時，或者，只有在正當權的那些人的兒子，國王的兒子或當權者本人，國王本人，受到神的感化，眞正愛上了眞哲學時——只有這時，無論城市，國家還是個人才能達到完善。」〔註7〕孔子與蘇格拉底的思想是相似的，對於孔子以來的儒者來說，在中國古代，選擇教化執政者是實現理想的必由之路，而執政者是否選擇被教化，則決定了現實政治的走向。因此，現實政治的引領者不是以孔子爲代表的儒家知識分子，而是統治者！這種哲學與政治的衝突正是孔子「教化即爲政」思想的內在矛盾。

　　對於西方的哲人來說，他們與孔子一樣，無時無刻不在遭遇哲學與政治的衝突。哲學的意見總是超前於世俗的觀念，因此等待他們的是統治者在貪婪的誘惑下打壓哲學家，大眾在愚昧的燥動下迫害哲人。蘇格拉底的死正是這種衝突下的悲劇。哲學與政治的衝突注定了哲學家的死亡，蘇格拉底的死是對哲學的捍衛，對政治的無奈。哲人的境遇在理想與現實的衝突中注定是悲哀的，「所以哲學家都保持沉默，只注意自己的事情。他們就像一個在暴風捲起塵土或風雪時避於一堵牆下的人一樣，看別人幹盡不法，但求自己得終生不沾上不正義和罪惡，最後懷著善良的願望和美好的期待而逝世，也就心滿意足了。」〔註8〕

　　蘇格拉底的「死」代表了西方哲人在哲學與政治衝突中的消極態度，他們寧願爲哲學犧牲，也不願在政治中苟且。對比之下，孔子的「教化即爲政」則是用一種較爲積極的態度來回應哲學與政治的衝突。在孔子看來，儒者存在的意義就在於矯正亂世〔註9〕，如果現實的國家已然是一個「理想國」，就

〔註7〕　〔古希臘〕柏拉圖著，郭斌和、張竹名譯：《理想國》，北京：商務印書館，1986年版，第251頁。

〔註8〕　〔古希臘〕柏拉圖著，郭斌和、張竹名譯：《理想國》，北京：商務印書館，1986年版，第248頁。

〔註9〕　《論語·微子》記載孔子曰：「滔滔者天下皆是也，而誰以易之？且而與其從辟人之士也，豈若從辟世之士哉？」見程樹德撰，程俊英、蔣見元點校：《論語集釋》第4冊，北京：中華書局，1990年版，第1265～1270頁。

不需要教化的存在了。儒家教化的意義面向的是未來，而不僅僅是現在。在對未來國家的暢想中，孔子心慕「周道」〔註 10〕。孔子所追求的政治是德性的政治，是有德性的執政者主導的政治。他對「今之從政者」〔註 11〕的評價極低，然而卻非常青睞自己的弟子〔註 12〕，甚至有讓自己的高足冉雍爲君主的念頭〔註 13〕。

　　孔子「教化即爲政」的思想致力於闡釋儒家教化與政治實踐的緊密聯繫，然而在這個理念的背後是儒家教化與現實政治的分離。究其原因，儒家所追求的是一種德性的政治，並懷抱著政治的理想試圖引導、批判和制約著現實的政治，而現實政治的實質卻是暴力與專制。孔子的政治理想與現實政治始終存在著無法調和的矛盾。子對「教化即爲政」之思想的篤定，源於他對現實政治的理解，也源於他對理想政治的堅持。中國古代正因爲有孔子這樣的儒家知識分子，才始終存在著一個集引導與制約政治之智識團體。孔子之後的儒家大儒對孔子「教化即爲政」之思想的堅持與踐行，正表現出了他們對政治的負責、對理想的堅守。對於儒者來說，通過教化去引導政治是一個永恆的困境。但是，如果知識分子不願嘗試去引導政治，政治將在君主的專制下成爲奴役世人的工具。

〔註 10〕　《論語・八佾》記載孔子曰：「周監於二代，鬱鬱乎文哉！吾從周」。見程樹德撰，程俊英、蔣見元點校：《論語集釋》第 1 冊，北京：中華書局，1990年版，第 183 頁。

〔註 11〕　《論語・微子》記載孔子曰：「滔滔者天下皆是也，而誰以易之？且而與其從辟人之士也，豈若從辟世之士哉？」見程樹德撰，程俊英、蔣見元點校：《論語集釋》第 4 冊，北京：中華書局，1990 年版，第 1265～1270 頁。

〔註 12〕　《論語・雍也》載季康子問曰：「仲由可使從政也與？」子曰：「由也果，於從政乎何有？」曰：「賜也，可使從政也與？」曰：「賜也達，於從政乎何有？」曰：「求也，可使從政也與？」曰：「求也藝，於從政乎何有？」見程樹德撰，程俊英、蔣見元點校：《論語集釋》第 2 冊，北京：中華書局，1990 年版，第 379～380 頁。

〔註 13〕　《論語・雍也》記載孔子曰：「雍也可使南面。」見程樹德撰，程俊英、蔣見元點校：《論語集釋》第 2 冊，北京：中華書局，1990 年版，第 361 頁。

附錄　經典與解釋

一、「一有三非」句與孟子「四端」說的提出

在《孟子・公孫丑章句上》中，孟子提出了對學界影響深遠的「四端」之說：「人皆有不忍人之心。先王有不忍人之心，斯有不忍人之政矣；以不忍人之心，行不忍人之政，治天下可運之掌上。所以謂人皆有不忍人之心者，今人乍見孺子將入於井，皆有怵惕惻隱之心，非所以內交於孺子之父母也，非所以要譽於鄉黨朋友也，非惡其聲而然也。由是觀之，無惻隱之心，非人也；無羞惡之心，非人也；無辭讓之心，非人也；無是非之心，非人也。惻隱之心，仁之端也。羞惡之心，義之端也。辭讓之心，禮之端也。是非之心，智之端也。」〔註1〕

在「由是觀之，無惻隱之心，非人也」之前，孟子提出了三種心理感受，它們分別是「不忍」、「怵惕」和「惻隱」。如果按照從生理反應到道德關懷來排序，三者的順序應當是「怵惕」、「不忍」和「惻隱」。「怵惕」是當「在場者」看到小孩將掉入井中時產生的一種生理意義的「害怕」，「不忍」是「在場者」對處於危難邊緣的小孩所產生的一種心理意義的「擔憂」，而「惻隱」（「『惻』，傷之切也。『隱』，痛之深也」）〔註2〕作為一種傷痛的情感是「在場者」想像到小孩掉入井中所產生的道德意義的「同情」。孟子將「怵惕」和「惻隱」連用，暗示著他認為「怵惕」之感必然產生「惻隱」之情，從而在本能意義上確立了「惻隱之心」的先天性。

〔註1〕　〔清〕焦循著，沈文倬點校：《孟子正義》上冊，北京：中華書局，1987 年版，
　　　　　第 232～234 頁。
〔註2〕　〔宋〕朱熹：《四書章句集注》，北京：中華書局，1983 年版，第 237 頁。

在「皆有怵惕惻隱之心」所處的句子中，孟子同時提到了「三非」，朱熹對此的評注是：「言乍見之時，便有此心，隨見而發，非由此三者而然也」〔註3〕。在朱子看來，「惻隱之心」的產生並不是由於見者與孺子的雙親有交往，也不是由於見者想要獲得鄉黨朋友的讚美，也並非是因爲見者難以忍受所想像到的「孺子入井」的哭泣之聲。也就是說，「三非」在文本中的作用是爲了論證「惻隱之心」的當下即現，「惻隱之心」是「非思而得，非勉而中，天理之自然也」〔註4〕。朱熹的觀點影響了後來的學者，在當今學界，學者們普遍認爲「三非」是爲了證明「一有」（「有怵惕惻隱之心」）是每一個人的本能。

論述至此，我們不禁存在這樣一個問題，「四端」之心是孟子「性善論」的相即不離的四個要素。而在「孺子將入於井」章中，孟子似乎只論證了「惻隱之心」的先天性，繼而順勢提出「羞惡之心」、「辭讓之心」和「是非之心」。同爲人心本能的「羞惡之心」、「辭讓之心」和「是非之心」如何可能？孟子在這一章中似乎沒有說明。

實際上，朱子在與其弟子甘節的對話中就提及到了上述問題：先生問節曰：「孺子入井，如何不推得羞惡之類出來，只推得惻隱出來？」節應曰：「節以爲當他出來。」曰：「是從這一路子去感得他出來。」朱熹繼續解釋：「如孺子入井，如何不推得其他底出來，只推得惻隱之心出來？蓋理各有路。如做得穿窬底事，如何令人不羞惡！偶遇一人衣冠而揖我，我便亦揖他，如何不恭敬！事有是非，必辨別其是非。試看是甚麼去感得他何處，一般出來。」〔註5〕

從朱子與甘節的對答中可以看出，朱熹原本思考的是從「孺子入井」如何能推出「四端」之心來？然而在後來的解答中，朱子卻試圖用「孺子入井」推導出「惻隱之心」的模式去感想其他三種經驗，從而推導出「羞惡之心」、「恭敬之心」（「辭讓之心」）和「是非之心」。換言之，朱熹的解答否定了「孺子入井」可以推出其餘「三端」。朱子的理解奠定了後世學者研究「孺子將入於井」章的理論基礎，當代學界普遍認爲孟子在這一章中只論證了「惻隱之心」的先天性，而沒有直接論證其餘「三端」的先天性，例如陳少明指出：「它

〔註3〕 〔宋〕朱熹：《四書章句集注》，北京：中華書局，1983年版，第237頁。
〔註4〕 〔宋〕朱熹：《四書章句集注》，北京：中華書局，1983年版，第237頁。
〔註5〕 〔宋〕黎靖德編：《朱子語類》（四），北京：中華書局，1986年版，第1282頁。

只能說明『四端』之一的仁之端，並不能讓人直觀出其他三端」〔註6〕。但是，筆者並不認同這種觀點，筆者認爲，這章中的「三非」句同時指涉著「重義棄利」、「存公去私」和「良知良能」三個儒家哲學的命題，分別可以推導出重「義」、存「禮」和備「知」三個內涵，三者由「仁」之端以外的「三端」經過培養後而形成，它們可以逆向證成「三端」的先天必然性。孟子在此章中所提出的「四端」說是有文本依據的，不需要後人的直觀。

（一）「羞惡之心」的提出：重義輕利的思考維度

義利之辨是儒家哲學的主題之一，在孔子的思想中，義利之辨的問題表現爲「義以生利」的哲學思考，據《左傳・成公二年》記載，孔子曾說過：「名以出信，信以成器，器以臧禮，禮以行義，義以生利，利以平民，政之大節也。」〔註7〕在這裡，孔子所闡發的義利觀是以好的政治之要旨爲討論背景的。孟子作爲孔子之後的儒家代表人物，他發展了孔子的義利思想，並在自己的仁政思想的框架內將其轉化爲「重義輕利」的觀點。在《孟子・梁惠王上》之開篇，就記載了孟子在義利觀上的重要思想，他說：「王何必曰利？亦有仁義而已矣。王曰『何以利吾國』？大夫曰『何以利吾家』？士庶人曰『何以利吾身』？上下交征利而國危矣。萬乘之國弒其君者，必千乘之家；千乘之國弒其君者，必百乘之家。萬取千焉，千取百焉，不爲不多矣。苟爲後義而先利，不奪不饜。未有仁而遺其親者也，未有義而後其君者也。王亦曰仁義而已矣，何必曰利？」〔註8〕孔子單言「仁」、「義」，而孟子將「仁義」連用，在孟子向梁惠王的對話中，孟子強調重利對於國家政治的危害性，在對立的方面，他提倡「仁義」在社會治理所能產生的重要作用。

在「一有三非」句中，如果我們用孟子「義利之辨」的哲學思考來洞察「三非」，我們可以發現「非所以內交於孺子之父母也」、「非所以要譽於鄉黨朋友也」和「非惡其聲而然也」均可以轉化爲對「利」的否定。三者的否定遵循一個人倫關係「向外」再「向己」的過程。孟子首先否定了與自己和孺子關係最近的人倫關係——「孺子之父母」——可能給自己帶來「利」。對於父母來說，孩子的生命無疑是至關重要的，如果他們得知「在場者」援救了

〔註6〕陳少明：《仁義之間》，載《哲學研究》，2012年第11期，第33頁。

〔註7〕劉勳著：《春秋左傳精讀》第2冊，北京：新世界出版社，2014年版，第768頁。

〔註8〕〔清〕焦循著，沈文倬點校：《孟子正義》上冊，北京：中華書局，1987年版，第36～43頁。

即將掉入井中的「孺子」，作爲「孺子之父母」，他們一定會給予答謝。而孟子在「第一非」的闡述中暗示著「在場者」在萌生「惻隱之心」時不會去考慮這層關係所能帶來的利益，由此表現出來「在場者」「重義輕利」的思想。在「第二非」中，如果「在場者」成功救下了「孺子」，他一定會獲得鄉黨朋友的讚美，「美譽」對於「在場者」來說是一種「名利」。但是，「在場者」在「惻隱之心」發動的一刹那，不會考慮到施救的行爲會獲得「名利」上的滿足。因此，「第二非」也符合「重義輕利」的內在精神。在「第三非」中，孟子將「人倫」關係轉向了自己與自己的關係，如果「在場者」在萌發「惻隱之心」的同時考慮到這種行爲會聽到自己討厭的哭泣之聲，那麼「在場者」就存在「一己之私利」。然而，「在場者」在「惻隱之心」的發動時並沒有存在這種心理，因此在這種最切身的「義利之辨」上，「在場者」選擇了「義」沒有考慮「利」。

孟子通過「三非」句，否定了「在場者」在見到孺子將要入井時所會考慮到的三種涉「利」的可能性內容，從而證實了「惻隱之心」的先天必然性。同時在「三非」句所包含的「義利之辨」的哲學命題下，「義」的價值通過對「利」的否定得到了彰顯，「義」是「羞惡之心」通過培養所達到的道德範疇，「義」的逆向推導證成了「羞惡之心」的先天性。由此，孟子可以提出：「無羞惡之心，非人也。」

（二）「恭敬之心」的提出：存公去私的思考維度

《禮記・禮運》是戰國時期的儒家學者託名孔子答問的著作。在《禮運》篇中，作者描繪了禮制的最佳狀態——大同，在大同社會裏人人都表現出公德以踐行禮制，該篇作者稱這種道德共相爲「天下爲公」。「天下爲公」作爲一種全社會的道德現象，它要求每一個人不只將仁愛的範圍限於與自己有血親關係的親人，而應該將仁愛推擴出去，用公心去關愛身邊的每一個人。這就是《禮運》篇所提出的「人不獨親其親，不獨子其子」〔註9〕。在這樣的社會中，每一個人是去除私心的，他的狀態是用大公無私的心去面對每一個生命。當然，《禮運》篇的作者並不否認禮的起點是血親關係，他所要強調的是禮的終點——「天下爲公」，他認爲這種狀態是最能表現禮制的最高且最本質的精神。在孟子的思想中，孟子同樣強調人之公心的推擴，他說：「老吾老，

〔註9〕 〔漢〕鄭玄注，〔唐〕孔穎達疏，龔抗云整理，王文錦審定：《禮記正義》上冊，北京：北京大學出版社，1999 年版，第 658 頁。

以及人之老；幼吾幼，以及人之幼。天下可運於掌。詩云：『刑于寡妻，至于兄弟，以御于家邦。』言舉斯心加諸彼而已。故推恩足以保四海，不推恩無以保妻子。」〔註 10〕孟子所提出的治世理想雖然是以君主作爲表率，但是他的最終落腳點是天下之人以公心去關愛身邊的每一個人。換言之，「仁政」的施行者是君主，而「仁愛」思想的踐行者必須是全天下之人。在孟子的思想中，「存公去私」是好的政治體必須具備的要素。

在「一有三非」句中，孟子的「三非」既內涵著「重義輕利」的哲學內涵，也內蘊著「存公去私」的哲學思考。在「第一非」中，孟子認爲「在場者」在萌生援救小孩的衝動時，不會因爲這個小孩的父母是與自己有交情而覺得自己更應該去救這個小孩。在「孺子將入於井」的危機時刻，「在場者」是不會去考慮「私情」，而是懷著一顆「公心」義無反顧地對「孺子」施以援手。「在場者」「惻隱之心」的自然發動，不出於「內交於孺子之父母」的感情因素，正體現了「在場者」「存公去私」的本然精神。「第二非」仍然可以納入「存公去私」的思考維度，「見義勇爲」固然是值得提倡的高尚道德，然而並不是所有的「勇爲」都是單純的，這種行爲可能夾雜著當事人的許多私念，例如「第二非」所指出的想要獲得鄉黨朋友的讚美。而在「孺子將入於井」的案例中，「在場者」恰恰表現出了「惻隱之心」的本能發動，而沒有「要譽於鄉黨朋友」的私心雜念，由此可見，「在場者」是懷著一顆「公心」去關愛將要掉入井中的「孺子」的。在「第三非」中，孟子認爲「在場者」「惻隱之心」的萌發的同時是不會考慮到自己會聽到令人生厭的「孺子將入於井」的哭聲，這意味著「在場者」在萌生救助「孺子」的念頭時是不顧自身可能受到的影響的，這也體現了「在場者」「存公去私」的本能反應。

孟子通過「三非」句的三種排除，證成了「在場者」「存公去私」的本能意識。前文已經論及，「禮」的最本質的精神是「爲公」，而「恭敬之心」作爲「禮之端」，「爲公」是它的本質屬性。「恭敬之心」作爲一種外向式的心理情態，它唯有通過「去私」、「存公」才能表現出「禮」的本質精神。孟子曰：「非禮之禮，非義之義，大人弗爲。」〔註 11〕這句話的一層意思是，懷著私心去行禮，實際上所行之禮皆非禮，唯有「存公去私」才能表現禮的

〔註 10〕　〔清〕焦循著，沈文倬點校：《孟子正義》上冊，北京：中華書局，1987 年版，第 86～87 頁。

〔註 11〕　〔清〕焦循著，沈文倬點校：《孟子正義》下冊，北京：中華書局，1987 年版，第 550 頁。

真精神。正是在這樣的哲學思考下，孟子可以堅定地說：「無恭敬之心，非人也。」

（三）「是非之心」的提出：良知良能的思考維度

在《孟子·公孫丑上》中記載了子貢和孔子之間的一段涉及「仁」和「智」的問答：「昔者子貢問於孔子曰：『夫子聖矣乎？』孔子曰：『聖則吾不能，我學不厭而教不倦也。』子貢曰：『學不厭，智也；教不倦，仁也。仁且智，夫子既聖矣。』夫聖，孔子不居，是何言也？」〔註12〕從子貢對孔子的回答的理解來看，「仁」和「智」在孔子的思想中有不同的內涵，「仁」涉及用愛心去教導，而「智」涉及用智商去學習。「智」在孔子的思想中有豐富的內涵，但它所關涉的更多的是後天所憑藉的生存能力。孟子在「智」的闡發上發展了孔子的理論，闡述了他對「智」的先天性的思考。孟子說：「人之所不學而能者，其良能也；所不慮而知者，其良知也。孩提之童無不知愛其親者，及其長也，無不知敬其兄也。親親，仁也；敬長，義也；無他，達之天下也。」〔註13〕在孟子的思維世界中，良知作為一種道德智慧是先天存在的，在這種道德智慧的伴隨下，孩童從一出生就知道要孝敬自己的雙親和尊敬自己的長輩。在孟子看來，「良知」是不需要通過後天的思考或外在的影響而獲得，它和「良能」一樣，是人與生俱來的本領，存在於人的本然情態之中。「良知良能」正是「三非」句所暗設的第三個哲學思考，它與「重義輕利」和「存公去私」形成「三足鼎立」之勢，共同證成「惻隱之心」和各自所包含的道德情態的先天性。

在「三非」句中，孟子同時否定了「內交於孺子之父母」、「要譽於鄉黨朋友」和「惡其聲」三個可能的思考對「在場者」萌發「惻隱之心」的影響。換言之，作為人之良能的「惻隱之心」是不需要對上述三者的思考來實現的。在這裡，孟子所強調的是一種無條件的思考所帶來的道德本能的出現，我們可以將這種「無條件的思考」認定為孟子所堅持的人之「良知」。在孟子看來，「良知」作為人的一種先天情態，它的作用是在最基本的道德判斷上保持理性，在大是大非前明白什麼是對的、什麼是錯的。對於「孺子將入於井」這

〔註12〕〔清〕焦循著，沈文倬點校：《孟子正義》上冊，北京：中華書局，1987年版，第213頁。

〔註13〕〔清〕焦循著，沈文倬點校：《孟子正義》下冊，北京：中華書局，1987年版，第897～898頁。

樣一個關乎生命安危的重大事件,「在場者」的「良知」是當下即現的,它是一種本能的智慧。

孟子認定「智」之端是「是非之心」,它通過「無條件的思考」確證著人在大是大非前一定會做出正確的行爲判斷。這種行爲判斷作用於「良能」,通過「惻隱之心」的萌生最終表現在援救的行爲上。「良知」與「良能」是相即不離的,從相互作用的層面來說,「良知」通過先天理性的介入證成「良能」的先天必然性,而「良能」的出現亦證明了「良知」的正確無誤。而如果從發生的層面來看,「良知」與「良能」同時發生,「良知」實際上也是人的「良能」,它是人判斷是非的本能情態。正因如此,孟子說:「無是非之心,非仁也。」

綜上所述,在「孺子將入於井」這一個案例中,孟子使用「一有」的正面地表述證成了「惻隱之心」的先天必然性。「惻隱之心」是四端之首,統攝著其餘三端。在其餘「三端」的呈現上,孟子則通過「三非」,用否定式的表述,暗設了「重義輕利」、「存公去私」和「良知良能」三個哲學命題,證成了「義」、「禮」和「智」的存在。而三德的逆向推導,則是「羞惡之心」、「恭敬之心」和「是非之心」的本能存在。由是觀之,孟子通過「一有三非」句同時提出了「四端」之說。「四端」之說的同時提出確證了四者在孟子「性善論」中相即不離的緊密關係。

(四)「四端」之關係與仁君善政

「一有三非」句使「四端」之心被並列地提出,但是,這絕不意味著「四端」之心的關係是並列的。對於「四端」之心的關係,古往今來的學者多有論述,其中最著名的說法莫過於朱熹的以《易》解「四端」的說法,朱熹在晚年(65 歲)經過江西玉山時做《玉山講義》,其中論及了孟子的四德:「就此四者之中又自見得『仁義』兩字是個大界限。如天地造化,四序流行,而其實不過於一陰一陽而已。於此見得分明,然後就此又自見得「仁」字是個生底意思,通貫周流於四者之中。仁固仁之本體也,義則仁之斷制也,禮則仁之節文也,智則仁之分別也。正如春之生氣貫徹四時,春則生之生也,夏則生之長也,秋則生之收也,冬則生之藏也。」〔註14〕

朱熹在這段論述中,運用《易經》「元亨利貞」的思想和四季輪轉的自然

〔註14〕 〔宋〕朱熹撰:《朱子全書》第 24 冊,上海:上海古籍出版社,2010 年版,第 3589 頁。

意識解讀了孟子四德的關係。朱熹這段話的精到之處是認識到了「仁義」思想在孟子中的地位，當今學界已普遍認識到「仁義」的連用是孟子思想的一大特色（孟子以前的儒家哲人是將「仁」、「義」分開闡述的）。「仁義」思想是孟子哲學的根柢，孟子哲學在提倡善行的實施同時，強調人們對惡行的警戒和矯枉。朱子深受《易經》思想的影響，認爲孟子所提出的四德，分別對應著《易經》中的「元」、「亨」、「利」、「貞」，「仁」（元）是其餘三德德的發端，並貫通於其他三德的實施之中。在引文的最後部分，朱子將「仁」（「元」）、「義」（「亨」）、「禮」（利）、「智」（貞）與四季一一對應，極有特色地闡釋了孟子的四德。我們可以將朱子對孟子四德的理解繪製成圖，如下所示：

朱熹對孟子四德關係的理解

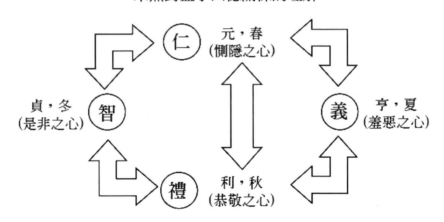

朱熹對孟子四德關係的理解是別具匠心的，但是這種理解並不是孟子的本意。孟子對四德關係的構建首先是將仁作爲四德之首端；其次由仁及義，將「仁義」視爲其哲學的根柢；繼而由「仁義」及「智」和「禮」；最後「智」和「禮」反作用於「仁義」，「智」是作爲運用「仁義」的道德，「禮」是作爲表現「仁義」的道德。筆者的這一理解是根據孟子的原話：「仁之實，事親是也；義之實，從兄是也。智之實，知斯二者弗去是也；禮之實，節文斯二者是也；樂之實，樂斯二者，樂則生矣；生則惡可已也，惡可已，則不知足之蹈之、手之舞之。」〔註15〕孟子認爲，「仁」的實質是孝於自己的雙親，「孝」

〔註15〕 〔清〕焦循著，沈文倬點校：《孟子正義》（上），北京：中華書局，1987 年版，第 532～533 頁。

是一切道德的根本，因而「仁」在孟子的思想中是四德之首。「義」的實質是從於自己的兄弟，由於兄弟與自己的血親關係疏於父母，因而從兄較事親爲次，「義」也就成爲了四德之次。孟子將「仁義」之德視作一個整體，它是一個人在處世時最先運用的道德，也是最重要的德行。而「智」的實質是知是知非，明白曉暢地知到「仁義」之德的正確性。「禮」的實質是對「仁義」之德的合理表現。「樂」的實質是因具有「仁義」之德而樂此不疲。孟子在這句話中清晰地勾勒出四德（以及「樂」）的關係，筆者同樣將其作圖以區別於朱子的理解，圖示如下：

孟子思想中「仁」、「義」、「禮」、「智」、「樂」關係圖

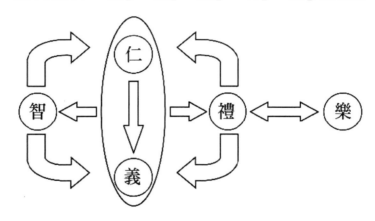

在明確了四德的關係後，我們自然就認清了「四端」之心的關係，「四端」是「四德」的人性基礎，他們作爲有待培養的「四德」之端，同樣構成了類同「四德」的關係。「四端」之心作爲孟子「性善論」四個相即不離的要素，它們同時根植於人之心中，互相作用，爲善行的實現奠定著堅實的人性基礎。

孟子是孔子政治哲學思想的重要傳承者。孟子主張：「民爲貴，社稷次之，君爲輕。是故得乎丘民而爲天子，得乎天子爲諸侯，得乎諸侯爲大夫。」〔註16〕在孟子看來，天子的政權是庶民賦予的，人心的向北決定了政權的存在或消亡。因此，天子乃至國家的執政者必須秉持「民爲邦本」的施政原則。君主以民爲本，百姓就會視君如父；君主蹂躪百姓，百姓將其視爲獨夫民賊。

〔註16〕〔清〕焦循撰，沈文倬點校：《孟子正義》下冊，北京：中華書局，1987 年版，第 973 頁。

《孟子‧梁惠王》中記載了他被問及：「臣弒其君可乎？」他的回答是：「賊仁者謂之賊，賊義者謂之殘；殘賊之人，謂之一夫。聞誅一夫紂矣。未聞弒君也。」〔註17〕

在孟子看來，仁政的產生在於君主是否有仁心，是否能以民爲本。根據上文的分析，惻隱之心是其餘三端的心弦，因此君主要踐行仁政首先要發動自己的惻隱之心。君主通過發動惻隱之心，誘發「重義輕利」、「存公去私」和「良知良能」三個心理機制，從而萌動「羞惡之心」、「恭敬之心」和「是非之心」，完成性善論的自足。中國古代的政治追求的是一種德性的政治，而德政的基礎就是君主的有德。

（五）走向「心性之學」的「政治導師」

在君主與政治體之關係的問題上，孟子繼承了孔子的觀點，即一個好的政治體必須由一個有德性的君主來引導。然而，孟子的時代諸侯相互征伐，棄義逐利，自立爲王，專致霸道。基於此，孟子不遺餘力地奔走於諸侯之間，向他們傳遞仁政的要旨，踐行著儒家的「師道」。孟子以掌握的政治哲學思想「格君心之非」，試圖在諸侯心間樹立起王道的價值。孟子曾說：「人不足與適也，政不足間也。唯大人爲能格君心之非。君仁，莫不仁；君義，莫不義；君正，莫不正。一正君而國定矣。」〔註18〕焦循在《孟子正義》中將此處之「大人」可解釋爲賢臣，此章章指曰：「小人爲政，不足間非；賢臣正君，使握道機。君正國定，下不邪侈，將何間也。」〔註19〕在焦循看來，此處的「大人」正是賢臣，賢臣與君主共治國家，他有責任也有義務「格君心之非」。值得注意的是，「大人」一詞，在《孟子》中不僅有「賢臣」的意思，也有有道德的人的意思。孟子有言：「非禮之禮，非義之義，大人弗爲。」〔註20〕此處的「大人」即是有道德的人的意思。賢臣在位爲政，他以政治的智識「格君心之非」，可謂是君主的「政治導師」；有道德的人通過修養道德，以德抗位，

〔註17〕 〔清〕焦循撰，沈文倬點校：《孟子正義》上冊，北京：中華書局，1987 年版，第 145 頁。

〔註18〕 〔清〕焦循撰，沈文倬點校：《孟子正義》上冊，北京：中華書局，1987 年版，第 525～526 頁。

〔註19〕 〔清〕焦循撰，沈文倬點校：《孟子正義》上冊，北京：中華書局，1987 年版，第 526 頁。

〔註20〕 〔清〕焦循撰，沈文倬點校：《孟子正義》下冊，北京：中華書局，1987 年版，第 550 頁。

「格君心之非」，可謂是君主的「道德導師」。孟子奔走列國，懷揣強烈的出仕願望，卻因種種政治現實而沒有如願，他所具有的角色自然不是「政治導師」，而是「道德導師」。

　　孟子無政治的實位，在「外王」之路上的受挫，使他不得不回歸「內聖」的修煉。在現實政治與道德理想的衝突中，回歸自我，修煉道德，是孟子的必由之路。孟子試圖佔領道德的高位，以對德性政治體的認識來教化現實政治的統治者，其教化的實質與孔子的「教化即為政」的思想是一致的。孟子說：「人之於身也，兼所愛。兼所愛，則兼所養也。無尺寸之膚不愛焉，則無尺寸之膚不養也。所以考其善不善者，豈有他哉？於己取之而已矣。體有貴賤，有小大。無以小害大，無以賤害貴。養其小者為小人，養其大者為大人。」〔註21〕孟子認為，作為一個「大人」，必須要以大的修養境界為目標，提升小我，形成大我。在《孟子》中也存在一些「吾」與「我」的論述，《孟子・公孫丑上》載孟子言曰：「我善養吾浩然之氣。」〔註22〕在這裡，孟子區分了「我」與「吾」，將「我」視為修煉的主體，將「吾」視為修習的目標和修習的目標所在在。孟子沒有將「我」與「吾」割裂，作為「大我」的「吾」是作為「小我」的「我」不斷自新的結果。孟子主張「我」通過「養」之工夫來接近「吾」。這個具有浩然正氣的「吾」正是在道德上居於高位、具有引導政治的能力的「道德導師」。

　　孟子指出：「有事君人者，事是君則為容悅者也；有安社稷臣者，以安社稷為悅者也；有天民者，達可行於天下而後行之者也；有大人者，正己而物正者也。」〔註23〕在上述四種角色中，孟子不願做事君的大臣，也並非安邦的賢臣，亦不具有庶民的身份。他將自己定位成一個「大人」，一個具有道德境界的「道德導師」，他深信通過「內聖外王」的理路，在修煉自身道德的同時，必定能影響執政者，引導政治的走向。楊海文指出：

　　　　大人既是政治導師，更是精神導師，而且，首先是精神導師，
　　　然後才能擔綱政治導師，正己方能物正。先內聖，後外王，再從外

〔註21〕　〔清〕焦循撰，沈文倬點校：《孟子正義》下冊，北京：中華書局，1987年版，第789頁。

〔註22〕　〔清〕焦循撰，沈文倬點校：《孟子正義》上冊，北京：中華書局，1987年版，第199頁。

〔註23〕　〔清〕焦循撰，沈文倬點校：《孟子正義》下冊，北京：中華書局，1987年版，第903～904頁。

王返歸到内聖，這一邏輯順序尤其不能顛倒。它也因此鑄就了義仕派智識分子「士則仕」的心路歷程：道與勢的緊張是永恆的，勢強於道是現實，道尊於勢是信念，所有的人在這條路上都重複著同樣的「故事」與「事故」⋯⋯〔註24〕

　　孟子以「道統」引導「政統」，踐行著現實政治「道德導師」的角色，他的思想與實踐是對孔子「教化即爲政」之思想的繼承。孔門後學多數以教化爲業，其中的原因可分爲兩種，其一是對現實政治的失望，其二是仕途不順的選擇。前者的代表是子夏，後者的代表是孟子。孟子選擇以教化爲業的原因與子夏不同，面對戰國時期的天下大亂，孟子表現出積極的入仕之心，他說：「如欲平治天下，當今之世，舍我其誰也？」〔註25〕孟子有意用平生所學平治天下，然而孟子的政治思想卻不爲當時的執政者所重視。根據《史記·孟子荀卿列傳》的記載：「孟軻乃述唐、虞、三代之德，是以所如者不合。退而與萬章之徒序《詩》《書》，述仲尼之意，作《孟子》七篇。」〔註26〕因此，孟子在仕途上的不遇，恰好構成他在道德的遇見，在理想政治與現實政治的衝突中，回歸内心的修養成了孟子的選擇。

二、「獨尊儒術」新批判：《天人三策》要旨探義

　　新文化運動以來，我們通常將董仲舒《天人三策》的「提議」概括爲「罷黜百家，獨尊儒術」。基於這一話語，董仲舒被視作「君主專制」的維護者，在當代學界，尊儒的學者大有人在，他們致力還原董仲舒西漢儒宗的形象。莊春波〔註27〕和孫景壇〔註28〕都從不同角度論證了《天人三策》爲「僞作」，力圖把董仲舒與《天人三策》完全隔離。莊春波和孫景壇的學術努力實際上在一定程度上承認了《天人三策》推崇的政治思想是「君主專制」。儘管他們的論證相當嚴密，他們卻忽視了一個最基本的史學常識，《天人三策》是漢代

〔註24〕 楊海文：《對抗與合作：孟子對君臣關係的新建構》，載《江南大學學報（人文社會科學版）》，2011年第6期，第29頁。

〔註25〕 〔清〕焦循撰，沈文倬點校：《孟子正義》上冊，北京：中華書局，1987年版，第311頁。

〔註26〕 〔漢〕司馬遷撰，（宋）裴駰集解，〔唐〕司馬貞索引，〔唐〕張守節正義：《史記》第7冊，北京：中華書局，1959年版，第2343頁。

〔註27〕 莊春波：《漢武帝「罷黜百家，獨尊儒術」說考辯》，載《孔子研究》，2000年第4期，第59～71頁。

〔註28〕 孫景壇：《漢武帝「罷黜百家獨尊儒術」子虛烏有新探——兼答管懷倫和晉文（張進）教授》，載《南京社會科學》，2009年第4期，第90～96頁。

皇家文獻，史家對它的編撰是非常小心的，班固作為一個傑出的史學家怎麼可能在這麼重要的文獻上犯下錯誤？

事實上，班固在《漢書・董仲舒傳》中將董仲舒的「提議」概括為「推明孔氏，抑黜百家」〔註29〕，而在《漢書・武帝紀》的記載是「罷黜百家，表章六經」〔註30〕，這意味著《漢書》中並無「獨尊儒術」一說，更不消連用「罷黜百家」和「獨尊儒術」。不管從理論亦或是實踐來講，「獨尊儒術」的治國理念都和漢武帝的治國方略相衝突。因此，筆者認為需要對「獨尊儒術」的話語體系重新反省，對董仲舒所著《天人三策》的「推明孔氏，抑黜百家」的政治哲學內涵予以重新剖析。

（一）「獨尊儒術」之批判

根據筆者的考證，中華民國成立前的古文獻中，「獨尊儒術」僅有一次明確的記載〔註31〕，即南宋史浩在《鄮峰真隱漫錄》卷三十《謝得旨就禁中排當箚子》中的記載：「下陋釋老，獨尊儒術。」〔註32〕據此，我國古代社會中出現的「獨尊儒術」和宋代儒家對佛教和道教的排斥緊密關聯，而絕不是董仲舒的原創。另據筆者的考證，「罷黜百家」和「獨尊儒術」的連用則是在新文化運動中第一次被提出。1916年，易白沙寫作《孔子評議》並在《新青年》上得以發表，文中稱：「漢武當國，擴充高祖之用心，改良始皇之法術，欲蔽塞天下之聰明才志，不如專崇一說，以滅他說。於是罷黜百家，獨尊儒術，利用孔子為傀儡，壟斷天下之思想，使失其自由。時則有趙綰、王臧、田蚡、董仲舒、胡毋生、高堂生、韓嬰、伏生、轅固生、申培公之徒，為之倡籌安會。」〔註33〕易白沙是「罷黜百家，獨尊儒術」的提出者，其思想具有新文化運動鮮明的「反傳統」特徵。易白沙崇尚西方的民主和自由，認為漢武帝

〔註29〕 〔漢〕班固撰，〔唐〕顏師古注：《漢書》第8冊，北京：中華書局，1962年版，第2525頁。

〔註30〕 〔漢〕班固撰，〔唐〕顏師古注：《漢書》第1冊，北京：中華書局，1962年版，第212頁。

〔註31〕 筆者索引劉俊文宗纂，北京愛如生數字化技術研發中心研製的中國基本古籍庫，證實「獨尊儒術」在中華民國以前的文獻中僅出現一次。

〔註32〕 〔宋〕史浩撰：《鄮峰真隱漫錄》卷三十《謝得旨就禁中排當箚子》，《景印文淵閣四庫全書》第1141冊，臺灣商務印書館1982～1986年版，第765頁下欄。按，標點符號為引者所加。

〔註33〕 易白沙：《孔子平議》上，載《新青年》第1卷第6號，上海：上海亞東圖書館求益書社印行，1916年發行。

時的統治方式就是君主專制，並認爲君主的專制伴隨著思想的專制，而「罷黜百家，獨尊儒術」正是漢武帝推行的思想專制政策。

然而，客觀地說，漢武帝的治國策略並不是「獨尊儒術」，將漢武帝的專制獨裁歸咎於「獨尊儒術」更是虛妄之論。筆者認爲，《漢書・武帝紀》的「罷黜百家，表章六經」與《漢書・董仲舒傳》的「推明孔氏，抑黜百家」具有明顯的差異，二者是在不同歷史背景之下歸納出的不同政策，以下具體論述。

漢武帝對漢帝國的「治道」選擇絕不是「獨尊儒術」，筆者分兩方面來闡述這一觀點。第一，以選官制度來考察，漢武帝時期的法家官員（比如張湯、杜周）數量眾多，因此漢武帝的治國之策是儒、法並用，而非「獨尊儒術」。第二，以社會文化來考察，倘若我們瀏覽《史記・龜策列傳》，其中記載了「至今上即位，博開藝能知路，悉延百端之學，通一伎之士咸得自效，絕倫超奇者爲右，無所阿私，數年之間，太卜大集。」〔註34〕從中可以看出，漢武帝的在即位之初，在社會文化方面體現出較強的開放性。據此推斷，漢武帝對國家的治理並非單純使用「儒術」，而根據上文的敘述，「獨尊儒術」的話語是易白沙在特定的時代背景下強加給漢武帝的。對這一點予以確定後，我們需要對《漢書》記載的「罷黜百家，表章六經」和「推明孔氏，抑黜百家」予以全新的闡釋。

「罷黜百家，表章六經」和「推明孔氏，抑黜百家」產生於不同的時代背景，前者源自於漢武帝即位之初，它與從建元元年到建元五年實施的「建元新政」密切關聯；後者則是元光元年董仲舒所呈《天人三策》的主題。「建元新政」是漢武帝在即位時吸收「儒術」而實施的國家治理方略。根據《漢書・武帝紀》的記載：「建元元年冬十月，詔丞相、御史、列侯、中二千石、二千石、諸侯相舉賢良方正直言極諫之士。丞相綰奏曰：『所舉賢良，或治申、商、韓非、蘇秦、張儀之言，亂國政，請皆罷。』奏可。」〔註35〕這是班固所謂的漢武帝「罷黜百家」的最原始出處，引文提到的「丞相綰」就是丞相衛綰，他向漢武帝提議在「舉賢良方正」中勿用法家和縱橫家。而漢武帝建元元年到五年中實施的舉薦政策卻是「罷黜百家」，只任用儒家，進而在建元

〔註34〕〔漢〕司馬遷撰，〔宋〕裴駰集解、〔唐〕司馬貞索引、〔唐〕張守節正義：《史記》第 10 冊，北京：中華書局，1959 年版，第 3224 頁。

〔註35〕〔漢〕班固撰，〔唐〕顏師古注：《漢書》第 1 冊，北京：中華書局，1962 年版，第 156 頁。

五年產生了「置五經博士」〔註 36〕的決議。漢武帝的這一施政方略，實際就是班固所謂的「表章六經」。

在漢朝，政府任命的「賢良方正」基本都被授予博士官，建元元年的公孫弘就是典型代表。根據《漢書・公孫弘傳》的記載「建元元年，天子初即位，招賢良文學之士。是時弘年六十，微以賢良爲博士。」〔註 37〕從中可以看出，漢武帝所推行的「罷黜百家，表章六經」實際上針對的對象就是博士官。對此，錢穆曾經予以評論：「武帝從董仲舒請，罷黜百家，只立五經博士，從此博士一職，漸漸從方技神怪、旁門雜流中解放出來，純化爲專門研治歷史和政治的學者。」〔註 38〕錢穆對漢武帝「罷黜百家，表章六經」的認識是正確的，但是他認爲董仲舒提請「罷黜百家，表章六經」卻與歷史事實存在背離。究其原因，陳蘇鎮根據《天人三策》中「今臨朝而願治七十餘歲矣」，判斷《天人三策》發生的時間應當爲元光元年，而非建元元年。〔註 39〕筆者在上文已經論及，班固歸納董仲舒《天人三策》的主題是「推明孔氏，抑黜百家」，它和《漢書・武帝紀》中提到的「罷黜百家，表章六經」有一定的不同，二者是在不同的時代背景下所提出的不同的理念構想。爲了說清其中的差異，下文重點探討《天人三策》的主題——推明孔氏，抑黜百家。

（二）《天人三策》的要旨：董仲舒規約君權的理念

董仲舒在《天人三策》之末申明：「《春秋》大一統者，天地之常經，古今之通誼。今師異道，人異術，百家殊方，指意不同。是以上亡以持一統，法制數變，下不知所守。臣愚以爲諸不在六藝之科孔子之術者，皆絕其道，勿使並進。邪辟之說滅息，然後統紀可一而法度可明，民知所從矣。」〔註 40〕班固概括《天人三策》的主題爲「推明孔氏，抑黜百家」。《天人三策》內蘊的「推明孔氏」問題，是爲了樹立孔子的「素王」地位，確立儒家爲漢代的

〔註 36〕　〔漢〕班固撰，〔唐〕顏師古注：《漢書》第 1 冊，北京：中華書局，1962 年版，第 159 頁。
〔註 37〕　〔漢〕班固撰，〔唐〕顏師古注：《漢書》第 9 冊，北京：中華書局，1962 年版，第 2613 頁。
〔註 38〕　錢穆著：《國史大綱》上冊，北京：商務印書館，1996 年版，第 145 頁。
〔註 39〕　陳蘇鎮：《〈春秋〉與「漢道」：兩漢政治與政治文化研究》，北京：中華書局，2011 年版，第 224 頁。
〔註 40〕　〔漢〕班固撰，〔唐〕顏師古注：《漢書》第 8 冊，北京：中華書局，1962 年版，第 2523 頁。

意識形態，實現「素王」孔子對漢天子的德性規約和《春秋》王道對漢王朝治理模式的矯枉過正。《天人三策》內蘊的「抑黜百家」問題，是爲了純化官員團體，讓國家的行政團體在思想上高度一致。而「抑黜百家」在政治制度上的落實即是「興太學」，以下具體論述。

1、「推明孔氏」的政治哲學內涵

在東周封建制時期，天下諸侯林立，士大夫可以憑藉自己的所學「選擇」爲哪個諸侯國的君主效勞。伴隨秦漢大一統時代的到來，封建制被郡縣制所取代，士大夫們的治國方略只能囿於一個國家，他們的選擇被縮小到只能和天子達成共識才能將自己的抱負付諸於實踐。而在中央集權的漢朝政府方面，由於執政者出於草莽，因此重視選賢任能成爲了漢帝國建國的主題之一，漢高祖劉邦曾發佈《求賢詔》來召集天下賢能。這種政治傳統延續到了漢武帝時期，《天人三策》正是在這一背景下發生的，它是董仲舒和漢武帝在政治理念的交流上達成的共識，成爲漢武帝在王朝政治方面革故鼎新的標誌。作爲其內涵主旨的「推明孔氏」實際就是明確「素王」孔子的政治地位，使漢王朝能夠明確以儒家治國作爲國家主流的意識形態，實現「素王」孔子對漢天子的德性規約和《春秋》王道對漢王朝治理模式的矯枉過正。

《天人三策》載：「孔子作《春秋》，先正王而繫萬事，見素王之文焉。」〔註41〕在此，董仲舒把孔子所作之《春秋》視爲「素王之文」，其中有兩層意思：第一，《春秋》彰顯了王道；第二，孔子是立法的「素王」。正如對策所言，「素王」孔子作《春秋》的目的是具有先後性質的兩項內容，即「先正王」而後「繫萬事」。對於「先正王」，在孔子看來，一個國家嚴密的政治體系需要君主以德服人，即「政者，正也。」〔註42〕儒家希望在整個國家內構建起道德的政治體系，天子成爲道德的典範，爲此《天人三策》中才會有「故爲人君者，正心以正朝廷，正朝廷以正百官，正百官以正萬民，正萬民以正四方。」〔註43〕從董仲舒所倡導的內容去看，良好的君主道德是政治清明的基礎。

〔註41〕 〔漢〕班固撰，〔唐〕顏師古注：《漢書》第8冊，北京：中華書局，1962年版，第2509頁。

〔註42〕 程樹德撰，程俊英、蔣見元點校：《論語集釋》第3冊，北京：中華書局，1999年版，第864頁。

〔註43〕 〔漢〕班固撰，〔唐〕顏師古注：《漢書》第8冊，北京：中華書局，1962年版，第2502～2503頁。

　　對於「繫萬世」，孔子作《春秋》被漢代公羊學家認爲是一種通過「立言」的方式爲漢立法。它將中國歷史的過去、現在和未來納入一個完整的歷史進程之中，確立了一套政治歷史的形而上學。董仲舒借「素王之文」爲漢王朝確立了發展的藍圖，在爲漢立法的儒者情懷中，孔子的「素王」地位被確立了下來。「素王」孔子的成立是對天子王權的德性規範，《春秋》則是天子行政所參照的根本大法。董仲舒確立孔子「素王」的地位從某種程度上就是給儒家學者們以精神的指引，在董仲舒的理念設計中，天下有兩個王。一個是掌握政權的漢朝天子，另一個則是確立王朝意識形態和王朝發展道路的「素王」孔子。而孔子「素王」地位的明確使得儒家學者對話天子時，不因地位懸殊而無法暢所欲言，而因佔據道德的高地而掌握了話語的權力。

　　事實上，儒家士大夫在王朝的政治運作中承擔著在德性上規約君權的責任。儒家士大夫是漢朝知識最爲豐富的群體，能夠對天降異災給予最爲合理的解釋。在古人的政治世界中，「天」比天子地位更高，在他們的思想中，每次災異的發生都並非偶然，是「天」對天子失職的示警。董仲舒說：「國家將有失道之敗，而天乃先出災害以譴告之；不知自省，又出怪異以警懼之；尚不知變，而傷敗乃至。以此見天心之仁愛人君而欲止其亂也。」〔註44〕在古人看來，天下發生災異是「天」故意所爲，也是「天」在政治秩序中作用的一個表現，表達了「天」對人間的關心。面對災異，臣子的作用就是「代天立言」，他們對災異的合理闡釋具有義不容辭的責任。董仲舒曾多次就災異諫言漢武帝，對其政治上的得失予以評判。基於此，錢穆先生認爲漢武帝的政府可以看做是我國歷史上首個「文治的統一政府」，也就是「『士治』或『賢治』的統一政府之開始」〔註45〕。

2、「抑黜百家」的政治哲學內涵

　　在《天人三策》的末尾部分，董仲舒指出「統紀可一而法度可明，民知所從矣」，在他看來，如果帝國的法度能夠統一，那麼百姓則是最終的受益者，百姓生活的穩定是統治者必須要考慮的一個問題。根據公羊學的要義，如果要實現在法度上的統一，那麼必須「改正朔」，這樣才能夠在在一個新的秩序條件下鞏固王朝的地位。董仲舒在「抑黜百家」中所提出的建議，直接針對

〔註44〕〔漢〕班固撰，〔唐〕顏師古注：《漢書》第8冊，北京：中華書局，1962年版，第2498頁。
〔註45〕錢穆著：《中國文化史導論》，北京：上午印書館，1994年版，第94頁。

漢武帝統治期間的「法制數變」的政治現實。建元元年，漢武帝對竇嬰、田
蚡、趙綰、王臧等儒家官員施以重用，其根本用意就是要改變漢王朝的意識
形態上，漢武帝即位之初致力要實現黃老道家的意識形態向儒家意識形態的
轉變。然而，由於當時漢武帝並未掌有實權，其祖母竇太后是漢帝國的實際
掌權者，老太后對黃老道家的思想甚是推崇，這也使漢武帝的建元新政受到
重重阻礙而不得不廢止。時隔四年，竇太后壽終正寢，漢武帝開始大力推進
儒學改制，並將田蚡委以重任，封爲丞相，這才使新政得以重見天日。可見，
從董仲舒元光元年上《天人三策》之前，漢武帝在即位的六年間就三次改變
了國家的意識形態。雖然當時的漢帝國已走出了太后攝政的政治現實，國家
的治理也正朝著用儒學治國的道路前進，但是董仲舒清醒地意識到，比人治
更爲根本的是意識形態的穩定，因此要實現漢帝國長久地使用儒家思想作爲
意識形態，必須在思想上實現儒學的一統，董仲舒據此才提出了「推明孔氏，
抑黜百家」。

　　董仲舒對漢武之世的定位是「太平之致」〔註46〕，即公羊學張三世中「太
平世」即將到來，「太平世」沒有真正到來的原因是漢武帝沒有採用儒家作爲
國家的意識形態進行政教活動。董仲舒稱漢王朝的政治現實是「師申商之法，
行韓非之說，憎帝王之道，以貪狼爲俗，非有文德以教訓於（天）下也。」
〔註47〕在董仲舒看來，漢王朝不僅在意識形態上「師申傷之法」，當時官員隊
伍的成分是極其複雜的，圍繞在漢武帝身邊的官員有儒家（如田蚡），有黃老
道家（如司馬談），有法家（如張湯），亦有縱橫家（如主父偃）〔註48〕。董
仲舒認爲，如此混雜的官僚思想系統，對於漢武帝在政治決策層面上的判斷
勢必會形成一定的影響。所以，若要推行儒家思想，就必須要將非儒家的官
員清除出官員隊伍。在董仲舒的設計下，漢帝國的執政者由天子和儒家士大
夫公共組成，儒家士大夫的「治道」理念的「合力」能夠讓天子下意識的「爲
政以德」。

3、教化天下：《天人三策》的題中之義

　　董仲舒《天人三策》的要旨是要通過確立「素王」孔子的地位，實現孔

〔註46〕〔漢〕班固撰，〔唐〕顏師古注：《漢書》第 8 冊，北京：中華書局，1962 年
　　　　版，第 2512 頁。
〔註47〕〔漢〕班固撰，〔唐〕顏師古注：《漢書》第 8 冊，北京：中華書局，1962 年
　　　　版，第 2510 頁。
〔註48〕《漢書》卷三十《藝文志》縱橫家類有「《主父偃》二十八篇」。

子對天子的道德規約，讓漢帝國接受春秋公羊學的治世之道；同時，《天人三策》建議漢帝國的爲政官員「儒家化」，形成儒士治世的政府。當然，董仲舒「推明孔氏，抑黜百家」的「提議」並不限於「紙上談兵」，他亦提出了實現這一理想的制度設計，即通過「興太學」的方式教化天下，以實現推賢進士的目的。

崔濤對董仲舒的這一思想在進行解讀時指出，「此乃董氏立學校以養士（及歲舉茂材、孝廉）的政治思路的基礎要求：即必須樹立以儒家學說爲標準的養士（及選士）制度的根基。這種根基實際上是一種以社會教化爲背景的制度土壤。」〔註49〕根據筆者的統計，在《天人三策》中，「教化」一詞累計出現了 16 次，這反映出董仲舒在《天人三策》中對「教化」的重視，彰顯出他要將儒家教化向天下推廣，使之能夠影響到上到天子、下至平民的每個人。董仲舒主張讓儒家知識分子服務於最基礎的教化層級，讓師不「異道」，人不「異論」。舉國之民在思想上與王朝的執政者高度一致，共同推進王朝有序的政治生活。

董仲舒建議通過「興太學」的方式，用儒家學說教化天下之人。而天下之人學習儒家經典、踐行儒家思想，逐漸成爲標準的儒士，最終具備進仕的資格。董仲舒在《天人三策》中說：「故養士之大者，莫大（虖）【虖】太學；太學者，賢士之所關也，教化之本原也。今以一郡一國之眾，對亡應書者，是王道往往而絕也。臣願陛下興太學，置明師，以養天下之士，數考問以盡其材，則英俊宜可得矣。」〔註50〕「興太學」的目的是養天下之儒士，在這一基礎上董仲舒提出了確立考核制度以「推賢進士」，他說：「臣愚以爲使諸列侯、郡守、二千石各擇其吏民之賢者，歲貢各二人以給宿衛，且以觀大臣之能；所貢賢者有賞，所貢不肖者有罰。夫如是，諸侯、吏二千石皆盡心於求賢，天下之士可得而官使也。」〔註51〕正是由於該制度的推行，漢朝教化甚廣，凡人均以教化爲爲官之本，天下之人皆願意承教化而應官舉，董仲舒「推賢進士」的政治理想也在「興太學」的基礎上逐漸實現。

〔註49〕崔濤著：《董仲舒的儒家政治哲學》，北京：光明日報出版社，2013 年版，第162 頁。

〔註50〕〔漢〕班固撰，〔唐〕顏師古注：《漢書》第 8 冊，北京：中華書局，1962 年版，第 2512 頁。

〔註51〕〔漢〕班固撰，〔唐〕顏師古注：《漢書》第 8 冊，北京：中華書局，1962 年版，第 2513 頁。

（三）《天人三策》的限度與張力

易白沙在《孔子平議》中將董仲舒視爲漢武帝君主專制的「幫兇」，但是，根據筆者對「推明孔氏，抑黜百家」的分析，董仲舒的《賢良對策》並非要促成漢帝國君主專制的形成，而是要通過「素王」孔子的道德榜樣、公羊學的確立章法和儒家士大夫的共同執政來限制君權，防止君主的專制獨裁、任刑用法。同時，董仲舒主張的「興太學」的目的是爲了教化天下，在制度層面實現「推賢進士」。《史記・儒林傳》的所載，董仲舒的政治理想在漢武帝之世得到了實施：「及竇太后崩……絀黃老、刑名百家之言，延文學儒者數百人，而公孫弘以《春秋》白衣爲天子三公，封以平津侯。天下之學士靡然鄉風矣。」〔註 52〕董仲舒「興太學」的制度設計實現了他「罷黜百家」的政治理想，然而對於「推明孔氏」的制度設計，董仲舒並未拿出具體的方案進行實施，而是希望能夠通過對天子內在修爲，自上而上地確立「素王」孔子的地位。董仲舒「推明孔氏」的政治理想顯然與漢武帝之所想並不相符，尤其是在「霸王道雜之」的制度背景下，其實現更是難上加難的。

漢武帝在「治道」層面接受董仲舒「推明孔氏，抑黜百家」的提議，通過「興太學」讓儒家思想在中華大地復蘇，然而他在治國之術上，不會因上述制度設計而「獨尊儒術」。從中國帝制史上看，漢武帝就是集權代表之一，他所採用的治國之術是「霸王道雜之」，這是漢家的「自有制度」〔註 53〕。漢高祖在《求賢詔》中說：「蓋聞王者莫高於周文，伯者莫高於齊桓，皆待賢人而成名。」〔註 54〕對於漢武帝統治的漢王朝，其基本國策依舊是儒法並用，只是在法術治國的層面上，在德治方面有了很大的突破而已。漢帝國「霸王道雜之」的治國理念貫徹漢帝國始終，「法術」的行政理念遠遠超過「儒術」，因此才有漢宣帝時期太子（漢元帝）的諫言：「陛下持刑太深，宜用儒生。」〔註 55〕漢武帝對於意識形態的掌控和把握，在形式上始終沒有脫離儒法並用，而董仲舒想要通過政治理想的方式對君權進行限制，其空間極其有

〔註 52〕 〔漢〕司馬遷撰，〔宋〕裴駰集解、〔唐〕司馬貞索引、〔唐〕張守節正義：《史記》第 10 冊，北京：中華書局，1959 年版，第 3117 頁。

〔註 53〕 〔漢〕班固撰，〔唐〕顏師古注：《漢書》第 1 冊，北京：中華書局，1962 年版，第 277 頁。

〔註 54〕 〔漢〕班固撰，〔唐〕顏師古注：《漢書》第 1 冊，北京：中華書局，1962 年版，第 71 頁。

〔註 55〕 〔漢〕班固撰，〔唐〕顏師古注：《漢書》第 1 冊，北京：中華書局，1962 年版，第 277 頁。

限。因爲「法術」在帝國意識形態中的存在，天子能夠通過法術對臣子進行鉗制，以這樣的方式突出自身的君主地位，以實現中央集權。正因如此，董仲舒在諫言遼東高廟失火後被下獄。丁耘指出：「董生則杜絕了任何等級貴族對皇權的挑戰。雖然保留了『天意』對皇權的干預，但董生本人後因妄測天意卜獄，這是機運改變歷史的絕佳例子——皇權不會承認任何集團對天意的代表權。這就從根本上杜絕了教權挑戰主權、社會挑戰國家的可能。」〔註 56〕

　　董仲舒所倚仗的規約天子政權的力量不僅有「天意」，還有「素王」孔子所立之「法」。然而，不管是「天」亦或是「孔子」，在漢代的政治現實中他們都沒有實質性的地位，孔子設立的王道大法難以突破漢家「霸王道雜之」的制度框架。現實政治仍由漢武帝來主宰，他推行的集權措施讓臣子的代天立言基本沒有發揮作用的餘地。然而即便如此，董仲舒對君權予以制約所採取儒家的治世理想仍被後世的儒家學者所敬仰和傳承。伴隨普及教化的推行，儒家士大夫成爲社會上能夠治理社會最具實力的群體，也唯有他們參與政治才會從德行上對君主專制予以制約。儘管漢武帝在專制權威下撤換了很多丞相，然而在民生凋敝的現實面前，他不得不接受道德的內省，並發佈《輪臺罪己詔》。因此，董仲舒在《天人三策》中內蘊的限制君權的理想不因現實政治的「君主專制」而黯淡無光，這就是《天人三策》的限度與張力。

　　董仲舒的政治遭遇，是「道統」與「政統」的內在衝突，也可理解爲當代政治哲學中哲學與政治的矛盾。現實的統治者掌握著現實的政治，在「術」的層面獨享治權，這使得儒家士大夫所追求的「道」始終不能完全落地。在儒家士大夫「爲萬世開太平」〔註 57〕的志向背後，是天子的乾坤獨斷。在現實政治中，執政者不會將自己的政治權力拱手讓給儒者，在執政者的心中，他們才是現實政治眞正的支配者。有志於引導政治的儒家士大夫與有政之人的衝突貫穿中國政治的始終，在這一過程中，無數儒家秉承引導政治之理想，又屢遭現實政治的打壓。究其原因，儒者們並沒有切實地制定出一套制度來限制君權，依靠道德、天意甚至團體的力量，在中央集權的古代

〔註 56〕丁耘著：《中道之國：政治‧哲學論集》，福州：福建教育出版社，2015 年版，第 123 頁。
〔註 57〕〔宋〕張載撰，張錫琛點校：《張載集》，中華書局，1978 年版，第 320 頁。

終究是弱勢的。儒者們實際上並未真正感受到「道統」尊於「政統」的優越感，而是在政治現實的打擊中，重複著政治領域的「退場」與教化領域的「入場」。然而儒者們的可貴之處在於，他們始終要求自己對政治的負責、對天下的負責。在「五百年必有王者興」〔註58〕的希望中，他們忍受著政治的打擊、堅持著教化的使命。雖然，所有的歷史都已證明，道德與政治之間存在著一種緊張，代表理想的知識分子始終不能在代表現實的政治中實現自己的宏願。但是，正是因儒者對教化的堅持，現實的政治才會保留一份理想的制衡。

（四）重思「五四」：時代意識與儒家要旨

臨「五四」運動百年之際，當我們反思易白沙「罷黜百家，獨尊儒術」之論，分析董仲舒「推明孔氏，抑黜百家」的提議，我們必須要辨析五四的時代意識和儒家的學說要旨。「五四」運動是古代中國和現代中國的一個分水嶺。因為這場運動，多數人對古代中國的印象是陳腐，對古代中國政治的印象是專制。在「反傳統」的大旗下，近代的革命先驅追求的共和國是一個具有科學精神和民主氛圍的共和國。「反傳統」不僅是一個時代的思潮，也是一個革命的旗幟。革命派要立大旗，就要有反對的對象。他們找到的第一個反對的對象是孔子，「五四」運動的旗手陳獨秀 1937 年在《孔子與中國》中指出：「科學與民主，是人類社會進步之兩大主要動力，孔子不言神怪，是近於科學的。孔子的禮教，是反民主的，人們把不言神怪的孔子打入了冷宮，把建立禮教的孔子尊為萬世師表，中國人活該倒楣。」〔註59〕在陳獨秀的筆下，「德先生」、「賽先生」和孔夫子是絕不相容的，要想開出一個新中國，必須打倒那個維護舊世界的孔夫子。「五四」運動的另一位旗手李大釗，在批判孔子的態度上與陳獨秀一致，他在 1917 年發表的《孔子與憲法》中說到：「孔子者，數千年之殘骸枯骨也。憲法者，現代國民之血氣精神也。以數千年之殘骸枯骨，入於現代國民之血氣精神所結晶之憲法，則其憲法將為陳腐死人之憲法，非我輩生人之憲法也。」〔註60〕在李大釗看來，要使中國成為一個

〔註58〕〔清〕焦循撰，沈文倬點校：《孟子正義》上冊，北京：中華書局，1987 年版，第 309 頁。

〔註59〕陳獨秀著：《孔子與中國》，收入胡明編選：《陳獨秀選集》，天津：天津人民出版社，1990 年版，第 230 頁。

〔註60〕李大釗著：《孔子與憲法》，收入中國李大釗研究會編注：《李大釗全集》第 1 冊，北京：人民出版社，2006 年版，第 242 頁。

西方式的憲政國家，就必須與孔子的禮教相決裂。在陳、李的思想革命下，我們所面對的孔子是一個代表著專制統治的孔子，是一個與現代社會格格不入的孔子。而在近代中國「反傳統」的時代背景下，董仲舒的被批判也在「情理之中」。

在「五四」運動「反傳統」的思潮中，孔子與董仲舒所受的攻擊是最嚴重的。究其原因，孔子是儒家的代表人物，他的思想被理解爲中國古代文明不可分割的一部分。而董仲舒的《天人三策》，直接促成了儒家思想在漢代的制度化，因此，「五四」運動中秉持「反傳統」的知識分子認爲董仲舒是「孔教」的始作俑者。在新文化旗手「全盤西化」的思想下，我們必須放棄代表古代中國文明的孔夫子，去接受來自西方世界的「德先生」和「賽先生」。「五四」運動的思潮於重新建設中國有利，但是，於傳承中華文明不利。近代的「反傳統」思潮帶有強烈的革命情緒，「五四」運動中的知識分子無法在學術研究上做到價值中立。有鑒於此，他們對孔子的批判必然不夠公允，同理，他們對董仲舒的非議也帶有情緒。

筆者必須指出，先秦儒家沒有「支持專制」的思想資源，孔子以來的先秦儒家的政治理想是「君臣共治」。《禮記・禮運》載孔子之言：「大道之行也，與三代之英，丘未之逮也，而有志焉。大道之行也，天下爲公，選賢與能，講信修睦。」〔註61〕由此可見，孔子認爲要實現「公天下」，需要有一位英明的君主「選賢與能」，實現君臣對天下的「共治」。在孔子看來，君主「爲政以德」就能做到舉賢任能，從而達到「無爲而治」的執政效果。《論語・爲政》載：「爲政以德，譬如北辰居其所而眾星共之。」〔註62〕孔子在「爲政以德」章中用北辰居其所而眾星共之來比喻爲政者以德治國就會得到所有人的擁戴，其背後蘊藏著君主以德治國所能帶來的巨大政治效益。

《漢書・董仲舒傳》記載：「故孔子曰：『亡爲而治者，其舜乎？』改正朔，易服色，以順天命而已，其餘盡循堯道，何更爲哉？」〔註63〕董仲舒通過公羊學託古改制的理論爲舜的「爲政以德」提供了一種解釋，毫無疑問，

〔註61〕　〔漢〕鄭玄注，〔唐〕孔穎達疏，龔抗云整理，王文錦審定：《禮記正義》上冊，北京：北京大學出版社，1999 年版，第 656～658 頁。

〔註62〕　程樹德撰，程俊英、蔣見元點校：《論語集釋》第 1 冊，北京：中華書局，1990 年版，第 61 頁。

〔註63〕　〔漢〕班固撰，〔唐〕顏師古注：《漢書》第 8 冊，北京：中華書局，1962 年版，第 2518 頁。

對於剛剛建立王朝或繼位的君主，確立國家的政治制度是首要的政治作爲。
然而在更長久的執政過程中，有德性的君主的最重要的政治活動，莫過於通
過自己的德行來凝聚人心，舉賢任能。在孔子的政治理想中，政治得以良好
的運行必然由一個有德性的君主來引導，君主的「爲政以德」並不是不作
爲，而是通過修身成德來獲得人才，通過對人才的良好使用，達到君逸臣勞
的「無爲而治」。因此，孔子在現實政治中，每每強調舉賢任能的重要性。因
此，魯哀公問：「何爲則民服？」，孔子的回答是：「舉直錯諸枉，則民服；舉
枉錯諸直，則民不服。」〔註 64〕孔子認爲有德之君舉賢任能，國家能得到善
治，百姓會服從領導。反之，國家的領導者任用不當之人治國，會導致民心
的悖逆。

在孔子之後，孟子是儒家代表人物，他繼承了孔子「君臣共治」的思想，
反對君主專制，強調士大夫的獨立精神。孟子主張：「民爲貴，社稷次之，君
爲輕。是故得乎丘民而爲天子，得乎天子爲諸侯，得乎諸侯爲大夫。」〔註 65〕
在孟子看來，天子的政權是庶民賦予的，人心的向北決定了政權的存在或消
亡。因此，天子乃至國家的執政者必須秉持「民爲邦本」的施政原則。君主
以民爲本，百姓就會視君如父；君主踐踏百姓，百姓將其視爲獨夫民賊。《孟
子・梁惠王》中記載了他被問及：「臣弒其君可乎？」他的回答是：「賊仁者
謂之賊，賊義者謂之殘；殘賊之人，謂之一夫。聞誅一夫紂矣。未聞弒君也。」
〔註 66〕在君主與政治體之關係的問題上，孟子繼承了孔子的觀點，即一個好
的政治體必須由一個有德性的君主來引導。然而，孟子的時代諸侯相互征伐，
棄義逐利，自立爲王，專致霸道。基於此，孟子不遺餘力地奔走於諸侯之間，
向他們傳遞仁政的要旨，踐行著儒家的「師道」。孟子以掌握的政治哲學思想
「格君心之非」，試圖在諸侯心間樹立起王道的價值。孟子曾說：「人不足與
適也，政不足間也。唯大人爲能格君心之非。君仁，莫不仁；君義，莫不義；
君正，莫不正。一正君而國定矣。」〔註 67〕焦循在《孟子正義》中將此處之

〔註 64〕程樹德撰，程俊英、蔣見元點校：《論語集釋》第 1 冊，北京：中華書局，1990
年版，第 117 頁。

〔註 65〕〔清〕焦循撰，沈文倬點校：《孟子正義》下冊，北京：中華書局，1987 年版，
第 973 頁。

〔註 66〕〔清〕焦循撰，沈文倬點校：《孟子正義》上冊，北京：中華書局，1987 年版，
第 145 頁。

〔註 67〕〔清〕焦循撰，沈文倬點校：《孟子正義》上冊，北京：中華書局，1987 年版，
第 525～526 頁。

「大人」可解釋爲賢臣，此章章指曰：「小人爲政，不足間非；賢臣正君，使
握道機。君正國定，下不邪侈，將何間也。」〔註68〕在焦循看來，此處的「大
人」正是賢臣，賢臣與君主共治國家，他有責任也有義務「格君心之非」。值
得注意的是，「大人」一詞，在《孟子》中不僅有「賢臣」的意思，也有有道
德的人的意思。孟子有言：「非禮之禮，非義之義，大人弗爲。」〔註69〕此處
的「大人」即是有道德的人的意思。賢臣在位爲政，他以政治的智識「格君
心之非」，可謂是君主的「政治導師」；有道德的人通過修養道德，以德抗位，
「格君心之非」，可謂是君主的「道德導師」。孟子奔走列國，懷揣強烈的出
仕願望，卻因種種政治現實而沒有如願，他所具有的角色自然不是「政治導
師」，而是「道德導師」。

　　荀子是先秦儒家的集大成者，他對孔子「教化即爲政」思想的闡釋集中
體現在他的「君師者，治之本」〔註70〕的思想。《荀子·禮論》中記載了荀子
著名的「禮三本說」：「禮有三本：天地者，生之本也；先祖者，類之本也；
君師者，治之本也。」在荀子看來，「君師」是國家得以善治的根本所在。「君
師」在孔子的思想體系中，既是一個整全的範疇，也是一個分別的範疇。在
荀子的思維世界中，上古社會有一個「君師合一」的階段，這一階段的君主
充當著師的角色，既管理著國家，又教化著庶民。在國家穩定之後，隨著職
官的細分，產生了君與師的分離，「君師」遂成爲一個分別的範疇，君主管理
著國家，師則承擔著教化的職責。

　　中唐以後學人對荀子負面評價漸漸多了起來，在宋代「孟子升格運動」
的影響下，「褒孟貶荀」的意見越來越多，荀子一時成爲儒家的「異類」。近
代以來，受「反傳統」思潮的影響，越來越多的人認爲荀子是導致「君主專
制」的罪魁，譚嗣同曾說：「二千年之政，秦政也，皆大盜也；二千年之學，
荀學也，皆鄉愿也。」〔註71〕然而，考《荀子》實文，荀子不是一個擁護「君
主專制」的思想家，而是一個提倡「從道不從君」的具有極強政治批判性的

〔註68〕　〔清〕焦循撰，沈文倬點校：《孟子正義》上冊，北京：中華書局，1987 年版，
　　　　　第 526 頁。
〔註69〕　〔清〕焦循撰，沈文倬點校：《孟子正義》下冊，北京：中華書局，1987 年版，
　　　　　第 550 頁。
〔註70〕　〔清〕王先謙撰，沈嘯寰、王星賢點校：《荀子集解》下冊，北京：中華書局，
　　　　　1988 年版，第 349 頁。
〔註71〕　譚嗣同著，加潤國選注：《仁學：譚嗣同集》，瀋陽：遼寧人民出版社，1994
　　　　　年版，第 70 頁。

「君子儒」，他曾說：「伊尹、箕子，可謂諫矣，比干、子胥可謂爭矣；平原君之於趙，可謂輔矣，信陵君之於魏，可謂拂矣。傳曰：『從道不從君。』此之謂也。」〔註 72〕由此可見，荀子對教化的理解與孔子別無二致，他們都主張教師在教化有政者的過程中，要保持政治的批判性，堅守教師的人格獨立性。

余英時在《道統與政統之間——中國知識分子的原始形態》一文中強調「道統」對「政統」的引導作用，他說：「政統與道統顯然成為兩個相涉而分立的系統。以政統言，王侯是主體；以道統言，則師儒是主體。」〔註 73〕作者在書中提出：「從知識分子一方面說，道統與政統已分，而他們正是道的承擔著，因此握有比政治領袖更高的權威——道的權威。」〔註 74〕余英時強調的「道統」高於「政統」，意味著掌握「道統」的儒家對政治具有引導作用。因此，我們在分析儒家知識分子和現實政治執政者中，既要注意「合」的一維度，也要注意「分」的維度。從「合」的維度來說，儒家知識分子承擔著現實政治的批判和引導作用，他們承擔著引領現實政治的責任。從「分」的維度來說，儒家知識分子與現實政治的統治者是兩類人，儒家掌握「道統」，統治者坐擁「政統」，儒家因為與統治者的距離，才能更好地發揮引導和批判政治的作用。正如現代新儒家代表人物杜維明指出：「儒家學者在公眾形象和自我定位上兼具教士功能和哲學家作用，迫使我們認為他們不僅是文人，而且還是知識分子。儒家知識分子是行動主義者，講求實效的考慮使其正視現實政治（realpolitik）的世界，並且從內部著手改變它。他相信，通過自我努力人性可得以完善，固有的美德存在於人類社會之中，天人有可能合一，使他能夠對握有權力、擁有影響的人保持批評態度。」〔註 75〕

近代以來，學界將董仲舒的思想與「罷黜百家，獨尊儒術」的綁定，使董仲舒的思想在近代「暗淡無光」。21 世紀以來，隨著中國哲學獨立範式的確立，學界正在重新評價董仲舒的思想。美國學者桂思卓在《從編年史到經

〔註 72〕 〔清〕王先謙撰，沈嘯寰、王星賢點校：《荀子集解》上冊，北京：中華書局，1988 年版，第 250 頁。

〔註 73〕 （美）余英時著：《道統與政統之間——中國知識分子的原始形態》，收入氏著：《士與中國文化》，上海：上海人民出版社，2003 年版，第 92 頁。

〔註 74〕 （美）余英時著：《道統與政統之間——中國知識分子的原始形態》，收入氏著：《士與中國文化》，上海：上海人民出版社，2003 年版，第 89 頁。

〔註 75〕 （美）杜維明著，錢文忠、盛勤譯：《道、學、政：論儒家知識分子》，上海：上海人民出版社，2000 年版，第 11 頁。

典：董仲舒的春秋詮釋學》中，從「聖人之作」、「道德權威」、「監督力量」、「變革力量」、《預言力量》五個維度，分析了董仲舒對《春秋》的解讀爲儒家士人抑制皇權提供了理論工具。而筆者在上文所做的努力，也致力在還原一個眞實的董仲舒，一個繼承先秦儒家「共治」思想、致力於規約君權的董仲舒。

　　五四運動至今的一百年，中國人實際上經歷了一個近代啓蒙，這個啓蒙讓我們放棄了自己，認同了西方。而隨著 21 世紀的「國學熱」，和中國政府在 2017 年 1 月 25 日印發的《關於實施中華優秀傳統文化傳承發展工程的意見》，我們實際上走上了當代啓蒙之路。當代啓蒙並不是否定古老中國，也並非否定西方價值，而是在對古代中國文明的批判性繼承和創造性轉化的過程中，重新認識自己，重新消化西方的文明。而當代啓蒙的一個重點工作，就是要還原中國古代文明的樣子。有鑒於此，我們必須重新認識先秦儒家和董仲舒，將他們從「五四」的時代問題中鬆綁，進入屬於他們的政治世界。

三、張載「四有句」詮解

　　張載在晚年手訂的《正蒙》中提到：「由太虛，有天之名；由氣化，有道之名；合虛與氣，有性之名；合性與知覺，有心之名」〔註 76〕，我們可以將此稱爲張載哲學的「四有句」。在既往的研究中，學者對張載「四爲句」的提倡有餘，而對「四有句」的研究不足。我們分析「四有句」中的四個範疇，「天」、「道」、「性」、「心」，可以發現它們是宋明道學最基本的四個範疇，當然，它們也是張載哲學最重要的範疇。筆者認爲，「四有句」是張載哲學的線索，是他明「天道」以立「心性」的哲學理念的綱維。本文將依次論述「四有句」的內涵，試圖探尋「天」、「道」、「性」、「心」的內涵及聯繫，以期展現張載的哲學思考。

（一）由太虛，有天之名

　　清代王植說：「『太虛』二字，是看《正蒙》入手關頭。於此得解，以下迎刃而解矣」〔註 77〕，歷代學人都將「太虛」視爲張載哲學中最重要的範疇。從目前可見的文獻資料中，載有「太虛」一詞最早的原典是《黃帝四經・道

〔註 76〕　〔宋〕張載著，章錫琛點校：《張載集》，北京：中華書局，1978 年版，第 9 頁。

〔註 77〕　〔清〕王植撰：《正蒙初義》，收入影印文淵閣四庫全書（第 697 冊），臺北：商務印書館，1983 年版，第 418 頁。

原》，其中說到：「恒先之初，洞同太虛，虛同爲一，恒一而止，濕濕夢夢，未有明暉。」〔註78〕根據李學勤的考證，這句話中「『濕』疑爲『混』字之誤，『夢夢』猶云『茫茫』，《莊子・繕性》崔注：『混混茫茫，未分時也』。而這一混混茫茫的太虛也就脫胎於《老子》的『有物混成，先天地生，寂兮廖兮，獨立而不改，周行而不殆，可以爲天下母』。」〔註79〕據此，這句話可解釋爲在最初一切皆無的渺茫時代，宇宙天地還處於混同混沌的狀態。空虛混同而形成爲先天一氣，除此恒定的一氣之外，宇宙天地別無他物。先天一氣混混沌沌，沒有光輝。「太虛」最早是道家哲學的一個範疇，它是用來描寫天虛空、混沌的狀態的。張載將道家哲學中的「太虛」範疇引進了自己的哲學體系，賦予了新的內容，它共有兩個主要性質，即「氣之本體」和「性之淵源」。

「太虛」的第一個主要性質是「氣之本體」〔註80〕。在《正蒙》中，張載指出：「太虛無形，氣之本體」〔註81〕，其中體現了張載對「太虛」和「氣」的關係認定。學界對此大體有兩種觀點。第一種觀點來自張岱年〔註82〕，他認爲「太虛」是一種「無形之氣」，是「氣」的本然狀態。另一種觀點來自牟宗三〔註83〕，他認爲「太虛」不是「氣」，而是「氣」的「本體」，太虛不是物質狀態，而是本體根據，「清通無跡」。對於上述兩種觀點，筆者贊同前者，即「太虛」是一種無形的氣，「無形之氣」是「太虛」的第一個重要屬性，原因有以下兩點。第一，張載在《正蒙》中提到：「氣之聚散於太虛，猶冰凝釋於水，知太虛即氣，則無無」〔註84〕，他把宇宙中的「氣」凝聚成「太虛」之氣比作水凝聚成冰，把「太虛」之氣擴散爲宇宙中的「氣」比作冰融化成

〔註78〕陳鼓應著：《老子今注今譯：馬王堆漢墓出土帛書》，北京：商務印書館，2007年版，第399頁。

〔註79〕李學勤著：《古文獻論叢》，上海：上海遠東出版社，1996年版，第163頁。

〔註80〕〔宋〕張載著，章錫琛點校：《張載集》，北京：中華書局，1978年版，第7頁。

〔註81〕〔宋〕張載著，章錫琛點校：《張載集》，北京：中華書局，1978年版，第7頁。

〔註82〕張岱年著：《中國哲學大綱》，北京：中國社會科學出版社，1994年版，第43頁。

〔註83〕牟宗三著：《心體與性體》（上），長春：吉林出版集團有限責任公司，2013年版，第383～384頁。

〔註84〕〔宋〕張載著，章錫琛點校：《張載集》，北京：中華書局，1978年版，第8頁。

水，他的比喻所要表達的是「太虛」之氣與宇宙中的「氣」在質上是一樣的，只是在存在狀態上有所不同。實際上，張載所提出的「太虛即氣」是針對道家「有生於無」的觀點而闡發的，他說：「若謂虛能生氣，則虛無窮，氣有限，體用疏絕，入老氏『有生於無』自然之論」〔註85〕。他認為虛空產生「氣」的理論是荒謬的，因為虛空是無限的，而「氣」是有限的，「虛能生氣」的觀點使「虛空」和「氣」兩相分割，這就陷入了道家「有生於無」的虛無本體論。張載對「氣」的觀點不同於道家的「有生於無」，而是「有生於有」。在他的哲學體系中，「太虛」是一種無形的物質，唯有如此，由「太虛」生發的整個世界才具有物質性，這是其思想的一大特色。第二，宋明道學典籍中的「本體」範疇與西方哲學的「本體論」不能混同。宋明道學家經常使用「本體」一詞，例如，朱熹說：「才說是性，便已涉乎有生而兼乎氣質，不得為性之本體也，然性之本體亦未嘗雜」〔註86〕，朱熹認為「性」已經涉及生命個體，因而具有了偏斜的「氣質之性」，並不是「性」的本然狀態，「性」的本然狀態是沒有混雜著「氣質之性」的。又如，王陽明說：「知是心之本體，心自然會知，見父自然知孝，見兄自然知弟，見孺子入井自然之惻隱，此便是良知」〔註87〕，王陽明認為認知心是心的本然狀態，心自然會認知，人見到父親自然知道孝順，見到兄長自然知道友愛，見到小孩掉入井中自然知道憐憫，心的認知狀態即是良知。由此可見，宋明道學家所提出的「本體」範疇為「本然狀態」之意，「宋明哲學著作中有『本體』一詞，其所謂本體主要是本然狀況之意，並無現象背後的實在之意」〔註88〕。

「太虛」的第二個主要性質是「性之淵源」。張載在《正蒙》中提到「太虛」是「性之淵源」〔註89〕。「太虛」不僅是一種無形而有質的氣，亦內蘊著德性。張載指出：「天地以虛為德，至善者虛也。虛者天地之祖，天地從虛中

〔註85〕 〔宋〕張載著，章錫琛點校：《張載集》，北京：中華書局，1978 年版，第 8 頁。

〔註86〕 〔宋〕黎靖德編，王星賢點校：《朱子語類》第 1 冊，北京：中華書局，1986 年版，第 2430 頁。

〔註87〕 吳光等編校：《王陽明全集：新編本》，杭州：浙江古籍出版社，2011 年版，第 7 頁。

〔註88〕 張岱年：《中國古代本體論的發展規律》，載《社會科學戰線》，1985 年第 3 期，第 53 頁。

〔註89〕 〔宋〕張載著，章錫琛點校：《張載集》，北京：中華書局，1978 年版，第 7 頁。

來」〔註90〕。據此，可以將蘊含於太虛中之「性」稱作「虛性」。「虛性」使無形而有質的「太虛」生化出有形的天與地。同時，至善的「虛性」是世間一切德性的源頭，張載說：「虛者，仁之原，忠恕者與仁俱生，禮義者仁之用」〔註91〕，這就是說仁與忠恕等德性都是「虛性」降化的結果。因此，在張載的哲學中，「太虛」的存在使得物化的世界與現實的德性得以可能，「太虛「是天地與德性的總源頭。但是，這個源頭並不是直接與天地和德性相接的，它並不像西方哲學本體論所扮演的角色那樣，是現象世界的幕後推手，「太虛」要想作用於天地和德性必須通過「氣化」的過程。

（二）由氣化，有道之名

《正蒙》開篇有云：「太和所謂道，中含浮沉、升降、動靜、相感之性，是生絪縕、相蕩、勝負、屈伸之始。」〔註92〕，這就是說太和是道，其具有浮沉、上下、動靜、互相感應的本性，這些本性使之能夠有陰陽交互、互相激蕩、此強彼弱、能長能短的開始。聯繫張載四有句的第二句，「由氣化，有道之名」，我們可以明確「太和」即是「氣化」，即是張載哲學的「道」。

《正蒙》一書將《太和》冠爲第一篇，而不是《《太虛》》或其他，可見「太和」在張載哲學中亦佔有十分重要的位置。首先另我們感興趣的是，「太虛」與「太和」構成何種關係？筆者在此大膽地提出一個觀點，張載所提出的「太虛」和「太和」正對應著道學宗主周敦頤哲學體系中的「無極」和「太極」。明清之際的王夫之在《張子正蒙》之《太和篇》起首之按語給了筆者很大的啓發，他說：「此篇首明道之所自出，物之所自生，性之所自受，而作聖之功，下學之事，必達於此，而後不爲異端所惑，蓋即《太極圖說》之旨而發其所涵之蘊也。」〔註93〕王夫之認爲，張載的《太和篇》是受道學宗主周敦頤的《太極圖說》的影響的，《太和篇》說明了「道」的由來，以及萬物是如何生成的和心性是如何被賦予的，修身之人要想達到聖人的境界必須明曉

〔註90〕　〔宋〕張載著，章錫琛點校：《張載集》，北京：中華書局，1978 年版，第 326 頁。

〔註91〕　〔宋〕張載著，章錫琛點校：《張載集》，北京：中華書局，1978 年版，第 325 頁。

〔註92〕　〔宋〕張載著，章錫琛點校：《張載集》，北京：中華書局，1978 年版，第 7 頁。

〔註93〕　〔宋〕張載著，〔清〕王夫之注，湯勤福導讀：《張子正蒙》，上海：上海古籍出版社，2000 年版，第 85 頁。

《太和篇》中的道理，唯有如此才不會被佛教、道教等異端所迷惑。

　　張載對「太虛」的一個重要界定是「至靜無感」〔註94〕，這有別於他對「太和」「動靜、相感之性」〔註95〕的界定。《太極圖說》中有言：「上天之載，無聲無臭，而實造化之樞紐，品匯之根柢也。故曰：『無極而太極。』非太極之外，復有無極也。」〔註96〕周敦頤「無極而太極」之言引起了後學的爭執，朱陸之爭的焦點之一就是對「無極而太極」的詮釋。朱熹認爲「無極而太極」是形容太極爲無形之理，「無極」凸顯出「太極」之無形、無限的性質。陸九淵則認爲周敦頤此言爲「床上疊床」，「無極」的存在沒有任何意義，懷疑「無極而太極」非周敦頤所言。從中可以看出朱熹矮化了「無極」，而陸九淵消除了「無極」這一範疇。筆者認爲，張載作爲與周敦頤同時期的道學家，他對「無極而太極」的詮釋是把「無極」視爲高於「太極」的範疇，並在自己的哲學中用「太虛」指代「無極」，用「太和」指代「太極」。「無極而太極」中的「而」表示的是「前後兩個詞或詞組之間的並列、轉折、相承等關係」〔註97〕，張載可能是在「相承的關係」上理解周敦頤的「而」字，把周敦頤「無極而太極」的命題認定爲「太極」承續「無極」，同理，在張載的心性論中「太和」承續「太虛」。周敦頤在《太極圖說》中並未對「無極」作充分的界定，他主要論述的是「太極」之理，「太極」之理的一個重要性質是「動靜反覆」。張載根據周敦頤的形上之道，演化出「太虛」和「太和」兩個範疇。「太虛」和「太和」在張載的哲學中都是「氣」，「太虛」主靜，是「陰」、「陽」兩種元初氣質混沌未開的狀態，但是「太虛」卻醞釀著宇宙萬物一切運動變化的可能。「太和」主動，是「陰」、「陽」兩種元初氣質的運動規律，它促成了天地間的變化。

　　由此可知，「氣」與「化」是「太和」兩個至關重要的性質。首先，「太和」是一種「氣」，它來源於「太虛」，要宗拉著內蘊於「太」「陽」兩種元初氣質的運動。外緣性的運動之理。「太虛」是「太和」的本然狀態，聚而未散；

〔註94〕〔宋〕張載著，章錫琛點校：《張載集》，北京：中華書局，1978 年版，第 7 頁。

〔註95〕〔宋〕張載著，章錫琛點校：《張載集》，北京：中華書局，1978 年版，第 7 頁。

〔註96〕〔宋〕周敦頤著，陳克明點校：《周敦頤集》，北京：中華書局，1990 年版，第 4 頁。

〔註97〕王力著：《王力古漢語字典》，北京：中華書局，2000 年版，第 975 頁。

「太和」是「太虛」的散化，流行於宇宙之間。其次，「太虛」之所以能散化爲「太和」，內蘊於「太虛」中的「神化」之力起著至關重要的作用。所謂「神化」，指「陰」、「陽」兩種元初氣質的運動之理，「化就是由陰陽之氣循環迭運引起的緩慢變化，神就是由陰陽之氣合一起來引起的突然的、顯著的、複雜不固定的變化」〔註98〕。當「太虛」完成對「太和」的散化後，「神化」之力被賦予於「太和」之中，「太和」的「神化」之力又繼續作用，使「太和」生成了有形的天地。由於「神化」的作用內蘊著氣的不規則變化，因此「太和」之氣的狀態就不如「太虛」之氣純粹且完美，有形的天地亦不如「太和」之氣純粹。而「太和」之氣欠完美的另一個結果是，導致「太虛」之氣散化後賦予「太和」之氣中至善的「虛性」沾染了偏斜之性，出現了瑕疵。因此，張載用一對範疇來區分「太虛」和「太和」中的德性，即「天命之性」和「氣質之性」。

　　「太虛」和「太和」共同構成了張載哲學的「天道」，「天道」是天地萬物以及人之心性的根據和得以形成的根源。值得注意的是，張載哲學的「天道」有一個重要的特徵，即是它是物化的。它雖然無形，但是有「氣」。張載的這一理論構建是對佛教和道教天道觀的挑戰，眾所周知，佛教的天道觀主「空」，而道教的天道觀主「虛」，張載認爲二氏的這種天道構建會造成現實世界的「幻化」、「虛無」。因此，張載說：「虛空即氣」，他認爲天道是物化的，因此天地萬物和人之心性也是物化的。牟宗三等學者認爲「虛空即氣」是張載「依據『兼體無累』以存神之體用圓融（通一無二）辨佛老體用關係之非是」〔註99〕，實沒有洞察張載想要解決的核心問題。

（三）合虛與氣，有性之名

　　張載的哲學體系中「天道」問題統攝著「心性」問題，他明「天道」是爲了立「心性」。張載說：「合虛與氣，有性之名」，這就意味著他哲學中的「性」得以成立是「虛」與「氣」共同作用的結果。結合「四有句」的前兩句，我們可以明確，「太虛」和「太和」的共同作用產生了張載哲學的「性」。他的「性」範疇兼具了內蘊於「太虛」之中的「天命之性」和內蘊於

〔註98〕 程宜山著：《張載哲學的系統分析》，上海：學林出版社，1989 年版，第 33 頁。

〔註99〕 牟宗三著：《心體與性體》（上），長春：吉林出版集團有限責任公司，2013 年版，第 395 頁。

「太和」之中的「氣質之性」。在筆者看來，張載對「性」的這一詮釋獨具匠心，因爲這種詮釋使他哲學中的「性」在性善論的前提下，具有導致惡的行爲的可能。

張載說：「性於人無不善」〔註100〕，在他看來，每個人都稟賦了「太虛」至善的美德，人人心性本善。在中國哲學史上，「性善論」一直爲儒者奉爲圭臬，而立志承繼孔、孟道統的宋明道學家們更是將「性善論」奉爲正統，這就造成了「人皆可爲堯舜」和「滿街都是聖人」的言論。但是，對於一個哲學家來說，如果只論及性善的層面，必然是片面的，因爲在性的諸多面向中，與性善形成直接對立的性惡無疑佔有重要的位置。其原因不僅在於惡與善的直接對立，亦在於從古至今生活中發生的種種「惡」的行爲足以引發哲學家們的思考。因此，「惡」的問題意識必然是每位思想家所具有的，在他們的思想體系中必然存在著「惡」的位置。張載在當任甘肅軍事判官時，就稱西夏的邊患是「元兇巨惡」〔註101〕。而從學理上來看，北宋之時，佛教對「性惡」的闡發臻於完善，出於重塑道統、回應佛教心性理論的目的，他亦要回應佛教的問題，闡釋清楚「性惡」的問題。

耐人尋味的是，張載並沒有提出「性惡」的觀點，作爲有志於繼承儒學道統的他，堅守著性善論，這是他的哲學中「天命之性」的要旨。但是，他通過「氣質之性」的闡發說明了「行惡」的可能。他指出「人之氣質美惡與貴賤夭壽之理，皆是所受定分」〔註102〕，這就是說人的氣質的好或惡是先天就決定的。而惡的氣質決定著「氣質之性」的道德屬性的偏斜，「氣質之性」降化入人心之後，人之心性就具有了道德屬性的偏斜，從而有了「行惡」的可能。需要指出的是，「天命之性」與「氣質之性」並不是互相排斥的，相反，至善之「天命之性」要想賦予人心，必須經過「太和」的氣化過程，正如朱熹所說：「天命之性，若無氣質，卻無安頓處，且如一勺水，非有物盛之，則水無歸著。」〔註103〕這裡，朱熹將「天命之性」比作水，將「太和」比作盛

〔註100〕　〔宋〕張載著，章錫琛點校：《張載集》，北京：中華書局，1978年版，第22頁。

〔註101〕　〔宋〕張載著，章錫琛點校：《張載集》，北京：中華書局，1978年版，第359頁。

〔註102〕　〔宋〕張載著，章錫琛點校：《張載集》，北京：中華書局，1978年版，第22頁。

〔註103〕　〔宋〕黎靖德編，王星賢點校：《朱子語類》第1冊，北京：中華書局，1986年版，第66頁。

水的勺子，「天命之性」若無「太和」的承載就無法降化入人心。因此，最終賦予人性的是「天命之性」與「氣質之性」的混合，它們的統一是物理上的混合，不是化學上的化合。

張載用「氣質之性」巧妙地化解了「性惡」的問題，代之以「行惡」的可能性問題。這一理論構建能使學人更好地理解現實社會中惡行的來源，同時不否棄儒家道統中「性善」的觀點。張載對「惡」的問題的闡發是宋明道學的一大創造，他創造性地提出了「天命之性」和「氣質之性」這對宋明道學的基本範疇，有力地回應了佛教「性惡」的問題。不過，筆者認爲，張載雖然一心闢佛，但他的這一理論創造極有可能是借鑒了佛教華嚴宗「淨」、「染」的理論。華嚴宗有一個重要的理論：「猶如明鏡，現於染淨，雖現染淨，但恒不失鏡之明淨。只由不失鏡明淨故，方能現染淨之相。以現染鏡，知鏡明淨；以鏡明淨，知現染淨。是故二義唯是一性，雖現淨法，不增鏡明；雖現染法，不污鏡淨。非直不污，亦乃由此反現鏡之明淨，當知眞如道理亦爾。」〔註104〕華嚴宗將至善的人性比喻爲乾淨的明鏡，將現實的人性比作受污染的明鏡，現實的人性雖受污染但不失卻其至善的人性，「這就在一定意義上把人性分爲先天之性和後天雜染之性，並且一旦去掉遮蔽，即去迷歸眞，則眾生爲佛，清靜佛性也得以彰顯。」〔註105〕根據筆者的理解，張載正是在這一意義上提出了「天命之性」和「氣質之性」的道學話語，「天命之性」相當於佛教華嚴宗的「淨」範疇，至善至純；「氣質之性」相當於「染」範疇，沾染了「性善」，使性的道德屬性發生偏斜。張載曾「訪諸釋、老，累年究極其說」〔註106〕，其思想應當深受到佛教思想的影響。正如日本漢學家荒木見悟所說：「眾所周知，宋明的儒家爲了保持其純潔性，通常是狂熱的反佛論者，但是，所謂純潔並非是切斷與外部的交流，在封閉的空間中安營紮寨才能保持，而是縱身跳入敵群，薅住對方的前襟，縛住其手腳，將其置於自己的控制下，只有這樣才能算是堅決徹底地捍衛了其純潔性」〔註107〕，因此，「許多十一世紀的士

〔註104〕〔唐〕法藏著，（日）大正一切經刊行會編：《華嚴一乘教義分齊章》卷四，《大正藏》諸宗部卷四十五，日本：日本大正一切經刊行會出版，1934年版，第499頁。

〔註105〕王心竹著：《理學與佛學》，長春：長春出版社，2011年版，第76頁。

〔註106〕〔元〕脫脫等撰，《宋史》第36冊，北京：中華書局，1977年版，第12723頁。

〔註107〕（日）荒木見悟著；杜勤、蘇志田等譯：《佛教與儒教》，鄭州：中州古籍出版社，2005年版，第1～2頁。

人都排斥佛教，企圖駁斥佛理，可是如此一來，恰恰又顯示出佛教對他們影響已經非常深了」〔註108〕。

（四）合性與知覺，有心之名

張載四有句的最後一句是「合性與知覺，有心之名」，這意味著張載哲學中的「心」不僅具有道德性質的「性」，而且具有工夫論性質的「知覺」。張載的心性理論使人生來就有「性善」的潛能和「行惡」的可能。他說：「性於人無不善，係其善反不善反而已，過天地之化，不善反者也。」〔註109〕在他看來，人的本然之性，即「天命之性」是無不善的，但是由於「氣質之性」的混雜，人的天生之性就不會表現出純粹的「善性」，因此，就需要變化，去「氣質之性」，返回善性。因此，君子的工夫論就是變化「氣質」，上達「天命之性」。在這一部分，筆者不再贅述張載哲學的「心」中之「性」，而下重筆討論他的「心」之「知覺」能力，即當下宋明儒學研究的重點——工夫論。根據筆者的理解，張載主要從兩個方面來賦予「心」的工夫能力，即「大心窮理」和「運氣交感」。

在論述「大心窮理」的工夫論前，筆者需要先闡明一個張載哲學的範疇——「天理」。據筆者統計，「天道」一詞在《正蒙》中出現 20 次，而「天理」一詞出現了 10 次。可見張載對「天理」一詞的闡發也是用力致深的。簡而言之，「天理」就是「天道」的具體化，張載認為「天道」的運行自然包含了「天理」，「天理」是人們在倫理生活中的天命法則。而認識「天理」的一種方式就是「窮理」，「窮理」的方式是通過心的感知，去體悟天下萬物，達到「民吾同胞，物吾與也」〔註110〕的大境界，由此感知「天理」。「大心窮理」的工夫論的方式是體悟萬物，目的是上達「天理」。張載說：「大其心則能體天下之物，物有未體則心為有外，世人之心止於聞見之狹，聖人盡性，不以見聞梏其心，其視天下，無一物非我」〔註111〕，張載在這裡嚴格區分了「德性之

〔註108〕　（美）葛艾儒著；羅立剛譯：《張載的思想（1020～1077）》，上海：上海古籍出版社，2010 年版，第 7 頁。

〔註109〕　〔宋〕張載著，章錫琛點校：《張載集》，北京：中華書局，1978 年版，第 22 頁。

〔註110〕　〔宋〕張載著，章錫琛點校：《張載集》，北京：中華書局，1978 年版，第 62 頁。

〔註111〕　〔宋〕張載著，章錫琛點校：《張載集》，北京：中華書局，1978 年版，第 24 頁。

知」和「見聞之知」兩個概念。在他看來，「見聞之知」只是耳目所知，是狹小的，君子如果要上達「天理」，去除「氣質之性」，實現內心「天命之性」全體朗現，就要通過心之「知覺」，也就是通過「德性之知」來體悟萬物，讓小我之心大而無界、無所不包，最終窮悟「天理」。

如果說「大心窮理」的工夫論是通過心的作用去窮悟天理，那麼「運氣交感」的工夫論則是通過心志的作用去感知天理。張載「運氣交感」的工夫論的方式是「變化氣質」，目的是「變化心性」。「感」在張載的心性論中是一個重要的範疇，其不僅指生命個體間心之感應，亦有各種「氣」之狀態相互感通之義，正如王英所說：「天地萬物同此一氣這使萬物相感成爲可能，也使人通達萬物、陶成萬物成爲可能。反過來，感使得有形之氣復歸太虛之氣成爲可能。」〔註 112〕在張載的哲學中，從宇宙生成論的角度來看，可將「氣」分爲三類，即「太虛」之氣、「太和」之氣和「心性之氣」。因此，張載的「運氣交感」的工夫論就是由「心性之氣」開始，層層上達，直至「太虛」之氣的心性修養過程。上述三類「氣」在「感氣」工夫論中的作用是不同的。首先「太虛」是被感知的對象，學者通過「感氣」的心性修養論對「太虛」之氣進行感知，所感知到的是蘊藏於其中的至善「虛」性。而「太和」之氣存在於「天」、「人」之間，是「太虛」之氣和「心性之氣」的中介，它的功用就是實現二者的互感。人作爲生命個體，他與「太和」之氣的感通方式是通過呼吸，繼而上達「太虛」之氣，實現「天」、「人」互感，變化氣質。張載說：「動物本諸天，以呼吸爲聚散之漸」〔註 113〕，這就是說，人是可以通過自身的呼吸，使生命個體的「氣」聚散於天地之中，最終達到除去偏斜之氣質，復歸全好之氣質的目的。「運氣交感」的工夫論通過氣層層交感的過程，漸漸去除偏斜之氣質，從而去除內蘊於偏斜氣質中的偏斜之氣，最終使「心性之氣」完全是天賦的「太虛」之氣，使「天命之性」全體朗現。

在人和「太虛」之氣天人相感的過程中，人的心志起著至關重要的作用。心志專壹是人發動呼吸以感知「太和「之氣的前提；亦是人在感知到「太虛」之氣後，承引「太虛」之氣來變化自身之「氣質」的準備。因此，張載說：「氣與志，天與人，有交勝之理。聖人在上而下民咨，氣壹之動志也；鳳凰儀，

〔註 112〕王英著：《氣與感——張載哲學研究》，復旦大學博士論文，2010 年，第 11 頁。

〔註 113〕〔宋〕張載著，章錫琛點校：《張載集》，北京：中華書局，1978 年版，第 19 頁。

志壹之動氣也」〔註114〕。張載所闡發的「運氣交感」的工夫論需要心志「專壹」作爲準備，這就必然要求工夫踐履者內心的安靜、平和，唯如此才能達到「專壹」的心誌狀態，承引「太虛」之氣，變化「心性之氣」。

　　張載「運氣交感」和「大心窮理」的工夫論都是知覺體驗的工夫理論。工夫論在先秦儒學階段表現出的是一種實踐智慧，而在宋明儒學階段，由於佛教工夫論的影響，漸漸表現出一種體悟的特色。張載的哲學是闢佛的，但是工夫論如果要上達天道，又必須是超驗的，如何彌補天人之間的鴻溝成了一個問題。張載在這一方面的哲學處理十分耐人尋味，正因爲他建立了萬物皆氣的哲學體系，「運氣交感」的工夫論具有了知覺體驗的特徵。同時，對於「大心窮理」的工夫論，由於心是氣化的結果，因此，「大心窮理」實際上也是氣化的反向和推擴的過程。正是這種工夫論的構建，使得張載的知覺工夫論與佛教的體悟工夫論嚴格的區別開來。

　　張載的哲學上承漢唐天人之學，同時又納入了佛學心性論的問題意識。張載的「四有句」是他對「天人合一」問題加以思考後的理論提煉，也是他排斥佛教心性論又借鑒佛教方法論的體現。從下貫的角度看「四有句」，從「太虛」出發直達「人心」，張載在宇宙論的層面實現了天與人在「質」和「性」的合一。從上達的角度看「四有句」，從「心性」直達「天命之性」，張載從境界論的層面實現了人與天的合一。可以說，張載的「四有句」所蘊含的哲學思想代表了宋代前期道學家在「天人合一」問題上的思考，這種思考對之後的道學家們影響強烈。

〔註114〕　〔宋〕張載著，章錫琛點校：《張載集》，北京：中華書局，1978年版，第10頁。

參考文獻

一、古代文獻類

1. 〔清〕蘇輿著，鍾哲點校，《春秋繁露義證》，北京：中華書局，1992 年。

2. 程樹德著，程俊英、蔣見元點校，《論語集釋》，北京：中華書局，1990 年。

3. 〔宋〕程顥、程頤著，王孝魚點校，《二程集》，北京：中華書局，1981 年。

4. 〔漢〕孔安國傳，〔唐〕孔穎達正義，黃懷信整理，《尚書正義》，上海：上海古籍出版社，2007 年。

5. 〔宋〕黎靖德，王星賢點校，《朱子語類》，北京：中華書局，1986 年。

6. 〔漢〕司馬遷著，〔宋〕裴駰集解，〔唐〕司馬貞索引，〔唐〕張守節正義，《史記》，北京：中華書局，1959 年。

7. 〔清〕劉寶楠著，高流水點校，《論語正義》，北京：中華書局，1990 年。

8. 〔魏〕何晏注，〔宋〕邢昺疏，朱漢民整理，張豈之審定，《論語注疏》，北京：北京大學出版社，2000 年。

9. 〔梁〕皇侃著，高尚榘整理，《論語義疏》，北京：中華書局，2013 年。

10. 〔漢〕鄭玄注，〔唐〕賈公彥疏，趙伯雄整理，王文錦審定，《周禮注疏》，北京：北京大學出版社，2000 年。

11. 黃壽祺、張善文著，《周易譯注》（修訂本），上海：上海古籍出版社，2001 年。

12. 〔明〕王夫之，《讀鑒通論》，北京：中華書局，1975 年。

13. 〔清〕陳立著，吳則虞點校，《白虎通疏證》，北京：中華書局，1994 年。

14. 劉勳著，《春秋左傳精讀》，北京：新世界出版社，2014 年。

15. 〔清〕徐元誥著，王樹民、沈長雲點校，《國語集解》（修訂本），北京：中華書局，2002 年。

16. 〔漢〕鄭玄注，〔唐〕孔穎達疏，龔抗云整理，王文錦審定，《禮記正義》，北京：北京大學出版社，2000 年。

17. 〔清〕焦循著，沈文倬點校，《孟子正義》，北京：中華書局，1987 年。

18. 屈守元，《韓詩外傳箋疏》，成都：巴蜀書社，1996 年。

19. 〔清〕王先謙著，沈嘯寰、王星賢點校，《荀子集解》，北京：中華書局，1988 年。

20. 〔清〕孫詒讓著，孫啓治點校，《墨子閒詁》，北京：中華書局，2001 年。

21. 〔清〕黎翔鳳著，梁運華整理，《管子校注》，北京：中華書局，2004 年。

22. 王利器，《文子疏義》，北京：中華書局，2000 年。

23. 〔漢〕許慎著，〔清〕段玉裁注，《說文解字注》，上海：上海古籍出版社，1981 年。

24. 高明，《帛書老子校注》，北京：中華書局，1996 年。

25. 李守奎、曲冰、孫偉龍，《上海博物館藏戰國楚竹書（一－五）文字編》，北京：作家出版社，2007 年。

26. 楊朝明、宋立林，《孔子家語通解》，濟南：齊魯書社，2013 年。

27. 〔漢〕班固著，〔唐〕顏師古注，《漢書》，北京：中華書局，1962 年。

28. 〔晉〕陳壽著，〔南朝宋〕裴松之注，盧弼集解，錢劍夫整理，《三國志集解》，上海：上海古籍出版社，2009 年。

29. 王國軒譯注，《大學・中庸》，北京：中華書局，2007 年。

30. 〔清〕王聘珍著，王文錦點校，《大戴禮記解詁》，北京：中華書局，1983 年。

31. 李零，《郭店楚簡校讀記》（增訂本），北京：中國人民大學出版社，2007 年。

32. 〔清〕阮元，《十三經注疏》（附校勘記），北京：中華書局，1980 年。

33. 黃暉著，《論衡校釋》（附劉盼遂集解），北京：中華書局，1990 年。

34. 〔清〕章學誠，《文史通義》，上海：上海書店出版社，1988 年。

35. 王鈞林、周海生，《孔叢子》，北京：中華書局，2009 年。

36. 譚嗣同著，加潤國選注，《仁學：譚嗣同集》，瀋陽：遼寧人民出版社，1994 年。

37. 馬衡，《漢石經集存》，上海：上海書店出版社，2014 年。

38. 〔清〕蘇輿著，鍾哲點校，《春秋繁露義證》，北京：中華書局，1992 年。

39. 〔宋〕朱熹，《四書章句集注》，北京：中華書局，1983 年。

40. 〔宋〕朱熹,《朱子全書》,上海:上海古籍出版社、合肥:安徽教育出版社,2002 年。

41. 〔清〕王先慎著,鍾哲點校,《韓非子集解》,北京:中華書局,2003 年。

42. 〔隋〕王通,《文中子中說》,上海:上海古籍出版社,1989 年。

43. 〔戰國〕尹文著,錢熙祚校,《尹文子》,上海:世界書局,1935 年。

44. 〔漢〕伏生著,〔漢〕鄭玄注,〔清〕陳壽祺輯校:《尚書大傳》(附序錄辨訛),北京:中華書局,2012 年。

45. 〔清〕陳立著,吳則虞點校,《白虎通疏證》,北京:中華書局,1994 年。

46. 〔漢〕劉向著,向宗魯校證,《說苑校證》,北京:中華書局,1987 年。

47. 〔元〕脫脫等,《宋史》,北京:中華書局,1985 年。

48. 〔清〕皮錫瑞著,周予同注,《經學歷史》,北京:中華書局,2011 年。

49. 〔清〕趙在翰輯,鍾肇鵬、蕭文郁點校,《七緯》(附論語讖),北京:中華書局,2012 年。

50. 〔宋〕王應麟著,〔清〕翁元圻等注,欒保群、田松青、呂宗力校點,《困學紀聞》,上海:上海古籍出版社,2008 年。

51. 〔清〕王闓運著,黃巽齋點校,《論語訓・春秋公羊傳箋》,長沙:嶽麓書社,2009 年。

52. 〔漢〕毛亨著,〔漢〕鄭玄箋,〔唐〕孔穎達正義,龔抗云等整理,肖永明等審定,《毛詩正義》,北京:北京大學出版社,2000 年。

53. 〔明〕柯尚遷著,《周禮全經釋原》,收入〔清〕乾隆敕輯:《景印文淵閣四庫全書》第 96 冊,臺北:臺灣商務印書館,1982～1986 年。

54. 〔宋〕史浩著,《鄮峰真隱漫錄》,收入〔清〕乾隆敕輯:《景印文淵閣四庫全書》第 1141 冊,臺灣商務印書館,1982～1986 年。

55. 〔清〕毛奇齡,《論語稽求篇》,收入〔清〕乾隆敕輯:《景印文淵閣四庫全書》第 210 冊,臺北:臺灣商務印書館,1982～1986 年。

56. 〔元〕陳天祥,《四書辨疑》,收入〔清〕乾隆敕輯:《景印文淵閣四庫全書》第 202 冊,臺北:臺灣商務印書館,1982～1986 年。

57. 〔宋〕戴侗,《六書故》,收入〔清〕乾隆敕輯:《景印文淵閣四庫全書》第 226 冊,臺北:臺灣商務印書館,1982～1986 年。

58. 〔明〕王志長,《周禮注疏刪翼》,收入〔清〕乾隆敕輯:《景印文淵閣四庫全書》第 97 冊,臺北:臺灣商務印書館,1982～1986 年。

59. 〔宋〕楊時,《龜山集》,收入〔清〕乾隆敕輯:《景印文淵閣四庫全書》第 1125 冊,臺北:臺灣商務印書館,1982～1986 年。

60. 〔清〕惠棟,《九經古義》,收入〔清〕乾隆敕輯:《景印文淵閣四庫全書》第 191 冊,臺北:臺灣商務印書館,1982～1986 年。

61. 〔宋〕楊時著，《龜山集》，收入〔清〕乾隆敕輯：《景印文淵閣四庫全書》第 1125 冊，臺北：臺灣商務印書館，1982～1986 年。

62. 〔清〕黃式三，《論語後案》，收入《續修四庫全書》編委會編：《續修四庫全書》第 155 冊，上海：上海古籍出版社，1996～2003 年。

63. 〔清〕阮元，《揅經室集》，收入《續修四庫全書》編委會編：《續修四庫全書》第 1478 冊，上海：上海古籍出版社，1996～2003 年。

64. 〔清〕錢坫，《論語後錄》，收入《續修四庫全書》編委會編：《續修四庫全書》第 154 冊，上海：上海古籍出版社，1996～2003 年。

65. 〔清〕宋翔鳳，《四書釋地辯證》，收入《續修四庫全書》編委會編：《續修四庫全書》第 170 冊，上海：上海古籍出版社，1996～2003 年。

66. 〔清〕翟灝，《四書考異》，收入《續修四庫全書》編委會編：《續修四庫全書》第 167 冊，上海：上海古籍出版社，1996～2003 年。

67. 〔清〕劉逢祿，《論語述何》，收入陳建華、曹淳亮主編：《廣州大典》第十五輯・經部總類第 21 冊，廣州：廣州出版社，2008 年。

68. 〔清〕焦循，《論語補疏》，收入陳建華、曹淳亮主編：《廣州大典》第十五輯・經部總類第 19 冊，廣州：廣州出版社，2008 年。

69. 河北省文物研究所定州漢墓竹簡整理小組：《論語：定州漢墓竹簡》，北京：文物出版社，1997 年。

二、今人著作類

1. 牟宗三，《政道與治道》（新增訂版），臺北：臺灣學生書局，1987 年。

2. 梁啓超，《先秦政治思想史》，北京：東方出版社，1996 年。

3. 蕭公權，《中國政治思想史》，瀋陽：遼寧教育出版社，1998 年。

4. 黃克劍、吳小龍編，《當代新儒家把大家集・張君勱集》，北京：群言出版社，1993 年。

5. 牟宗三、徐復觀、張君勱、唐君毅，《爲中國文化敬告世界人士宣言——我們對中國學術研究及中國文化與世界文化前途之共同認識》，收入張君勱，《新儒家思想史》，北京：中國人民大學出版社，2006 年。

6. 馮友蘭，《中國哲學史》，上海：華東師範大學出版社，2000 年。

7. 馮友蘭，《中國哲學史新編》，北京：人民出版社，1998 年。

8. 余敦康，《漢宋易學解讀》，北京：華夏出版社，2006 年。

9. 劉小楓，《共和與經綸：熊十力《論六經》《正韓》辨正》，北京：生活・讀書・新知三聯書店，2012 年。

10. 劉小楓，《儒教與民族國家》，北京：華夏出版社，2007 年。

11. 劉小楓，《設計共和——施特勞斯《論盧梭的意圖》繹讀》，北京：華夏

出版社，2013 年。

12. 劉小楓，《這一代人的怕與愛》（增訂版），北京：華夏出版社，2007 年。

13. 李澤厚，《人類學歷史本體論》，天津：天津社會科學院出版社，2008 年。

14. 李澤厚，《中國古代思想史論》，北京：人民出版社，1985 年。

15. 閻步克，《樂師與史官：傳統政治文化與政治制度論集》，北京：生活‧讀書‧新知三聯書店，2001 年。

16. 蔣伯潛，《諸子通考》，杭州：浙江古籍出版社，1985 年。

17. 干春松，《制度儒學》，上海：上海人民出版社，2006 年。

18. 黃克劍，《論語疏解》，北京：中國人民大學出版社，2010 年。

19. 陳少明，《經典世界中的人、事、物》，北京：生活‧讀書‧新知三聯書店，2008 年。

20. 劉和忠，《孔子道德教育思想研究》，北京：高等教育出版社，2003 年。

21. 李景林，《教化的哲學——儒學思想的另一種新詮釋》，哈爾濱：黑龍江人民出版社，2006 年。

22. 錢穆，《中國學術通義》，北京：九州出版社，2012 年。

23. 劉蔚華、趙宗正主編，《中國儒家學術思想史》，濟南：山東教育出版社，1996 年。

24. 黎紅雷，《儒家管理哲學》（第 3 版），廣州：廣東高等教育出版社，2010 年。

25. 李紀祥，《「人倫」與「教化」——儒學中的「師道」及其普世義》，收入《第一屆世界儒學大會學術論文集》，北京：文化藝術出版社，2008 年。

26. 錢穆，《論語新解》，上海：生活‧讀書‧新知三聯書店，2002 年。

27. 梁啟超，《孔子》，收入氏著，《飲冰室合集‧專集之三十六》，北京：中華書局，1989 年。

28. 胡適，《說儒》，桂林：灕江出版社，2013 年。

29. 郭沫若，《中國古代社會研究》，石家莊：河北教育出版社，2004 年。

30. 章太炎，陳平原導讀，《國故論衡》，上海：上海古籍出版社，2003 年。

31. 高培華，《卜子夏考論》，北京：社會科學文獻出版社，2012 年。

32. 林存光，《歷史上的孔子形象——政治與文化語境下的孔子和儒學》，濟南：齊魯書社，2004 年。

33. 王力，《王力古漢語字典》，北京：中華書局，2000 年。

34. 王國維，黃愛梅點校，《王國維手訂觀堂集林》，杭州：浙江教育出版

社，2014 年。

35. 許倬雲，鄒水傑譯，《中國古代社會史論》，桂林：廣西師範大學出版社，2006 年。

36. 楊寬，《西周史》，上海：上海人民出版社，1999 年。

37. 王國維著，彭林整理，《觀堂集林》（外二種），石家莊：河北教育出版社，2001 年。

38. 梁啓超，《清代學術概論》，北京：東方出版社，1996 年。

39. 唐文明，《與命與仁：原始儒家倫理精神與現代性問題》，石家莊：河北大學出版社，2002 年。

40. 傅斯年，《性命古訓辯證》，桂林：廣西師範大學出版社，2006 年。

41. 黃進興，《優入聖域：權力、信仰與正當性》（修訂版），北京：中華書局，2010 年。

42. 侯外廬著，《中國思想通史》，北京：人民出版社，1956 年。

43. 廖名春，《中國學術史新證》，成都：四川大學出版社，2005 年。

44. 李若暉，《春秋戰國思想史探微》，臺北：藝文印書館，2012 年。

45. 周熾成，《荀韓人性論與社會歷史哲學》，廣州：中山大學出版社，2009 年。

46. 趙汀陽，《壞世界研究》，北京：中國人民大學出版社，2009 年。

47. 趙汀陽，《第一哲學的支點》，北京：生活‧讀書‧新知三聯書店，2013 年。

48. 周予同，朱維錚編校，《群經通論》，上海：上海人民出版社，2012 年。

49. 陶希聖，《中國政治思想史》，北京：中國大百科出版社，2011 年。

50. 崔濤，《董仲舒的儒家政治哲學》，北京：光明日報出版社，2013 年。

51. 胡適，《說儒》，桂林：灕江出版社，2013 年。

52. 胡適著，耿雲志等導讀，《中國哲學史大綱》，上海：上海古籍出版社，1997 年。

53. 蔣伯潛，《諸子通考》，杭州：浙江古籍出版社，1985 年。

54. 鍾肇鵬，《孔子、儒學與經學》，北京：中國社會科學出版社，2009 年。

55. 丁耘，《中道之國：政治‧哲學論集》，福州：福建教育出版社，2015 年。

56. 錢穆，《孔子傳》，北京：生活‧讀書‧新知三聯書店，2002 年。

57. 錢穆，《國史大綱》（修訂本），北京：商務印書館，1996 年。

58. 錢穆，《國學概論》，北京：商務印書館，1997 年。

59. 錢穆，《論語新解》，北京：生活‧讀書‧新知三聯書店，2002 年。

60. 蔣慶，《公羊學引論：儒家的政治智慧與歷史信仰》，福州：福建教育出

版社，2014 年。

61. 蔣慶，《儒學的時代價值》，成都：四川人民出版社，2009 年。

62. 蔣慶，《政治儒學》，北京：生活‧讀書‧新知三聯書店，2003 年。

63. 康曉光，《仁政：中國政治發展的第三條路》，北京：世界科技出版社，2005 年。

64. 盛洪，《為萬世開太平——一個經濟學家對文明問題的思考》，北京：北京大學出版社，1999 年。

65. 陳明，《儒者之維》，北京：北京大學出版社，2004 年。

66. 曾亦、郭曉東編著，《何謂普世？誰之價值？——當代儒家論普世價值》（增補本），上海：華東師範大學出版社，2014 年。

67. 白彤東，《舊邦新命——古今中西參照下的古典儒家政治哲學》，北京：北京大學出版社，2009 年。

68. 陳來，《古代宗教與倫理：儒家思想的起源》，北京：生活‧讀書‧新知三聯書店，1996 年。

69. 陳來，《論儒家教育思想的基本理念》，收入氏著，《從思想世界到歷史世界》，北京：北京大學出版社，2015 年。

70. 汪受寬，《孝經譯注》，上海：上海古籍出版社，2004 年。

71. 黃紹祖，《復聖顏子思想研究》，臺北：文史哲出版社，1982 年。

72. 王栻，《嚴復集》，北京：中華書局，1986 年。

73. 王曰美，《儒家政治思想研究》，北京：中華書局，1986 年。

74. 哈佛燕京學社、三聯書店，《儒家與自由主義》，北京：生活‧讀書‧新知三聯書店，2002 年。

75. 徐復觀，《中國人性論史——先秦篇》，上海：上海三聯書店，2001 年。

76. 徐復觀，《兩漢思想史》，上海：華東師範大學出版社，2001 年。

77. 陳蘇鎮，《《春秋》與「漢道」：兩漢政治與政治文化研究》，北京：中華書局，2011 年。

78. 吳龍燦，《天命、正義與倫理：董仲舒政治哲學研究》，北京：人民出版社，2013 年。

79. 王高鑫，《董仲舒與漢代歷史思想研究》，北京：商務印書館，2012 年。

80. 崔濤，《董仲舒的儒家政治後學》，北京：光明日報出版社，2013 年。

81. 黃開國，《公羊學發展史》，北京：人民出版社，2013 年。

82. 黃明喜，《中國傳統教育思想史論》，北京：高等教育出版社，2012 年。

83. 郭沫若，《十批判書》，北京：人民出版社，2012 年。

84. 王紹光，《理想政治秩序：中西古今的探求》，北京：三聯書店，2012 年。

85. 李宗侗，《中國古代社會史》，臺北：華岡出版社，1954 年。

86. 張光直，《中國青銅時代二集》，北京：生活・讀書・新知三聯書店，1990 年。

87. 李零，《李零自選集》，桂林：廣西師範大學出版社，1998 年。

88. 蕭承愼，《師道徵故》，貴陽：文通書局，1944 年。

89. 蔡方鹿，《程顥程頤與中國文化》，貴陽：貴州人民出版社，1996 年。

90. 蔡方鹿，《宋明理學心性論》（修訂版），成都：巴蜀書社，2009 年。

91. 陳繼紅，《治世的至理：先秦儒家「分」之倫理研究》，北京：中國社會科學出版社，2011 年。

92. 陳植鍔，《宋文化史述論》，北京：中國社會科學出版社，1992 年。

93. 崔大華，《儒學引論》，北京：人民出版社，2001 年。

94. 鄧廣銘，《宋政治改革家王安石》，北京：三聯書店，2007 年。

95. 鄧小南，《祖宗之法：宋前期政治述略》，北京：三聯書店，2006 年。

96. 葛荃，《權力宰制理性：士人、傳統政治文化與中國社會》，天津：南開大學出版社，2003 年。

97. 關長龍，《兩宋道學命運的歷史考察》，北京：學苑出版社，2001 年。

98. 郭曉東，《識仁與定性：工夫論視域下的程明道哲學研究》，上海：復旦大學出版社，2006 年。

99. 郭學信，《宋士風演變的歷史考察》，北京：中國社會科學出版社，2012 年。

100. 季乃禮，《三綱六紀與社會整合：由《白虎通》看漢代社會人倫關係》，北京：中國人民大學出版社，2004 年。

101. 賈玉英，《宋代監察制度》，鄭州：河南大學出版社，1996 年。

102. 姜海軍，《程頤易學思想研究：思想史視野下的經學詮釋》，北京：北京師範大學出版社，2010 年。

103. 蔣義斌，《宋代儒釋調和論及排佛論之演進：王安石之融通儒釋及程朱學派之排佛反王》，臺北：臺灣商務印書館，1988 年。

104. 李華瑞，《宋夏關係史》，石家莊：河北人民出版社，1998 年。

105. 李文治、江太新，《中國宗法宗族制和族田義莊》，北京：社會科學文獻出版社，2000 年。

106. 李曉春，《宋代性二元論研究》，北京：中國社會科學出版社，2006 年。

107. 梁治平，《尋求自然秩序中的和諧》，上海人民出版社，1991 年。

108. 林素芬，《宋中期儒學道論類型研究》，臺北：里仁書局，2008 年。

109. 劉豐，《先秦禮學思想與社會的整合》，北京：中國人民大學出版社，

2003 年。

110. 劉復生，《宋中期儒學復興運動》，臺北：文津出版社，1991 年。

111. 盧國龍，《宋儒微言：多元政治哲學的批判與重建》，北京：華夏出版社，2001 年。

112. 盧連章，《二程學譜》，鄭州：中州古籍出版社，1988 年。

113. 盧連章，《程顥程頤評傳》，南京大學出版社，2001 年。

114. 羅立剛，《史統、道統、文統：論唐宋時期文學觀念的轉變》，上海：東方出版中心，2005 年。

115. 蒙培元，《理學範疇系統》，北京：人民出版社，1998 年。

116. 潘富恩、徐餘慶，《程顥程頤理學思想研究》，上海：復旦大學出版社，1988 年。

117. 龐萬里，《二程哲學體系》，北京航天航空大學出版社，1992 年。

118. 唐君毅，《中國哲學原論：原性篇》，北京：中國社會科學出版社，2006 年。

119. 王光松，《在「德」、「位」之間》，上海：華東師範大學出版社，2010 年。

120. 王啓發，《禮學思想體系探源》，鄭州：中州古籍出版社，2006 年。

121. 王瑞來，《宰相故事：士大夫政治下的權力場》，北京：中華書局，2010 年。

122. 溫偉耀，《成聖之道：宋二程修養工夫論之研究》，鄭州：河南大學出版社，2004 年。

123. 吳懷祺，《宋代史學思想史》，合肥：黃山書社，1992 年。

124. 向世陵，《理氣心性之間：宋明理學的分系與四系》，長沙：湖南大學出版社，2006 年。

125. 向仲敏，《兩宋道教與政治關係研究》，北京：人民出版社，2011 年。

126. 徐洪興，《思想的轉型——理學發生過程研究》，上海人民出版社，1996 年。

127. 徐洪興，《曠世大儒：二程》，石家莊：河北人民出版社，2000 年。

128. 徐遠和，《洛學源流》，濟南：齊魯書社，1987 年。

129. 楊儒賓，《儒家身體觀》，臺北：中央研究院中國文史哲研究所，1996 年。

130. 尹志華，《宋《老子》注研究》，成都：巴蜀書社，2004 年。

131. 余敦康，《內聖外王的貫通：宋易學的現代詮釋》，上海：學林出版社，1997 年。

132. 余敦康，《漢宋易學解讀》，北京：華夏出版社，2006 年。

133. 虞雲國，《宋代臺諫制度研究》，上海書店出版社，2009 年。

134. 袁徵，《宋代教育：中國古代教育的歷史性轉折》，廣州：廣東教育出版社，1991 年。

135. 張岱年，《張岱年全集》，石家莊：河北人民出版社，1996 年。

136. 張德勝，《儒家倫理與秩序情緒》，臺北：臺灣巨流圖書公司，1997 年。

137. 張分田，《中國帝王觀念：社會普遍意識中的「尊君—罪君」文化範式》，北京：中國人民出版社，2004 年。

138. 張立文，《中國哲學範疇精粹叢書：氣》，北京：中國人民大學出版社，1990 年。

139. 張立文，《中國哲學範疇精粹叢書：理》，北京：中國人民大學出版社，1991 年。

140. 周淑萍，《兩宋孟學研究》，北京：人民出版社，2007 年。

141. 周楊波，《宋代士紳結社研究》，北京：中華書局，2008 年。

三、西方名著類

1. （古希臘）柏拉圖著，郭斌和、張竹明譯，《理想國》，北京：商務印書館，1986 年。

2. （古希臘）亞里士多德著，吳壽彭譯，《政治學》，北京：商務印書館，1983 年。

3. （古希臘）亞里士多德著，廖申白譯，《尼各馬可倫理學》，北京：商務印書館，2003 年。

4. （法）盧梭著，李常山譯，《論人類不平等的起源和基礎》，北京：商務印書館，1997 年。

5. （德）尼采著，吳增定、李猛譯，《敵基督者——對基督教的詛咒》，收入吳增定，《敵基督者》講稿，北京：生活·讀書·新知三聯書店，2012 年。

6. （美）列奧·施特勞斯著，李世祥等譯，《什麼是政治哲學》，北京：華夏出版社，2011 年。

7. （美）列奧·施特勞斯，潘戈編、郭振華等譯，葉然校，《古典政治理性主義的重生》，北京：華夏出版社，2011 年。

8. （美）列奧·施特勞斯著，李天然等譯，《政治哲學史》，石家莊：河北人民出版社，1993 年。

9. （美）顧立雅，高專誠譯，《孔子與中國之道》，鄭州：大象出版社，2014 年。

10. （美）倪德衛著，周熾成譯，《儒家之道——中國哲學之探討》，南京：江蘇人民出版社，2006 年。

11. （美）桂思卓著，朱騰譯，《從編年史到經典：董仲舒的春秋詮釋學》，北京：中國政法大學出版社，2009 年。

12. （美）杜維明著，錢文忠、盛勤譯，《道、學、政：論儒家知識分子》，上海：上海人民出版社，2000 年。

13. （美）余英時，《朱熹的歷史世界》，北京：生活·讀書·新知三聯書店，2004 年。

14. （美）余英時，《道統與政統之間——中國知識分子的原初形態》，收入氏著，《士與中國文化》，上海：上海人民出版社，2003 年。

15. （日）白川靜，《常用字解》，北京：九州出版社，2010 年。

16. Wm, Theodore de Bary, The Trouble with Confucianism, Cambridge Mass: Harvard University Press, 1991.

17. Weber, Max: Economy and Society, edited by Guenther Roth and Claus Wittich, Berkeley: University of California Press, vol, 1, 1978.

四、期刊論文類

1. 易白沙，〈孔子平議〉（上），《新青年》第 1 卷第 6 號，上海：上海亞東圖書館求益書社印行，1916 年。

2. 陳獨秀，〈憲法與孔教〉，《新青年》第 2 卷第 3 號，上海：上海亞東圖書館求益書社印行，1916 年。

3. 孫景壇，〈漢武帝「罷黜百家，獨尊儒術」子虛烏有——中國近現代儒學反思的一個基點性錯誤〉，《南京社會科學》，1993 年第 6 期。

4. 莊春波，〈漢武帝「罷黜百家，獨尊儒術」說考辯〉，《孔子研究》，2000 年第 4 期。

5. 管懷倫，〈「罷黜百家獨尊儒術」的歷史過程考論〉，《江蘇社會科學》，2008 年第 1 期。

7. 黎紅雷，〈「仁義禮智信」：儒家道德教化思想的現代價值〉，《齊魯學刊》，2015 年第 9 期。

8. 黎紅雷，〈為萬世開太平——中國傳統治道引論〉，《雲南大學學報》（社會科學版），2007 年第 6 期。

9. 黎紅雷，〈「位」與「德」之間——從《周易·解卦》看孔子「君子小人」說的糾結〉，《孔子研究》，2012 年第 1 期。

10. 黎紅雷，〈孔子「君子學」發微〉，《中山大學學報》（社會科學版），2011 年第 1 期。

11. 黎紅雷，〈「恭寬信敏惠」：儒家治國理政思想的現代啟示〉，《孔子研究》，2015 年第 3 期。

12. 陳少明，〈「孔子厄於陳蔡」之後〉，《中山大學學報》（社會科學版），

2004 年第 6 期。

13. 陳少明，〈君子與政治──對《論語·述而》「夫子爲衛君」章的解讀〉，《中山大學學報》（社會科學版），2005 年第 4 期。

14. 陳少明，〈心安，還是理得？──從《論語》的一則對話解讀儒家對道德的理解〉，《哲學研究》，2007 年第 10 期。

15. 陳少明，〈《論語》「外傳」──對孔門師弟傳說的思想史考察〉，《中山大學學報》（社會科學版），2009 年第 2 期。

16. 陳少明，〈《論語》的歷史世界〉，《中國社會科學》，2010 年第 3 期。

17. 陳立勝，〈子在川上：比德？傷逝？見道？──《論語》「逝者如斯夫」章的詮釋歷程與中國思想的「基調」〉，《中山大學學報》（社會科學版），2011 年第 2 期。

18. 陳立勝，〈《論語》中的勇：歷史建構與現代啓示〉，《中山大學學報》（社會科學版），2008 年第 4 期。

19. 季三華，〈試析孔子的教育理念及方法〉，《教育探索》，2006 年第 9 期。

20. 郭齊勇，〈也談「子爲父隱」與孟子論舜──兼與劉清平先生商榷〉，《哲學研究》，2002 年第 10 期。

21. 梁濤，〈論早期儒學的政治理念〉，《哲學研究》，2008 年第 5 期。

22. 周春健，〈「宴爾新昏，如兄如弟」與儒家倫理〉，《孔子研究》，2013 年第 1 期。

23. 劉偉，〈正直的界限：《論語》中政治和習俗的分野〉，2013 年第 2 期。

24. 韓高年，〈《論語·爲政》「子奚不爲政」章疏證──兼談孔門孝道內涵的多重性及其演變〉，《古籍研究》，2003 年第 2 期。

25. 謝榮華，〈「子奚不爲政？」──試論儒家的「爲政」方式〉，《孔子研究》，2005 年第 3 期。

26. 楊朝明，〈成人之「道」與爲政之「德」〉，《理論學刊》，2013 年第 11 期。

27. 楊朝明，〈上博竹書《魯邦大旱》管見〉，《東嶽論叢》，2002 年第 5 期。

28. 廖名春，〈從《論語》研究看古文獻學的重要性〉，《清華大學學報》（哲學社會科學版），2009 年第 1 期。

29. 廖名春，〈《論語·爲政》篇「道之以政」章新證〉，《學習時報》，2007 年 12 月 17 日。

30. 楊海文，〈孔子的「生存敘事」與「生活儒學」的敞開〉，《福建論壇》（人文社會科學版），2004 年第 8 期。

31. 楊海文，〈「儒」爲學派義鉤沉〉，《中華讀書報》，2014 年 5 月 7 日。

32. 李宗桂，〈論董仲舒奉天法古的維新原則〉，《甘肅社會科學》，1993 年第 2 期。

33. 馬永康，〈直爽：《論語》中的「直」〉，《現代哲學》，2007 年第 5 期。

34. 張豐乾，〈早期儒家與「民之父母」〉，《現代哲學》，2008 年第 1 期。

35. 李長春，〈《春秋》「大一統」與兩漢時代精神〉，《中山大學學報》（社會科學版），2011 年第 3 期。

36. 王中江，〈老子治道歷史探源——以「垂拱之治」與「無爲而治」的關聯爲中心〉，《中國哲學史》，2002 年第 3 期。

37. 王中江，〈孔子的生活體驗、德福觀及道德自律——從郭店簡《窮達以時》及其相關文獻來考察〉，《江漢論壇》，2014 年第 10 期。

38. 馮達文，〈個人·社群·自然——爲回歸古典儒學提供一個說法〉，《社會科學戰線》，2013 年第 6 期。

39. 馮達文，〈「曾點氣象」異說〉，《中國哲學史》，2005 年第 4 期。

40. 周熾成，〈儒家性樸論：以孔子、荀子、董仲舒爲中心〉，《社會科學》，2014 年第 10 期。

41. 周熾成，〈以中評西：中國哲學的另類敘事方式〉，《中山大學學報》（社會科學版），2008 年第 5 期。

42. 李明輝，〈臺灣仍是以儒家傳統爲主的社會〉，《儒家網》，2015 年 1 月 24 日。

43. 朱高正，〈論儒——從《周易》古經論證「儒」的本義〉，《社會科學戰線》，1997 年第 1 期。

44. 孔祥驊，〈子夏氏「西河學派」再探〉，《學術月刊》，1987 年第 7 期。

45. 高培華，〈「君子儒」與「小人儒」新詮〉，《河南大學學報》（社會科學版），2012 年第 4 期。

46. 劉光勝，〈「儒分爲八」與早期儒家分化趨勢的生成〉，《清華大學學報》（哲學社會科學版），2015 年第 2 期。

47. 宋震昊，〈子張從政辨〉，《古籍整理研究學刊》，2009 年第 3 期。

48. 易白沙，〈孔子平議〉（上），《新青年》第 1 卷第 6 號，上海：上海亞東圖書館求益書社印行，1916 年。

49. 陳獨秀，〈憲法與孔教〉，《新青年》第 2 卷第 3 號，上海：上海亞東圖書館求益書社印行，1916 年。

50. 景海峰，〈經學與哲學：儒學詮釋的兩種形態〉，《哲學動態》，2014 年第 4 期。

51. 陳壁生，〈「孔子」形象的現代轉折——章太炎的孔子觀〉，《中國人民大學學報》，2015 年第 3 期。

52. 陳壁生，〈經學與中國哲學——對中國哲學學科建構的反思〉，《哲學研究》，2014 年第 2 期。

53. 陳壁生，〈明皇改經與《孝經》學的轉折〉，《中國哲學史》，2012 年第 2 期。

54. 朱漢民、曾小明，〈程頤《易》學中的卦才論〉，《天津社會科學》，2011 年第 2 期。

55. 張星久，〈儒家「無爲」思想的政治內涵與生成機制〉，《政治學研究》，2000 年第 2 期。

56. 成長健、師君侯，〈從三篇《朋黨論》看宋的黨爭〉，《中國文學研究》，1993 年第 2 期。

57. 程民生，〈論宋代士大夫權力對皇權的限制〉，《河南大學學報》，1999 年第 3 期。

58. 崔英超、張其凡，〈論宋神宗在熙豐變法中主導權的逐步強化〉，《江西社會科學》，2003 年第 2 期。

59. 習忠民，〈試析熙豐之際御史臺的畸形狀態〉，《歷史研究》，2000 年第 4 期。

60. 范立舟，〈論二程的歷史哲學〉，《史學月刊》，2002 年第 6 期。

61. 方誠峰，〈元祐「調停」與宋哲宗紹述前夜〉，《中華文史論叢》，2013 年第 4 期。

62. 高瑞泉，〈論《莊子》「物無貴賤」說之雙重意蘊〉，《社會科學》，2010 年第 10 期。

63. 胡寶華，〈從「君臣之義」到「君臣道合」：論唐宋時期君臣觀念的發展〉，《南開學報》，2008 年第 3 期。

64. 惠吉興，〈宋代禮治論〉，《史學月刊》，2002 年第 9 期。

65. 江湄，〈宋諸家《春秋》學的「王道」論述及其論辯關係〉，《哲學研究》，2007 年第 7 期。

66. 張其凡，〈「皇帝與士大夫共治天下」試析：宋政治架構探微〉，《暨南學報》，2001 年第 6 期。

67. 景海峰，〈「理一分殊」釋義〉，《中山大學學報》，2012 年第 3 期。

68. 景海峰，〈五倫觀念的再認識〉，《哲學研究》，2008 年第 5 期。

69. 李存山，〈程朱的「格君心之非」思想〉，《中國社科院研究生院學報》，2006 年第 1 期。

70. 李華瑞，〈宋神宗與王安石共定「國是」考辨〉，《文史哲》，2008 年第 1 期。

71. 李之鑒，〈從二程對王安石的批判看理學的政治傾向〉，《中州學刊》，1987 年第 4 期。

72. 劉成國，〈9～12 世紀的道統「前史」考述〉，《史學月刊》，2013 年第 12 期。

73. 劉豐,〈宋代禮學的新發展:以二程的理學思想爲中心〉,《中國哲學史》,2013 年第 4 期。

74. 劉豐,〈周公「攝政稱王」及其與儒家政治哲學的幾個問題〉,《人文雜誌》,2008 年第 4 期。

75. 劉樂恒,〈《程氏易傳》論道與政〉,《政治思想史》,2014 年第 4 期。

76. 劉燕芸,〈以憂患之心,思憂患之故:程氏易學的爲政之道〉,《周易研究》,2000 年第 2 期。

77. 羅家祥,〈元祐新舊黨爭與宋後期政治〉,《中國史研究》,1989 年第 1 期。

78. 彭永捷,〈論儒家道統及宋明理學的道統之爭〉,《文史哲》,2001 年第 2 期。

79. 任劍濤,〈天道、王道與王權:王道政治的基本結構及其文明矯正功能〉,《中國人民大學學報》,2012 年第 2 期。

80. 沈松勤,〈宋臺諫制度與黨爭〉,《歷史研究》,1998 年第 4 期。

81. 孫曉春,〈兩宋天理論的政治哲學解析〉,《清華大學學報》,2004 年第 4 期。

82. 王林偉,〈王道政治的理念:基於程氏經說的探討〉,《政治思想史》,2014 年第 4 期。

83. 王瑞來,〈將錯就錯:宋代士大夫「原道」略說〉,《學術月刊》,2009 年第 4 期。

84. 魏義霞,〈「安於義命」:二程的性命哲學及其道德旨趣〉,《齊魯學刊》,2012 年第 3 期。

85. 謝曉東,〈《程頤易傳》中的民本思想〉,《周易研究》,2008 年第 4 期。

86. 殷慧,〈宋儒以理釋禮的思想歷程及其困境〉,《中國哲學史》,2013 年第 2 期。

87. 張邦煒,〈關於建中之政〉,《四川師範大學學報》,2002 年第 9 期。

88. 張邦煒,〈論宋代皇權與相權〉,《四川師範大學學報》,1994 年第 2 期。

89. 張岱年,〈宋明「理氣」學說的演變〉,《學習與研究》,1982 年第 4 期。

後　記

　　博士畢業已有兩年，感恩黎師紅雷推薦後學之博士論文於臺灣花木蘭文
化出版社，感謝花木蘭文化出版社願意出版拙著。拙著小成，睹物思源，茲
以攻讀中山大學哲學系博士生之申請書爲《後記》主體，正本清源、明辨篤
行：

　　　　八閩學子，求道粵海。華師讀研，師從林偉。在讀期間，日夜
　　專研，樂於學問之進步，優於知識之無窮；故常喟然而歎曰：「吾生
　　也有涯，而知也無涯。」樂憂之間，始曉爲學之大要，即須廣泛涉
　　獵而專於一面，竊以爲，此爲博士研究之要旨。今日之中國，人心
　　式微，道心不古，爲政之人憂世而力求改革，爲教之師憤俗而遍栽
　　大木。吾自識學識淺薄，願從中大名師，靜心涵養，續學進知。吾
　　學雖淺，然志弘大，心慕孔孟偉跡，行從橫渠文章，心意爲天地立
　　心、爲生民立道、爲去聖繼絕學、爲萬世開太平。迫於中哲專業就
　　業之難，周師熾成嘗勸余別走仕途，然吾自覺內聖之路未盡，不願
　　貿然立外王之業。余意以爲，今日之中國不乏爲政之仕人，而少讀
　　書之種子，吾願皓首窮經，爲一中華文化之衛道者。

　　　　研讀之遐，吾積極參與學生工作，歷任班長、輔導員助理及專
　　業負責人，工作期間，成績突出，鍛鍊出良好之溝通能力。自信所
　　具之溝通能力必有助於吾與博導之良性交流，促成教學相長。黎師
　　紅雷專研治道三十載，學通天道，治達儒商。黎師之博士論文《儒
　　家管理哲學》，續曾師仕強與成師中英之業，開大陸中國式管理之先
　　河。高山仰止，景行行止，雖不能至，心嚮往之。後學願追隨黎師，

博學治道，匯通中、西、馬，教化政、商、學。

　　中山大學爲華夏知名學府，其哲學系可謂名師雲集、人才薈萃。研學三載，吾慕中大哲學系之聲譽，每每不遠長途旁聽求教，啓智之下，心嚮往之。適逢貴系招生改革，吾日夜準備考博材料，力爭爲方家賞識，順利進入復試。吾並非上根之人，然余於學問專勤，自信爲學工夫定能隨吾良知擴而充之，繼中華數千年之絕學，傳先聖性善之宏旨，成一家拔萃之學術。望中大名師能培駿馬馳千里，恩澤失志求學人。

以上爲吾《攻讀中山大學哲學系博士申請書》，作於 2014 年 2 月。回首研學往事，回味求學文章，吾深知學途不已，更珍惜當下幸福。在此，感恩無私支持我的家人、不倦教誨我的恩師、恒久陪伴我的朋友。吾生有涯，而知無涯，吾行有限，而情無限。謝謝您們！

己亥年正月二十五

西曆 2019 年 3 月 1 日作於福州